suhrkamp taschenbuch 500

Peter Handke, 1942 in Griffen (Kärnten) geboren, lebt heute in Öster-reich. 1973 wurde er mit dem Büchner-Preis ausgezeichnet, 1979 erhielt er den Franz-Kafka-Preis.

»Ich übte mich nun darin, auf alles, was mir zustieß, sofort mit Sprache zu reagieren, und merkte, wie im Moment des Erlebnisses gerade diesen Moment lang auch die Sprache sich belebte und mitteilbar wurde; einen Moment später wäre es schon wieder die täglich gehörte, vor Vertraut-heit nichtssagende, hilflose, privatisierende ›Du weißt schon, was ich meine‹-Sprache des Kommunikations-Zeitalters gewesen. Einen Mo-ment lang wurde der Wortschatz, welcher mich Tag und Nacht durch-querte, gegenständlich, auf eine (mich und andere) erlösende Weise. Was auch immer ich privat erlebte, erschien in diesem ›Augenblick der Sprache‹ von jeder Privatheit befreit und allgemein.«

Die Arbeitsmoral dieser exemplarischen Aufzeichnungen ist ihre Genau-igkeit, die, selbst wo sie aus der Verzweiflung kommt, eine Art von Freundlichkeit ist gegenüber der Welt. Was hier niedergeschrieben wurde, will nicht zur Nachahmung anstiften; aber man kann daraus leben lernen.

Peter Handke
Das Gewicht der Welt

EIN JOURNAL
(November 1975–März 1977)

Suhrkamp

Umschlagfoto: Isolde Ohlbaum

suhrkamp taschenbuch 500
Erste Auflage 1979
© 1977 Residenz Verlag, Salzburg
Lizenzausgabe mit freundlicher Genehmigung des
Residenz Verlags, Salzburg
Suhrkamp Taschenbuch Verlag
Alle Rechte vorbehalten, insbesondere das des
öffentlichen Vortrags, der Übertragung durch
Rundfunk und Fernsehen sowie der Übersetzung,
auch einzelner Teile.
Satz: LibroSatz, Kriftel
Druck: Nomos Verlagsgesellschaft, Baden-Baden
Printed in Germany
Umschlag nach Entwürfen von
Willy Fleckhaus und Rolf Staudt

4 5 6 7 8 – 91 90 89 88

Das Gewicht der Welt

Vornotiz

Diese Aufzeichnungen sind in der Form, wie sie hier erscheinen, nicht von vornherein geplant gewesen. Es wurde mit ihnen in der Absicht begonnen, sie in einen Zusammenhang zu bringen, etwa einer Geschichte oder, wie noch an der häufigen Beschreibung von bloßen Gesten am Anfang zu erkennen, eines (stummen) Theaterstücks.

Die täglichen Wahrnehmungen wurden also im Kopf zunächst übersetzt in das System, für das sie gebraucht werden sollten, ja, die Wahrnehmungen an sich, wie sie zufällig geschahen, wurden auch schon ausgerichtet für einen möglichen Zweck. Eindrücke, Erlebnismomente, bei denen es nicht gelang, sie auf den gemeinsamen Bezugspunkt der im voraus gewählten literarischen Form einzustellen, wurden dabei vernachlässigt; sie »konnten vergessen werden«.

Gerade durch den Zustand der angespannten Aufmerksamkeit, in den ich mich für die Aufzeichnungen hineingedacht hatte, fiel mir dieses tägliche Vergessen besonders auf. Es erschien mir sehr bald als ein Versäumnis, und so fing ich an, auch die nicht-projektdienlichen Bewußtseins-Ereignisse sofort festzuhalten. So wurde allmählich der Plan zerstört, und es gab nur noch die spontane Aufzeichnung zweckfreier Wahrnehmungen.

Je länger und intensiver ich damit fortfuhr, desto stärker wurde das Erlebnis der Befreiung von gegebenen literarischen Formen und zugleich der Freiheit in einer mir bis dahin unbekannten literarischen Möglichkeit.

Ich übte mich nun darin, auf alles, was mir zustieß, sofort mit Sprache zu reagieren, und merkte, wie im Moment des Erlebnisses gerade diesen Zeitsprung lang auch die Sprache sich belebte und mitteilbar wurde; einen Moment später wäre es schon wieder die täglich gehörte, vor Vertrautheit nichtssagende, hilflose »Du weißt schon, was ich meine«-Sprache des Kommunikations-Zeitalters gewesen. Einen Zeitsprung lang wurde der Wortschatz, welcher mich Tag und Nacht durchquerte, gegenständlich. Was auch immer ich erlebte, erschien in diesem »Augenblick der Sprache« von jeder Privatheit befreit und allgemein.

Mit immer größerer Lust konzentrierte ich mich also auf solche Momente der Sprachlebendigkeit, die dann auch immer häufiger sich ereigneten, schließlich das Momenthafte verloren und zu einem ruhigen, auch heftigen, jedenfalls ständigen Ereignis wurden.

Das Buch hier könnte man also eine Reportage nennen; es ist keine Erzählung von einem Bewußtsein, sondern die unmittelbare, simultan festgehaltene Reportage davon.

Die Vermutung der Anmaßung, die eine solche Reportage eines Einzel-Bewußtseins, veröffentlicht als Buch, vielleicht sein könnte, ist hoffentlich widerlegt duch meine Überzeugung, daß dieses Bewußtsein (ich) auf etwas aus ist, pathetisch gesagt: sich unablässig durchdringen will.

Die äußeren Ereignisse (der Tod eines Freundes, ein Krankenhausaufenthalt, ein Umzug) sind, anders als vielleicht sonst in Journalen, nie ausgeführt, aber in der Reportage der Sprachreflexe auf solche Ereignisse jedenfalls durchscheinend.

Die notwendige Fast-Gleichzeitigkeit der Reflexe und ihrer Aufzeichnung brachte es mit sich, daß sie in allen Lebenslagen gemacht wurden, nur nicht am Schreibtisch; bis in den Schlaf hinein zwang ich mich, sofort zu reagieren; zum Zustandekommen mancher Aufzeichnungen könnte man Geschichten erzählen, wie man sie erzählen hört zu Bildern, die jemand von einer Expedition mitbringt; nur vielleicht komischer.

Zugleich geschah natürlich auch die andere literarische Arbeit, an der Erzählung »Die linkshändige Frau«, u. s. f., mit zielgerichteten Notizen.

Das Problem des vorliegenden Journals ist nur, daß es kein Ende haben kann; so muß es abbrechen. Aber ein erklärtes Ende wäre wieder das allzu klaglose Gewährenlassen des ohnehin ewigen Vergessens.

Zur Taschenbuchausgabe: sie ist geringfügig gekürzt.

Außerdem: ich hätte das Buch gern in »Phantasie der Ziellosigkeit« umgetauft, gemäß der Notiz vom 27. Oktober 1976. Wer mag, möge das Buch für sich so nennen.

(Für den, den's angeht)

1975

November

Als ob man sich manchmal bücken müßte zum Weiterleben. (Endgültige Selbstaufgabe: »Ich werde nichts mehr in Reparatur geben«)

Er schlägt die Beine übereinander – sie werden ihm mit Gewalt entflochten; er stützt die Ellenbogen auf – sie werden ihm weggeschlagen; er steckt die Hände in die Taschen – sie werden ihm herausgezogen; er legt die Hände vors Gesicht – sie werden ihm herabgerissen (einschreiten, sobald jemand sich selber berührt)

Eine Flucht: eine Frau verfolgt einen Mann. Die verfolgende Frau reißt sich im Laufen die Perücke herab und entpuppt sich als Mann; der flüchtende Mann verliert den Hut und entpuppt sich als Frau, und beide fallen einander in die Arme

Polizisten versperren den Weg, tun aber, als merkten sie das nicht; sobald sich ihnen, die nur geradeaus starren, jemand nähert, verscheuchen sie ihn, indem sie kurz gegen ihre Pistolentaschen schlagen

Ein Paar: die Frau geht immer wieder telefonieren; jedesmal, wenn sie zurückkommt, rückt sie ein weiteres Stück von dem Mann ab; nach dem letzten Telefonieren aber umarmt sie ihn und bleibt mit ihm umschlungen

Ein Herr, der zusammengesunken dasitzt, versucht immer wieder, sich aufrecht zu setzen, um Haltung zu zeigen, sinkt aber jedesmal wieder zusammen; schließlich ist er zufrieden so

Zwei Personen in einem Amtszimmer flüsterten einander was ins Ohr, lächelten; sogleich wurde eingeschritten

Traumgeräusche: »als wäre das ganze Haus voll auftauender Maikäfer«

Der Mann legt die Hand auf die Schulter einer Frau; die Frau wirft die Haare zurück und hebt das Kinn; der Mann legt die andre Hand auf die Hüfte der Frau: diese senkt nun langsam den Kopf, bis die Haare ganz ihr Gesicht bedecken, löst sich vom Mann, geht so herum, das Gesicht hinter den Haaren, vorwärts, rückwärts, so daß man schließlich nicht mehr weiß, wo Gesicht ist und wo Hinterkopf: ein Kind kommt dazu und sucht das Gesicht der Frau

Sie streicheln einander und verachten einander gleichzeitig

Ungeduldig werden mit jemandem: weil ich ihm nicht zuschaue

Jemand berührt einen andern, mit einem Gesichtsausdruck, mit dem man inspizierend einen Finger in Staub tupft und dann die Fingerkuppe betrachtet

Vorstellung eines langen Monologs einzig aus Bewegungen und Aktionen; ein andrer träte heimlich dazu und beobachtete das, und der erste, seltsam ertappt (es war gar nichts Bezeichnendes an seinen Aktionen), würde erschrecken

Eine Person, die etwas sieht, was man selber nicht sehen kann – und plötzlich ereignet sich an dieser Person eine lange Folge von stummen Gebärden des Entsetzens und Zeichen des Todes: aber wir sehen nur sie und nicht, was sie sieht (Mauerschau aus Gebärden)

Eine Frau, die eine Arbeit verrichtet und sich gleichzeitig unablässig die Tränen abtrocknet

Etwas auspacken und statt das Papier den Inhalt in den Abfall werfen

Großer Streit; aus einem Blumentopf zu Häupten der Streitenden fließt plötzlich Wasser; die Beteiligten hören auf zu streiten und vertiefen sich in das fließende Rinnsal

Jemand geht vor einem andern auf und ab, bis dieser endlich aufschaut; da verabschiedet sich der erste stumm und verschwindet

Leise sein wollen und dabei mit jeder der äußerst vorsichtig ausgeführten Bewegungen doch im Abschluß wieder Lärm machen

Übereinkunft, daß man liegend nicht zum Reden gezwungen werden kann: »Steh auf! Sprich!«

Was mich jeweils ungeschickt werden läßt: die Lustlosigkeit (Unlust, die zum Slapstick führt)

Er schreibt etwas in die Luft; die andern schauen gespannt zu und lächeln schließlich, als er zu Ende ist

»Ich hörte auf, oberflächlich zu sein – ich dachte nichts mehr«

Einer, der nur herumsteht, immerzu sinnlos Sachen zurechtrückend, einen Kugelschreiber am Mund: der Patron eines Restaurants? (nein, der Geschäftsführer); beim Herumstehen hakt er sich mit einem Finger über sich an der Türfüllung fest oder macht sich die sauberen Fingernägel sauber

Unwillkürlich, mit angeekeltem Gesicht, schlug ich mit dem Fuß den Takt zur Marschmusik

Vorstellung, daß einem alle Verlegenheits- und Hilfsgesten unterbunden würden: das Klicken mit dem Verschluß des Uhrarmbands, ein Auf- und Zuknöpfen am Hemd, das Streichen übers Haar – so daß man schließlich nichts mehr zum Festhalten hätte

Das versteckte Kneifen, aus Feigheit, wirklich zu schlagen

Die schon unwillkürlich gewordenen Mienen von Mißbilligung, wenn zum Beispiel auf der Straße ein Motorrad aufheult, wenn man von jemand Vorbeilaufendem angerempelt wird, usw.

»Rache an der Schöpfung«: Lust, aus Leibeskräften falsch zu singen

Eine Frau ging, geradeausschauend, energisch dahin und hielt die Hand hinter sich ins Leere, damit das nachstolpernde Kind sie ergreifen konnte

Es fällt einem etwas herunter, und am Nebentisch schaut man sich um, aber nur ganz schnell

Ohne Gepäck sein, Gepäck los sein wollen, das Glück der freien Hände, »nichts als eine Zahnbürste«

Die Frau allein auf der Straße, jemanden erwartend und ihm, den man noch nicht sieht, zulachend: ihre seltsamen Bewegungen vor dem Schaufenster, ihr Erwartungstanz, ihr Griff in die Haare, ihr Augenaufschlag, und wie sie sich immer wieder ins Schaufenster umblickt – und dann tritt endlich der Erwartete auf, und die beiden gehen, ohne sich zu berühren, ohne ein Wort, schnell weg

Durch die dröhnende Stadt gehen, und überall sitzt jemand lädiert und wird von allen Seiten betrachtet, und ein mit dem Schrecken Davongekommener erklärt, wie es gekommen ist, und überall ist ein Polizist da, der sagt: »C'est fini! Partez!« – Und trotzdem torkelt das Gefüge

Wie die Zunge eines Schlagersängers im Mund zittert; und wie er beim Singen die Augen schließt; die Hand ausgestreckt, als ob er beschwichtigt; die schmerzlichen Stirnfalten beim Singen; das Haareschütteln; balzend eine Schulter höher als die andre!; sich zum Verbeugen vorfallen lassend »wie erschöpft«, »müde und glücklich« lächelnd – als ob er, zumindest für einige Takte, den andern die Sehnsucht vorführt und zugleich sie ihnen nimmt!

Während sie etwas Erhabenes verrichtete, streckte sie dabei immer wieder verlegen die Zunge heraus

Wenn nach dem Tanzen die Bewegungen abbrechen und nur noch Geräusche und Weggehen sich ereignen: »Besänftigung zog in sein Herz«

Jemand, der auch auf Zehenspitzen ganz laut geht

Eine Frau schiebt einen Mann im Gedränge vor sich her, wie es oft Männer mit Frauen machen

Jemand wiederholt eine Gewalttätigkeit, weil es beim ersten Mal dabei so einen schönen Klang gab

Ein Mann trägt unter dem Smoking ein T-Shirt mit der Aufschrift: *Faded Glory*

Er benützt seine Geistesabwesenheit als Widerstandswaffe

Wie in dem Krankenzimmer den ganzen Nachmittag lang die Tulpenblätter zu Boden fielen

Einen Kugelschreiber aus der Tasche holen wollen, und was dabei unabsichtlich alles vorher erscheint: Münzen, Fotos, Klosettpapier

Oft gehöre ich ganz zur Menge, mit mir und meinem Gesicht; aber im schlechten Sinn

Indem er nachdrücklich ausatmet, will er zeigen, daß er sich langweilt

Eine Frau beim Geschäft des Zahlens: sie legt mit spitzen Fingern, in ihre feine Börse greifend, die Münze hin und zieht sich nach dieser unfeinen Geste (sie und das Geld!) den seidenen Poncho zurecht

Einen Gegenstand, mit dem in der Hand man durch eine Stadt geht, ihn unablässig an einem Zaun, an Mauern, Häusern entlangschleifend (einen Schlüssel, ein Stück Holz), und das stundenlang, als Bedürfnis; großer Mangel, wenn das unterbunden würde!

Vor dem Fotoautomaten auf ein Foto warten; dann käme ein Foto mit einem andern Gesicht heraus – so finge eine Geschichte an

»Ja, ich fühle mich jetzt niedergeschlagen, ich fühle die Gleichgültigkeit zwischen uns – aber ich akzeptiere das nicht mehr!« (Früher hätte ich die Gleichgültigkeit als Gesetz hingenommen)

Schön: seine Geschichte, seine Vorgeschichte plötzlich nicht mehr zu fühlen, nicht mehr das jetzige Glück bestritten zu fühlen durch das, was man früher, als Kind, Heranwachsender usw., einmal war

Man nennt sie »zickig«: dabei ist ihr nur keine Beziehung selbstverständlich

Nachdem ich mir die Lächerlichkeit meiner Handlungen bewußt gemacht habe, fühle ich mich wohl dabei

Die Kennmelodie der Warenhausreklame noch draußen auf der Straße nachsingen, gegen den Willen (ein Komponist von Pausenzeichen werden)

Im Vollgefühl des Versagens nichts mehr reden

Das Mädchen erzählte: »Ich bin einem Mann in der Métro nachgefahren und mir von Station zu Station schöner vorgekommen – und als er mich dann anredete, war ich schon unnahbar, so schön war ich«

»Wenn du dabei bist, muß ich mehr weinen.« – »Warum?« – »Ja, dann seh ich dich, wenn ich mir weh tu, und dann möcht' ich dich haben.«

An einem dunklen Fenster vorbeigehen, hinter dem früher ein Freund gelebt hat

Tage voll von Lebenszusammenhängen, stille Winterstimmung auf den Bahnhöfen; und dann Tage, da man sich immer auf dieselbe Stelle der Lippe beißt

Zwei liegen in zwei Badewannen nebeneinander und reden, wie zwei nach dem Überstehen großer Mühen in einem Western

Im Auto stellt der Mann das Radio an, und die Frau fragt: »Soll also die Musik dich wieder retten?«

Ein alter Mann saß in einer halbzugedeckten Kalkgrube, bis zum Hals im Kalkwasser, und ruhte sich so aus; es war sein üblicher Ruheplatz

Ein Kind singt ein Lied; es wird von ihm gefordert, es solle das Lied *sagen*, aber das kann es nicht

»Was deine Eltern waren, was deine Eltern taten – hör doch endlich auf damit!«

Eine Frau, die ihre Geschlechtsteile häßlich findet

Er starrte mich an, als ob er sich mein Gesicht einprägen wollte für eine spätere Anzeige

Zum Himmel schauen, da ziehen die Wolken, und denken: Nein, ich werde nie Selbstmord begehen!

Auf dem Platz, der in der Dämmerung, mit all den abgefallenen Blättern bedeckt, plötzlich wie ein Park erscheint, ein Glücksgefühl, das man immer haben könnte

Die Warenhaus-Verkäuferin: als ob sie eine Freundlichkeit schon lang nicht mehr erwarte, von niemandem mehr

Beim Anblick der abgefallenen Blätter: die Vorstellung, ein Jahr später könnte es nichts mehr zu entdecken geben

Bevor die Frau von der Straße mit den Einkaufssachen ins Haus geht, bleibt sie auf der Straße stehen und wartet auf etwas, auf eine kurzfristige Lösung

»Ich muß mir abgewöhnen, ein schlechtes Gewissen zu haben, wenn ich nichts fühle«

Manchmal sich selber anschauen, um nachdenken zu können. (Kurzsichtig werden davon, daß man sich selber anstarrt)

Daß ich von mir selber rede, geschieht oft nur aus Verlegenheit

Die Gedanken oder Bilder, die man einmal hatte, wieder vergessen wollen, damit man sie sich nicht immer wiederholt und sich an sie klammert, während *zwischen* ihnen sich die Leere ausbreitet

Manchmal das Gefühl, ich müßte mir mit den Fingern den Mund auseinanderreißen, um nicht immer der alte zu bleiben

»Was du mir da über mich sagst, das sage ich mir natürlich auch – aber vielleicht ist es gut, daß ein andrer es mir sagt, weil man sich selber ja oft nicht glaubt«

Ich denke oft so falsch, so ungültig, weil ich so denke, als spräche ich dabei zu jemand anderm

Ich kenne jemanden, dem seine Gedanken so gefielen, daß ihm mittendrin die Tränen in die Augen kamen

Die Frau, nach so viel elegantem Gang, geht plötzlich mit äußerster Schlampigkeit, geil, ordinär, erleichtert

Alles fallen lassen; dann selber zu Boden fallen (alles, was man in den Händen hat, fallen lassen, eins nach dem andern – dann aufatmen)

Eine Frau, die, für sich dasitzend, aus ihrem Schuh geschlüpft ist, und, als jemand sich nähert, schnell wieder hineinschlüpft

Nachdem er sie lange angeschaut hat und sie ihm immer ausgewichen ist, ihn nicht beachtet hat, geht sie plötzlich lächelnd, einverstanden darauf ein, und er schlägt sie, besinnungslos, enttäuscht, hintergangen

Ein Herr will allein sein. (Er ist ohnehin als einziger im Raum.) Er läutet seinem Diener und sagt zu dem Eintretenden: »Hinaus!« Jetzt ist er endlich allein

Der Mann auf der Bahre hinten im Rettungsauto: treuherziger Blick vor Todesangst

Eine schöne, ernste Frau, die endlich aus den starren Zähnen lächelt: als ob sie Wasser läßt

Mein Selbstbewußtsein ist erfüllt, wenn es mir gelingt, lakonisch zu sein

Sie sieht einen Film von einem Mann über eine Frau und denkt: »Was bildet der sich eigentlich ein?«

Er setzt sich zurecht, beginnt vor sich hinzustarren. Die Frau: »Jetzt fang nur nicht wieder vor mir zu denken an!«

Man sieht einen Film oder liest ein Buch und fühlt sich nachher schön ernst und entschlossen, mit jedem umzugehen, aber sowie man zu reden anfängt, andre Leute trifft, zieht man wieder nur die alten Grimassen

Eine schöne Frau, die ungeschickt ist (Dramenfigur)

Kind zur eleganten Besucherin: »Deine Haare riechen.« – »Hoffentlich nicht nach Küche.« – »Nach Parfum.« – »Gott sei Dank.«

»Jetzt reden Sie so (logisch, vernünftig), und gleich werden Sie zu heulen anfangen«

»Sie sind frustriert.« – »Wie soll ich frustriert sein, ich habe ein paar Bücher neben meinem Bett liegen, auf die freue ich mich schon.«

Am Telefon: »Sag doch ein menschliches Wort, ein warmes oder wenigstens ein kaltes.« Schweigen

Nach der Masturbation erscheint ihr der eigene Körper wie der eines mickrigen fremden Mannes mit dünnen Beinen

Schwefelgelbes Spätnachmittagslicht im Schlafzimmer, und die Vorstellung, darin schon seit einiger Zeit als Leichnam zu liegen

Von Kindern gerufen werden, und die Unlust, zu antworten

(Autismus: endlich dauerhaft gewordene Verzweiflung; als ob der Verzweiflung keine Sprache entspräche)

Selbstaufforderung: »Jetzt gehst du ganz langsam die Straße hinunter, vielleicht kommt dann das Leben zurück.« – Und dann: »Warum läufst du denn auf einmal?« – »Weil ich gerade laufen *kann*.«

Sich etwas andres vorstellen können, etwas andres nachfühlen können, Lust auf andre Orte und eine andre Zeit zu haben, überhaupt wieder denken zu können, das empfinde ich heute fast als eine Art Gnade

Besserung: Ich verwechsle schon wieder Leute auf der Straße mit Bekannten

Ein Kind über ein andres: »N. strengt sich an zu lachen, damit sie lacht«

Bei vielen Leuten bedauert man fast, daß sie sterben werden, ohne zum Töten gekommen zu sein, für das sie doch bestimmt schienen

Ein Kind hat den Wunsch, auf einer Insel zu leben

Eine Frau, machtvoll allein

Das Wichtigste: die Geschichte nicht für sich reklamieren, sich nicht von ihr definieren lassen, sich nicht auf sie herausreden – sie verachten, in denen, die ihre persönliche Nichtigkeit mit ihr kaschieren – und doch sie kennen, um die andern zu verstehen und vor allem zu durchschauen (mein Haß auf die Geschichte als Asyl für die Seins-Nichtse)

»Gestern war ein utopischer Tag«

Das Ich empfand ich heute nach einem langen dunklen Tag als eine (von Natur aus) unzuverlässige Maschine zum In-Gang-Setzen der Welt: als ob gleichsam erst das Ich sich einschalten muß (wie ein Kraftwerk), damit die Welt beleuchtet wird (sich erleuchtet)

Das Glück, wenigstens einige Minuten am Tag denken zu können und als ob dazu notwendig eine lange schmerzhafte Gedankenlosigkeit (-entbehrung) vorausgehen müßte

Momente: vor die Tür treten, wo es schon Nacht ist mit Lichtern, und aufatmen

Dezember

Lernen, die Formulierungen für die Erkenntnismomente nicht nachher, wenn auch nur für sich, zu wiederholen – damit man sie (die Erkenntnisse) nicht vergißt (Formulieren als eine Art des Vergessens)

Manchmal besteht mein einziges Denken darin, daß mir ein Muster (z. B. ein Teppichmuster) vor den Augen flimmert

Ein Kind ruft kläglich in einem entfernten Winkel, daß die Notdurft schon sehr drängend sei – und die wirklich satanische Lust, nicht zu antworten, sondern zu warten, was jetzt passieren wird

Ein Nachbar wurde häufig von Freunden besucht, die sich mit einer Autohupe anzukündigen pflegten, welche ein Kuh-muhen nachmachte. Am Tag, als das Kind des Nachbarn gestorben war, kamen die Freunde am Abend zum Kondo-lenzbesuch. Sie kündigten sich wie üblich mit der Kuh-Hupe an, drückten diese nur leiser

Ich bin meistens zu bewußt zum Traurigsein

Das Fette, an dem ich würge: Österreich

»Ich muß bestehen auf dem, was ich hin und wieder doch sein kann: das ist meine Würde«

»Ich habe dich heute so gern«

»Zwei Tage habe ich gewartet, daß jemand ein liebes Wort zu mir sagt. Dann bin ich ins Ausland gefahren«

»Sie schreiben elitär.« – »Wie könnte jemand, der amerikanische Filme erlebt hat, elitär sein?«

Die mürrische Zeitungsfrau, der Garten im milden dunklen Licht, die Fratze der hundausführenden Frau – das bin doch alles *ich*

Ein Kind pfeift; endlich ist ihm das gelungen, nach jahrelangen Versuchen

Eins nach dem andern tun, mit größtmöglichem Bewußtsein: am Brot riechen, am Schnaps riechen, das Papier falten – das ist die Rettung

Die Hausfrau: »Was mich so müde macht, ist das Hin- und Hergehen, das Stocken, Umkehren, wieder Umkehren – wenn ich nur einmal geradeaus gehen könnte, stundenlang!«

Fast niemand schreibt mehr Briefe, fast niemand ruft an: als seien alle im Vorwinter verlorengegangen

Die Vorstellung, sich diesem ausländischen Arbeiter nur dann jemals näher fühlen zu können, wenn man einmal auf eine möglichst körperliche Weise mit ihm verfeindet gewesen wäre

Mit dem Eingekauften das Haus erreichen und die Eßwaren im Kühlschrank verstauen: als ob für ein paar Tage nun alles gesichert sei (wie der Zwang zum Hamstern bei jemandem entsteht)

Indem ich ihre Zärtlichkeit abwehrte, zerstörte ich unsere Schönheit

Der Interviewer sagte zum »Einsamen«: »Erzählen Sie mir eine Geschichte von der Einsamkeit!« Der Befragte schwieg

Die Frau in dem Film Truffauts fällt in Ohnmacht; die Frau in dem Film Godards masturbiert

Ich war böse auf sie, weil sie es nicht war

Zeigen, was es heißt, allein zu sein (wenn es zum Beispiel an der Tür klingelt, und wieder steht draußen nur ein Kind)

Eine Frau, die sich in Gegenwart eines Mannes nach einem andern sehnt; aber der anwesende hat diese Sehnsucht bewirkt, erweckt, bedingt

Mädchen, die kaugummischnappend kreuz und quer durch die Pariser Métrogänge irren

»Nicht einmal mehr in Gedanken komme ich an dich heran, Geliebte«

Die Gefühllosigkeit eines Sportlers kurz nach der Anstrengung; herzlos von der äußersten Körperleistung und der Begeisterung daran

Lebendigkeit: ein Blick genügt

1976

Jänner

Die bleiche, geschminkte Frau mit Hut im Café: als sie endlich angesprochen wird, erreicht sie, im Angesprochenwerden, den einzigen Punkt der Beruhigung im Lauf des langen Tages

Der Mann redet von seinen Rechten. Die Frau: »Laß doch den Staat aus dem Spiel«

»Wenn ich mit jemandem zusammen war, bin ich nachher oft stolz, daß ich nichts von mir verraten habe«

Die Frau sitzt mit geschlossenen Augen. Das Kind: »Denkst du nach?« – »Nein, ich sehe Bilder, die entstehen beim Ausatmen von selber.« Das Kind probiert

Sie sitzen stierend nachmittags in den Cafés, als ob sie schon fernsehen

Ihr Gesicht im Spiegel, wie sie es zum Phantasieren benutzt

Die patrouillierenden Polizisten: Warum schlagen die mich eigentlich nicht sofort nieder? Warum warten sie überhaupt auf einen Anlaß?

»Woran denkst du gerade?« – »Daß ich jetzt nicht sterben möchte.«

»Woman, I'm your friend.« (Jeremiah Johnson)

Die Leute anschauend, der Gedanke: Die leben noch vor der Katastrophe

Sie sagte: »Es ist schon unheimlich: ich bin noch nicht alt und trotzdem allein«

Freude bei der Vorstellung von einer durch und durch vernünftigen Welt: Rechteckvorstellung

Ungeheuer nervös und dem Wahnsinn nahe vor Schreiben – und wenn ich dann das Geschriebene lese, sieht es so ruhig aus

Stolz über meine Fast-Verrücktheit, wie über ein erreichtes Ziel

Eine Maschine erfinden, damit man nicht zu reden braucht (eine Maschine, die man, angesprochen, bedient und die für einen antwortet)

D. sagte, wer nicht jähzornig sei, der sei eben beleidigt

Jetzt freue ich mich darauf, mich irgendwo anstellen zu können und zu warten (in der Post z. B.)

Jemanden aus der Nachbarschaft vorbeigehen lassen auf der Straße, ohne ihn zu beachten: den habe ich ja schon gestern gegrüßt

Sie geht mit einem Kunststoffpelz, den der Wind seltsam hochklappt

Wieder einmal das Gefühl, nur die falschen Leute zu kennen

Im Moment der höchsten Lust das sichere Gefühl, daß die eigentliche Lust wieder einmal verfehlt wurde. (Noch während die Lust da ist: »Das *war* schön!«)

Sie sagt zu jemandem, der sie anspricht: »Wie die Männer dauernd verfügbar sind!«

Sie geht schnell und fest auftretend auf der Straße, und jemand fragt sie: »Gehen Sie so, damit Sie nicht belästigt werden?«

Dein geübtes Stocken im Reden – das nur im voraus das Einverständnis will

Das schöne Mädchen: es runzelt jetzt schon beim Zuhören die Stirn wie sonst nur die Weltroutiniers

Das Gefühl der Henkersmahlzeit beim Anblick von Gummipflanzen

Februar

Als hätte der Schmerz keine Vergangenheit

Wie mit dem Schreiben sofort wieder eine Fliehkraft einsetzt (weg von dem, was »wirklich geschah«); sich dorthin durchdrängeln, wo die Leute noch leben!

Man wählt eine Nummer; es ist aber die falsche: nur ein Kind meldet sich, das allein ist und weint – auch so beginnt eine Geschichte

Wie stumpfsinniges Wachsein, so stumpfsinniger Schlaf, auch *mit* Träumen; dagegen manchmal lebendiger Schlaf *ohne* Träume

Seine »Entdeckungen«: »Ich habe ein neues Restaurant entdeckt!«

Ein Schriftsteller oder überhaupt jemand, der mit dem Alleinsein fertig geworden wäre, würde mich nicht mehr interessieren

Das Vergnügen an einer Sache nicht gleich zum Argument gegen eine andre Sache werden lassen

Die Kinder, die sich kichernd und flüsternd mir Schlafendem nähern, um mich zu erschrecken, und meine Vorstellung des Todes dabei – daß sie sich einem Toten so näherten

Sie sagte: »Wenn ich mir meine Zukunft als Frauenleben vorstellen sollte, das wäre entsetzlich!«

Eine Kastanienknospe vom letzten Frühjahr, aus der nichts geworden ist, klein, hart, schrumplig, fällt im Februar darauf plötzlich im Sonnenschein mit einem kleinen Knall vom Baum auf den Boden; sich weh tun wollen an dem Schrumpel, sich stechen wollen

Ich sagte zu ihr: »Man hat das Gefühl, Sie können alles!«

Jemand, der fernsehend sagte: »Warum muß es denn jeden Tag Nachrichten geben?«

Fahrt durch eine trübe Vorstadtlandschaft an einem Sonntagnachmittag: bei der Vorstellung eines Purzelbaums in ihr wird sie erträglich

Im Straßengraben war eine Wasserlache, in der die Wolken zogen und der blaue Himmel war. Ein paar Schneeflocken fielen in die Lache und trieben auf ihr, ohne zu zerschmelzen. Die Zeit verging auf einmal nicht mehr. Im Traum erlebte ich das als Erlösung

»Die schöne Zeit damals, als ich immer vergaß, die Uhren aufzuziehen!«

1. März

Plötzlich, unter den vielen Menschen, die ganz nah an mich herantraten und auf mich einsprachen, das Gefühl, ein totes Huhn stecke in meiner Brust

Als ich heute abend zurückkam, von Österreich und Deutschland, fühlte ich mich an der finsteren »Porte de la Muette« am Rand des Bois de Boulogne auf einmal als jemand, dessen Existenz gleichzeitig noch, als eine Art zweiter, verborgener Lebensgeschichte, in dem kleinen Heimatort in Südkärnten vor sich ging, ganz körperhaft, vor den Augen aller Dorfbewohner, und mein Körper erstreckte sich in diesem Moment auf eine schmerzhafte und zugleich fast tröstliche Weise durch Europa, in das ich mich der Länge und Breite nach verlor als Flächenmaß

2. März

»In was hat sich denn diesmal im Traum dein Dilemma verwandelt?«

In die Groß-Stadt zurückgekehrt, roch ich an der Schimütze des Kindes: Geruch nach eingetrocknetem Schneewasser

Als ob sich der Abend herabsenkt in meinen Kopf

3. März

Eine Spinne erschien mitten im Gespräch, wurde gesucht und getötet; dann wurde weitergesprochen

Liebloser Tag, ohne ziehende Wolken, die Zweige unklar vor dem formlosen Himmel, wie feindliche Tiere; der riesige Himmel als Sehstörung

»Ich will deine Meinung hören.« – »Meine Meinung!« rief sie
erschrocken

4. März

Immer die Frage an das Kind: »Ist etwas passiert?«

Die Leute gingen weit weg zwischen den Baumstämmen, im
gelben, schräg schwebenden Nachmittagslicht, als ob sie da
wandelten

Starrste Niedergeschlagenheit: und als ob doch ein Triumph
unmittelbar bevorstünde (oft gegen Abend)

5. März

Beim Aufwachen lagen die Haare auf meinem Kopf wie eine
fremde Hand

Der Freund erzählte, er habe seine Kinder nicht geschlagen,
sondern sei ihnen auf die Füße getreten

Todesangst sei für ihn: daß die Beine kürzer würden

Der schöne Lebensinhalt von gestern vegetiert jetzt nur noch
in mir als Lebensform

Der Porzellanteller, der den Winter über im Freien war: wie
kalt er ist!

Auf der Straße gehen, wo es ein paar Schritte lang still wird,
als seien das jetzt die letzten Momente

Wie langsam die Leute heute gehen, an diesem überirdischen
Nachmittag in der warmen Sonne

Eine Frau kommt von weitem entgegen; bevor man ihr
Gesicht wahrnimmt, gleißen schon ihre Ohrringe auf

Das Kind sagte: »Ich mache gern etwas, von dem man nicht weiß, was es ist« (als man ihm vorhielt, daß man nicht erkennen könne, was seine Zeichnung darstellt)

Diese Schönheit der Welt heute ist nicht auszuhalten allein, auch nicht zu zweit; vielleicht zu dritt

Älter werden, ohne daß die Zeit vergeht

Der Nordafrikaner kriegte in der Bäckerei nicht wie die andern Kunden das Papier, das er zum Tragen um das Brot legen könnte

Bei der Nachricht vom Tod des Freundes: die Vorstellung der Welt als ein Zimmer, aus dem er verschwunden ist

Nach seiner Beerdigung: drinnen, wie in einer Garage, liegt der Leichnam mit noch vom Sterben zerrauften Haaren, und draußen, im Rinnstein, wirbelt *seine* Zigarettenasche

Schön: eine Frau, die einen an nichts erinnert (kein Schwanenhals usw.)

Ein Buch, das ich auch dann gern zu lesen das Gefühl habe, wenn ich nur geistesabwesend hineinschaue

Zwei redeten über ein Foto und rissen es einander immer wieder aus den Händen, um es für sich anzuschauen

»Indem du sagst, daß ich traurig aussehe, willst du mich nur entwaffnen«

Sie schaute ihn an, wie er sich auszog, und redete über seinen Körper

6. *März*

F.: Sie schreit über alles entsetzt oder verzückt auf – und im nächsten Moment hat sie es vergessen

Jemand will ein Geschäft aufmachen und möchte dazu Geld von mir: Er redet schon so viel und so schnell wie ein Betrüger

Eine solche Sonne auf der Haut: damit immer weiter geradeaus gehen wollen

Am frühen Morgen der grün brausende Garten, in dem alle Blätter gerüttelt und einige, an den Spitzen der Zweige, allmählich schon heller grün und fast durchscheinend werden, noch nicht von der Sonne unmittelbar, sondern von einem Vorschein des Sonnenlichts, das sich nähert; und wie doch im ersten Tageslicht der Himmel noch bedeckt schien und dann hoch in dem grauen Himmel der Kondensstreifen eines Flugzeugs auftauchte, *gleißend* – also wußte man, daß da oben die Sonne schien und der Himmel nicht bedeckt, sondern wolkenlos war – und jetzt sind schon Sonnenflecken an der Gartenmauer, aber erst Reflexe von woanders, wo die Sonne schon hinscheint, und eine Taube fliegt in steilem Anstieg aufs Dach, dabei ertönt gleichzeitig das Aufröhren eines Motorrads auf der Straße, als ob die Taube im Aufflug dieses Geräusch erzeugte, und jetzt wacht das Kind auf mit eingeschlafener Hand

Das Gefühl, als ob fast alles, was ich bis jetzt in der Vergangenheit gesehen und gehört habe, in mir sofort die ursprüngliche Gestalt verliert, weder unmittelbar beschreibbar durch Worte noch abbildbar durch Bilder mehr ist, sondern sich auf der Stelle in etwas völlig Gestaltloses verpuppt; und als müßte es die Anstrengung meines Schreibens sein, diese vielen gestaltlosen Verpuppungen in meinem Innern in etwas wesentlich anderes zu verwandeln, so daß das Schreiben eine Erweckung der gestaltlos verpuppten abertausend Erlebnisse zu völlig neuen Gestalten wäre, die aber doch durch mein Gefühl immer noch eine Verbindung mit den ursprünglichen Erlebnissen behielten – zu diesen authentischen, tatsächlichen, aber bedeutungslosen Dingen also die mythologischen Bilder meines Bewußtseins und meiner Existenz wären – und welche Vorstellung jetzt entsteht von all den unzähligen, grauenhaft gestaltlosen Puppen-Zwischendingern in mir, Zwischendingern zwischen Sachen und Bildern, aber weder das eine noch das andere –, und welche Zukunftsarbeit für mich, diese Zwischendinger, sprach- und vorstellungslos, nur seiend statt, wie Embryos etwa, werdend, durch mein Schreiben vorstellungs- und sprachfest zu machen und zu etwas still strahlendem Neuen, in dem das Alte, das ursprüngliche Erlebnis, aber geahnt ist, wie die Raupe im Schmetterling!

Ein von mir gedrehter oder auch nur vorgestellter Film mit dem Titel »Mein Leben«: eine lange Abfolge von Schwarzfilm, in dem nur ab und zu etwas aufflackerte, z. B. die harten, welken Blätter, die plötzlich im Jänner – die Bäume waren schon längst ohne Laub – sirrend über den trockenen, sauberen Asphalt schlitterten

Jemand wird mich besuchen kommen: das Schönste ist, wenn es gelingt, nicht daran zu denken, wie es sein könnte mit ihm

Ich möchte mir manchmal wirklich verbieten können, an etwas zu denken, z. B. an den Tod

»Wie geht es dir?« – »Ich weiß nicht. Ich glaube, ich werde wahnsinnig.«

Von der bloßen Existenz gerüttelt – wie von einer Bewegung an sich, entstanden aus sich, ohne Ursache

Den Kopf zwischen die Hände tun – eine Zärtlichkeit zu sich selber

Keine Karotten essen – nachher hat man Lust auf nichts mehr

Dilemma: beim Festhalten des Denkens aus dem Denken geraten (und als sei die Unzufriedenheit darüber doch notwendig)

Am Nachmittag bin ich im Park im Kreis gegangen; jetzt am Abend gehe ich in der Wohnung im Kreis

In Erwartung eines Besuchs: In dem Moment schon, da der Besucher die Türklingel rasseln läßt, wird, anstelle all der Lebensstürme, unter denen ich jetzt kaum mehr atmen kann, sofort eine gigantische Harmlosigkeit einsetzen. Was ist nun der Spuk: der beruhigte Stumpfsinn, der mit dem Besucher eintreten wird, oder meine Wenigkeit, wenn ich allein bin? Ist es nicht so, daß das wenige Wirkliche zerstieben wird bei dem Eintritt des Besuchers und die absolute Gegenstandslosigkeit, der reine Spuk sich mit den rührend vorstehenden Augen des andern sofort breitmachen wird? – Gleich wird er jedenfalls zur Tür hereintreten, vielleicht aus einem ähnlichen Lebenssturm stumpfsinnig taumelnd wie ich, und es wird genauso kommen, wie ich es hier gerade aufgeschrieben habe, und ich werde hemmungslos grinsen müssen, und er vielleicht auch

Das Haar des Kindes: kein Geruch, sondern sofort ein Gefühl

Es geschieht manchmal, daß das Kind mir fremd wird – aber *so* fremd wird einem nur das Allerliebste

Allein in der Nacht, zwinkerte ich mir zu

Er telefonierte mit jemandem, und nachher merkte er, daß er daneben auf einen Zettel die Worte »zu viel« geschrieben hatte, obwohl die gar nicht in dem Gespräch vorkamen

Warum gewinne ich manchmal meine Ruhe, mein Selbstbewußtsein nur daraus, daß ich andre angreife, daß ich in sie dringe mit Worten, die sie ausziehen, zurechtweisen, zerstören?

Die Gefahr bei diesem Nachdenken, Alleinsein, Sehen, »Sinnen« usw. ist, daß man sich schließlich nicht mehr lockern kann für eine andre Existenz, für jemand andern

Vor meinem Haus ein Schild aufstellen mit der Warnung: »Achtung, in diesem Haus wird gelesen!«

Was es, für mich, vor zehn Jahren noch für Einschüchterungen gab: »Die konkrete Poesie«, »Andy Warhol« und dann Marx und Freud und der Strukturalismus, und jetzt sind all diese Universal-Pictures verflogen, und nichts soll *irgendeinen* mehr bedrücken als das Gewicht der Welt

Nun, gegen Mitternacht, erscheint mir die prallrunde Armlehne des Sofas als startbereiter Flugzeugrumpf

7. März

Die Vögel fliegen im Morgengrauen schräg am Fenster vorbei wie fallende Herbstblätter (Verwechslung im Aufwachen)

Ich sagte zu A.: »Was du vieles erlebst, das ich nicht erlebt habe!« – »Aber du hast den Krieg erlebt!« – »Möchtest du den?« – »Ja!«

A. sagte: »Ich mag N. nicht, und sie mag mich auch nicht; sie will nur nicht, daß ich weiß, daß sie mich nicht mag«

Still sitzend in der Kälte, empfinde ich endlich einen Punkt der Wärme in mir, der sich allmählich, dadurch, daß ich ganz still bleibe, ausbreitet, bis mir am Ende ganz warm ist

In diesem Sonnenlicht redet man fast tonlos, wie um etwas nicht zu stören

Sonntagsgeräusche im sonnigen Garten: Tellerklappern, Besteckklirren aus den überall offenen Fenstern; das Geräusch einer Schere, die stetig in Papier schneidet!; und natürlich gehört jetzt das ferne Flugzeuggeräusch dazu

Die jungen Blätter, von der Sonne durchschienen, und ab und zu bewegen sich die Schatten anderer Blätter darauf

Als ob in der Frühlingssonne alle alles langsamer tun, bedachter, rücksichtsvoller, leiser

Das Kinderohr im Schatten unter den Haaren

Der Wind in der Groß-Stadt plötzlich wie ein Sausen im Hochwald

Sonne auf den Haaren, die fliegen, wie die Zweige in der Sonne fliegen, mit den umstrahlten Knospen, und die Gegenwart wird unmenschlich schmerzhaft jetzt

Die Schatten andrer Blätter auf den besonnten Blättern; manchmal zittern die Schatten der andern Blätter mit den Blättern mit, wenn der ganze Strauch in Bewegung ist; manchmal bewegen sich nur die besonnten Blätter, aus den Schatten heraus (wenn nur dieser eine Zweig sich bewegt); manchmal zittern nur die Schatten der andern Blätter auf den ganz stillen besonnten Blättern

Ein landendes Flugzeug fliegt niedrig über den Bus hinweg, schwankend, wie nicht von Menschen gelenkt, als würde von der Erde ausdauernd sein Kurs revidiert, als würde dauernd ein Drall korrigiert

»Endlich geht's mir besser – ich fühle wieder meine Erdgebundenheit!«

Jetzt könnte ich so schön aus dem Fenster schauen, aber diese Frau neben mir, die mich dabei ansieht, stört mich

Sehnsucht nach dem Stumpfsinn wie nach einem Heimathafen

Der Blutgeschmack im Mund erinnert mich sofort an eine lang vergangene Liebe (an eine einmal geliebte Frau)

Und wirklich, die meisten Leute werden mir nur noch erträglich, indem ich sie angreife!

Während wir redeten, zogen wir beide Muster ins Tischtuch

Sie hat mich also besucht, trotz ihrer albern kurzen Haare, welche Unverschämtheit!, und dann räuspert sie sich auch noch immerfort vor jeder Bemerkung; und stolpert auf Treppen!; und steht mir dauernd im Weg, so daß wir einander anrempeln und wieder anrempeln, und erwartet schließlich auch noch von mir, daß ich für sie, als den »Besuch«, *da bin* – dabei könnte ich jetzt so schön allein sein (und bin wieder einmal im verfluchten, widerwärtig gegenstandslosen Niemandsland zwischen Alleinsein und Gemeinsamkeit, weder allein mit mir noch bei jemand anderm)

Von ihr als Lehrerin werden wieder hundert und aberhundert solcher sprachentkernten Figuren wie sie in die Welt sich spreizen, und von jedem von diesen hundert und aberhundert wieder mindestens tausend und abertausend Speckschwarten-Menschen!

Sie ist da an meiner Seite, stumm, leidend, und gräbt mir die Existenz ab

Manchmal atmet das Kind im Schlaf sekundenlang überhaupt nicht mehr

Die »unbekannte Geliebte«: Es gäbe bei ihr keine Anfangsschwierigkeiten wie üblich, z. B. komme ich zu ihr, sie zu mir? Keiner würde sich an seinem gewohnten Ort vom andern, der von woanders käme, gestört fühlen, wie ich es jetzt, bei dieser bekannten »früheren Freundin« doch wider Willen bin, wenn ich fremde Tuben, Armreifen usw. in »meinem« Badezimmer sehe

Ich bin froh, ihr gegenüber kein Mitleid zu fühlen – es ist recht so: auf diese Weise behält sie ihre Würde, ihre Selbständigkeit

Als sie gegen das Weinen kämpfte, trat ihre Halsschlagader stark hervor

Und ihr lächerlicher marineblauer Mantel mit Kapuze und Bambusknöpfen!

Ich schaue irgendwohin und spüre, daß sie mich anschaut: nun kann ich weder in Ruhe für mich schauen noch zu ihr zurückschauen, fühle mich mit einem Teil meines Körpers lahmgelegt; und in den Augen, die den lähmenden fremden Blick auf sich spüren, entsteht eine Art Blendung, bei der nur noch ein letztes, erstarrtes Bild tot auf den Augäpfeln liegt, wie draufgemalt

Ein Dichter schreibt, seine Lebensgefährtin betreffend: wenn sie nicht gewesen wäre, dann hätte er keine Bücher geschrieben, sondern »Kinderwagen geschoben«

Beim Reden mit dieser Frau aufpassen, daß man sich nicht nach jedem Satz denkt, es ihr jetzt aber wieder gesagt zu haben! (Aufpassen, daß das Reden kein Duell wird)

Wie sie die Finger nach hinten biegen kann (Schulerinnerung)! Wie ein Kind – aber ihre langen, roten, schlechtdurchbluteten Finger!

Würde ich sie bei ihrer täglichen Arbeit sehen, wäre sie sofort wieder sie selber, und ich würde sie unpersönlich, aber voll Achtung betrachten können

Der Schatten der Taube, die auf dem durchscheinenden Bahnhofsdach trippelt: als ginge sie auf mich zu, eine solche Bewegung zeigte ihr Körper als Schatten, während sie doch in Wirklichkeit wegtrippelte

Allzuschnell wird diese Frau glücklich, als daß man ihr Freund sein möchte

Was auch immer man sie fragt, ob sie es will – sie will es, sofort, »sehr gerne!«

Die Teekanne hat sie auch nicht vorgewärmt! Und in den Wasserkessel hat sie so viel Wasser gefüllt, daß es nach einer Viertelstunde noch nicht kocht! Und wie sie beim Salzstreuen auf das Salzfaß tippt! – Die Lust, während wir am Tisch sitzen, ihr zu sagen, sie solle abhauen, sofort!

Und vor sich hinsummen tut sie auch noch die ganze Zeit in ihrer Panik und Angst vor mir

Dann verzog sie sich und las mit dem Kind stundenlang Asterix, weil ihr das wahrscheinlich endlich ein Gefühl von Menschlichkeit gab in meiner bösartigen Gegenwart

Und zu alldem knarren jetzt wieder ihre blöden neuen Schuhe!

Und plötzlich fange ich sie zu hassen an

Wie eng wir zu dritt hinten im Taxi sitzen, und ich möchte brüllen, weil ich, um das Geld herauszukriegen, kaum in die Taschen komme neben ihr

Sie berührt mich nur leicht, nur zufällig, und ich erlebe einen Erstickungsmoment

Welche Gnade, dann in Ruhe einfach ein Reklameplakat anschauen zu können!

Ein Blinder ging sehr langsam und ungeschickt vor mir, und ich dachte: So geht nur ein *kürzlich* Erblindeter!

Meine Gereiztheit kommt nur daher, daß ich jemanden liebe, den ich nicht kenne, und daß ich mit jemandem zusammen bin, in den ich nicht verliebt bin und den ich kenne: allen Leuten einen Tritt versetzen wollen

Dann fragt sie mich: »Ist das Essen gut hier?« – Und alles macht sie mir nach, Butter aufs Brot, Salz dazu: kaum daß ich eine Bewegung wage, schon wird sie von ihr nachgeahmt

Ich bestellte ganz sinnlos, ohne Bedürfnis, ein Bier und fragte diabolisch, ob sie auch eins wolle, und natürlich zwinkerte sie sofort und nickte

Zum ersten Mal seit langem biß ich mir wieder in die Zunge

Plötzlich dachte ich: Ich möchte wirklich nicht mehr meinen edlen Schwanz in so eine Frau hineinstecken!, und lächelte sie versonnen an, und sie lächelte zurück

Zwei Leute in einem Vorortzug fixierten einander: eine ältere ausländische Arbeiterin und ein jüngerer ausländischer Schriftsteller, weder freundlich noch feindselig. Nach längerer Zeit schaute der Schriftsteller weg – als ob seine ganze Geschichte es ihm nicht erlaube, diese Frau länger zu fixieren; als ob er vor ihr nur klein beigeben könne

Zur Vermeidung der drohenden Euphorie atmete ich tief ein

Die große Tasse mit dem rauchenden Tee, die in meinem Schoß lag wie eine Katze

Jetzt macht sie sich auch noch nützlich und hämmert überall in der Wohnung

Ausrutschen auf dem Glatteis, ohne ganz hinzufallen: das erzeugte nach dem langen, gleichmäßigen Gehen ein großes Wohlgefühl im nachhinein, dieses Auseinandergerissenwerden der Beine, der Schreck, das Weitergehen

Aus den Augenwinkeln sah ich die Frau nur als Bewegung, als Kauen

Aber zum Abschied sagte sie etwas sehr Schönes: »Nicht wahr, du denkst, Leuten wie mir sollte man die Nase zuhalten?!«

Als ich ihr beim Weggehen die Tür aufmachte, mußten wir beide plötzlich herzhaft lachen

Und natürlich ist das Mitleid schließlich doch unvermeidlich

Noch nicht *alles* schreiben können: ein beruhigendes Gefühl (sich nicht alles zutrauen)

Sie schaute mich an mit der kindischen Melancholie einer hoffnungslos Aufgeregten

»Ein bitterer Zorn regte sich in ihm über die zerstörende Gefühlsduselei dieser Weiber und ihre ewige Unfähigkeit, einen in Ruhe zu lassen« (John Cowper Powys, »Wolf Solent«)

8. März

Wie ich im Lauf der Zeit immer alle Kopfpolster ruiniere, weich und formlos mache, flach und zerdrückt, einfach durch meine Art des Schlafens

Übelgelaunt, singe ich doch, das Allerstumpfsinnigste, und dann merke ich, daß der Mißmut, durch den Stumpfsinn meines Singens, verdrängt worden ist

38

Vorstellung von einer sexuellen »Begegnung«: wir wären beide nur darauf konzentriert – aber vielleicht erwartete sie dabei doch, wenn auch von der Geilheit völlig befangen, immer noch den einen Blick von mir, der alles ändern würde

Die Vögel machen im Morgengrauen noch unverbundene Laute

Wenn ich meinen Ekel vor Geräuschen loswerden könnte und meine Wut darauf! Ich denke an die Geräusche der Kindheit, die mir den Kopf sprengten: die Schluckgeräusche des trinkenden Familienoberhaupts, das Schnalzen, mit dem er die Lippen von den Zähnen wegzuschnellen pflegte; das dumpfe Hacken seiner Zähne aufeinander, selbst wenn er die Suppe löffelte; sein Raucherhusten am naßkalten Morgen im Klosett; oder das lebenslange schwache Gehüstel eines Nachbarn auf allen Wegen, auf denen man ihm begegnete, und dem seine Söhne Prügel versprachen, wenn er es nicht endlich abstellte (er hüstelt immer noch) – all diese Geräusche, das Schrei-Niesen der Mutter durchs ganze Dorf, das gezierte kleine Katzen-Niesen einer Tante (gegenüber dem die Mutter auf ihre Art des Niesens stolz war), das Nasenschniefen des Großvaters beim Kartenspielen, das allgemeine Körperkratzen, das klickende Nägelschneiden im Wohnzimmer, das Gerülpse auf allen Wegen, der Schluckauf der Mutter (so oft, daß sie davon weinen mußte), das Gefurze des Vaters vor allen Leuten, seine Mischung aus Berliner und Kärntner Dialekt (meine Abneigung gegen jeden Dialekt!), überhaupt seine Stimme, ohne Nachdruck, ohne Überzeugung, eine sozusagen feige Stimme in allen Lebenslagen (so erschien sie mir damals in meinem Haß), selbst wenn er schrie, tobte, besoffen war, das Gluckern des stinkenden Alkohols in die Gläser oder direkt in die Kehlen, die nicht einmal mehr zu schlucken brauchten, das schnaufende Atmen der alten Frauen beim Essen: ich kenne die Geschichte, es gäbe Erklärungen – und trotzdem zerspringe ich manchmal vor Wut in der Nacht, vor Schreiwut, vor Wut, mit dem Kopf an die Wand zu rennen, etwa wenn das eigene Kind im Schlaf Speichel schluckt: Elend

Eine Fahrt in der Métro mit dem Blick auf die vielen wie ich verschlossenen Leute im Wagen, und das plötzliche Gefühl, wie dankbar wir Stummen hier in der U-Bahn jedem sein müßten, der unversehens rückhaltlos von sich redete, sich offenbarte mit Reden

Die Liebe zu A., die so stark ist, daß ich mich nach einem Konflikt zwischen uns sehne, bei dem ich ihr meine Liebe, ohne die Nervosität wie jetzt in der Konfliktlosigkeit, beweisen könnte

Am Morgen werden die kalten Hände noch kälter von den Sachen, die ich aus dem Kühlschrank nehme

Die Frau schnauft beim Essen durch die Nase, und ihr Mund brutzelt, wie bei einer Frau, die schon lange allein lebt

Als ich den Geldschein auf den Zahlteller legte, sah die pausenlos redende Frau das einzige Mal, für einen kleinen Moment, aus den Augenwinkeln zu mir herüber

Und wenn sie mich, der ich mir vor ihren Redegeräuschen die Ohren zuhalte, fragte, was ich denn hätte, würde ich sie nur mit einem mörderischen Blick anschauen können, ohne Worte

Heute setzt sich den ganzen Tag jemand zu mir, mir gegenüber, werde ich in die Mitte genommen, muß die Füße einziehen, die Arme anwinkeln, die Zeitung gefaltet lesen

Verlegen bin ich, wenn mein Gefühl nicht klar ist

Jemand, mit seiner Traurigkeit endlich eins, macht, im Bus an der Stange stehend, alle Bewegungen des Busses, der Straße, der andern willig mit

Wie sich mitten in der Stadt, sogar im Feierabendverkehr, plötzlich einige Sekunden der Stille, der Ruhe ergeben, in der man nur hört, wie ein Fenster zugemacht wird, und dann geht der Lärm weiter

Das Kind will mir die Hand geben, weil der herunterhängende Arm es stört

Plötzlich der Gedanke, daß ein Krieg mich beruhigen würde, indem er mein Innerstes nach außen kehrte; es gäbe keine Schwierigkeiten mehr mit der Zeit und der Unwirklichkeit: unwirklicher Gedanke!

Manchmal bin ich zu mir selber, im stummen Selbstgespräch, rhetorisch

Die schöne Küchenmelancholie; starr, weintrinkend in der Küche zu sitzen, und das Spülwasser aus den oberen Stockwerken rinnt friedlich durch die Rohre der Küche, und schade, daß es jetzt aufhört!

Eine Frau sagt zu mir, sie hätte »Mitleid« mit mir, und meinte das natürlich als Aggression

Vorstellung, daß bei mir schon das Wachsein eine Traumarbeit ist, so daß die Träume gar nichts mehr verarbeiten müssen und frei spielen können

Einem Feind in die Augen schauen, damit er nicht einlenkt, nicht ablenkt, nicht verkleinert, nicht freundlich wird (»Persönlich mag ich dich ja« oder ähnliche Schweinereien)

»Ekelst du dich vor mir?« – »Nein, ich habe mir schon alles vorher vorgestellt.«

9. März

In wievielen meiner Geschichten ich die Helden »zwischendurch« ans Meer fahren lassen wollte, und nie hat es sich ergeben!

Ein Gleichgewichtsstörer bei mir: daß ich im Kopf oft der jeweiligen Handlung, die ich verrichte, um ein weniges voraus bin; diese kleine Spanne des Auseinanderklaffens zwischen Bewußtsein und Tätigkeit verhindert manchmal das Gefühl für die Tätigkeit (waschen mit kaltem Wasser z. B. oder gehen, laufen, essen; und auch schreiben!)

Der Anblick der Kathedrale von Chartres: als ich nachher unten in der Stadt stand, in einer fast ländlichen Straße, hinaufschaute zu den Türmen auf dem Hügel und dann den Kopf senkte, wo zu meinen Füßen ein Kanal war mit fast stehendem Wasser, mit Entengrütze dicht und grün, die ab und zu ein bißchen auseinandertrieb: Wie wohl habe ich mich gefühlt, nach dem langen Aufschauen zu der Kathedrale, bei dem gesenkten Blick auf die still treibende Entengrütze!

Auffällig, wieviele Geschäfte in dem Viertel aufgegeben haben, seit ich hier bin, wieviele Geschäftsinhaber gestorben sind, vor wievielen Restaurants Speisekarten mit neuer Handschrift erschienen sind, aber mit den alten Speisebezeichnungen

Der Daumen bewegt sich am schlafenden Kind

Genauer, die Gleichgewichtsstörungen betreffend: Indem ich etwas wirklich tue, z. B. jetzt das Kind anblicke, *spiele* ich es einen Moment vorher schon, mache eine Pantomime des Anblickens, noch bevor ich es richtig anblicke, eine Pantomime des Lachens, bevor ich herzlich lache – und diese Ungleichzeitigkeit verhindert oft das Gefühl und erzeugt, im vorschnellen Spiel-Lachen, eine Art Gefühllosigkeit (zu merken auch bei den meisten andern); daß ich etwas äußere, noch bevor das Gefühl dafür ganz da ist – das gibt der Äußerung dann etwas Gespieltes, Scheinheiliges; und diese Voreiligkeit, dieses Vorauseilende im Kopf ist es auch, das mich aus der Erdgebundenheit aufsteigen läßt in einen schmerzhaften Leerraum; deswegen oft mein zwanghaftes Riechen an den Sachen, mit denen ich umgehe – um mir ihre Gegenwärtigkeit zu erhalten, um mit ihnen zusammenzubleiben und nicht hinauskatapultiert zu werden in den Leerraum

Ein Kind, das krampfhaft die Schultaschen anschaut, die im Vorraum der Schule hängen, um nicht zu weinen

Vom langen Zeitunglesen weder bei der Sache noch woanders, blicke ich auf und sehe draußen den blauen Himmel, und die Platanenkugeln schaukeln und pendeln davor – die Welt geht auf vor meinen Augen

Die Leute sitzen im durchsonnten Vorortbus und reden vor der Abfahrt; Leute, die täglich zusammen fahren, nicht schweigende Gestalten im Zug für sich, die eine Reise antreten

Die alte Frau entschuldigt sich beim Fahrer, daß sie in seinen, den für sie falschen Bus gestiegen ist

Alte Frauen, am Rand der Straße gehend in der Nacht in Österreich

Dieses Mädchen auf der Bank an der Autobushaltestelle hat sicher schon viele Männer erlebt, die verstohlen vor ihr auf und ab gingen

Die Autobusfahrt: »paradiesisch« – und bei diesem Gefühl sehe ich mein Gesicht in der Scheibe hinter dem Fahrer gespiegelt: ein finsteres Gesicht

Ein landendes Flugzeug fliegt niedrig über den Bus hinweg, schwankend, wie nicht von Menschen gelenkt, als würde von der Erde aus dauernd sein Kurs revidiert, als würde dauernd ein Drall korrigiert

Die Arbeiter auf den Gleisen – als ob alle gleich ranglos wären, keiner unter ihnen ein Kapo oder Führer oder Mächtigerer – sie maulen einander nur an, schubsen einander und grinsen danach

10. März

Das wie lebendige Grün der Blätter draußen, fast wie von Wesen, die leben, schwarmähnlich leuchtend am Baum, grün im Baum sitzende Falter unbekannter Natur, der ganze Garten wird plötzlich zur *unbekannten Natur*, und im Zimmer sehe ich plötzlich eine Blume, als Ganzes abgefallen über Nacht, am Boden liegen, als Ganzes zu Boden gestürzt, wie zerbrochen, alles kaputt an ihr, gar nicht mehr als Blume erkennbar, sondern wie Scherben und Asche, eine andere unbekannte Natur, mottenflügelhaft, dazwischen Käferrückenfragmente, undefinierbar geworden

In dieser Weinhandlung riecht es wirklich, als ob da Wein offen wäre und gleich am Ort getrunken würde

Der alte Mann im Restaurant: er hält die leere Weinflasche über sein Glas, bis der letzte Tropfen sich loslöst (Gefühl eines Selbstbildnisses)

Ich schaute dem Straßenkehrer ins Gesicht und merkte, daß auch er mich anschaute, und wir grüßten einander erstmals, überrascht, und werden einander ab jetzt immer grüßen müssen

Ein Mann beugt sich zu einem Kind, als wollte er es von Mund zu Mund beatmen

Eine Sammlung all meiner fixen Ideen: daß A. plötzlich aufhört zu wachsen; daß ich, im Aufzug von Stockwerk zu Stockwerk abwärtsfahrend, überlege, wie sich jetzt und jetzt, wenn der Lift abstürzte, die Überlebenschancen vergrößern; daß ich, beim Vorbeigehen an einem stehenden Tankwagen, schätze, ab welchem Abstand ich bei einer Explosion aus der Todeszone wieder heraus wäre; daß der Tod sich im Badezimmer ereignet, wo es warm ist; daß ich beim Scheißen sterbe; daß ich Lichtschalter mit der rechten Hand angreifen muß, weil ein elektrischer Schlag links sofort zum Herzen ginge; daß der Seilbahndraht gerade über dem tiefsten Abgrund reißt, usw.

Einmal sich in einem Geschäft nicht in Stellung rücken zum Zeichen, daß man jetzt dran ist, das Um-Sich-Schauen aufgeben und nur still stehen und warten, ob man auf diese Weise auch in einem stark besuchten Laden *irgendeinmal* doch drankommt!

Die Bitterkeit, die ich heute gegen mich und die Welt empfand, als ich für die Schaukel im Vergnügungspark anstand und einem Kind, das schnell vorschlüpfen wollte, sagen mußte, daß nun *mein* Kind dran sei; die Getroffenheit und Wehrlosigkeit dieses Kindes vor einem Erwachsenen erlebt haben zu müssen – das hat mich sofort mit einer solchen Bitternis und Wut auf alles erfaßt, daß ich A., die so lahm schaukelte, am liebsten ins Gesicht geschlagen hätte – Bitterkeit, Verzweiflung, Versagen, Jämmerlichkeit, Elend, und jetzt, beim Aufschreiben, wenigstens Trauer

Auf einem Platz standen vier Männer um ein Kanalisationsloch, und einer schrie nach unten: »Zieh am Seil!«, immer wieder, und ein andrer hielt das Seil, das immerzu ganz schlaff blieb – und trotzdem waren die Männer oben ganz ruhig, riefen auch immer wieder ganz ruhig hinunter in die Tiefe, eigentlich immer ruhiger, je länger sie riefen und je länger das Seil schlaff blieb – als belustige sie alle die Vorstellung immer noch, es könnte wirklich etwas passiert sein: es ist gerade denkbar geworden, daß etwas passiert sein könnte, aber der Gedanke ist noch lächerlich; die Ruhe der Männer ist auch gleichzeitig eine Beruhigung untereinander, eine Art starrer Ruhe, die offen ist für die äußerste Angst, die bevorsteht; die Ruhe der Unruhe

Eine seltsame Vorstellung, als ich in der Küche die weiße, duftende Butter aufwickelte und daran roch, die ersten kleinen Radieschen des Jahres beschnitt und auch sie an die Nase hielt: daß wir die Gerüche der Kindheit mit einer solchen Geste heraufbeschwören, während uns doch all diese Gegenstände damals nie so nah an der Nase gewesen sein können; jetzt müssen wir sie ganz nah an unsre Gesichter halten, um etwas zu riechen und zu fühlen, was in der Kindheit auch ohne das An-die-Nase-Halten uns durchdrang: Sind die Gerüche schwächer geworden? (Sicher auch das) Oder riechen wir schlechter? (Sicher auch das) – Was wir jedenfalls damals im Lauf der Begebenheiten und der Zeit »nur so« erlebten, müssen wir jetzt willkürlich, absichtlich, vorsätzlich an uns heranrücken. (Und eigentlich wollte ich etwas anderes aufschreiben, war die Vorstellung in der Küche viel verwickelter; das Entscheidende waren nicht die Erklärungen – die Dinge duften weniger, wir riechen schlechter – sondern die ganz kurze Vorstellung, daß damals alles an seinem Platz stand und ich es trotzdem aufnahm, und daß ich jetzt so vieles von seinem Platz entfernen muß, es verrücken muß, verletzt werden muß davon, um es aufzunehmen)

Wenn es mir schlechter nicht mehr gehen kann und ohnehin schon alles gleichgültig ist, werde ich mich, kurz vor dem endgültigen Tod, der Gesellschaft (irgendeiner) anschließen

Und doch habe ich auch dem Kind den Butterklumpen extra

zum Riechen gebracht, als würde sie anders später nicht wissen, wie ihr geschehen ist

Ich bin leider noch nicht völlig unkenntlich, unauffällig geworden

Man sagt zu jemandem am Telefon, der was von einem will: »Lassen Sie mich ein paar Tage drüber nachdenken!«, und dann denkt man keine Sekunde darüber nach

Tiefe Nacht; ich sitze da, und alle Beziehungen meines Lebens scheinen mir gegenwärtig, und wer auch immer sich jetzt einstellte, ich wäre auf ihn gefaßt, für ihn offen, in einer unerhörten, vertrauten Weise, und bliebe doch für mich dabei

»Was machst du gerade?« – »Ich schaue vor mich hin und lasse mich treiben ins Universum.«

Die Kommode steht breitbeinig im Raum wie eine alte Frau

Um Mitternacht vor dem Spiegel: ich sehe ja immer noch (bin noch immer nicht blind geworden), das Herz schlägt immer noch

Plötzlich wieder die alte Unselbstverständlichkeit, ein Bett für sich zu haben, unter einer Decke zu liegen, sich eine Stellung zum Schlafen aussuchen zu können

Ein Bild: die leeren Larvenhüllen von Menschen treiben wie Zigarettenstummel über die Straßen der Erde

11. März

Wie leer war mein Schlaf! Immer wieder wurde mir schlafend bewußt, wie leer mein Schlaf war, und ein Kopfschmerz stellte sich ein; dann war etwas geschehen, der Kopfschmerz war weg, und es gab eine unerklärliche Erfüllung, die nur das Verschwinden der Leere war

Ich war stolz: endlich wurde ich Zeuge eines Mordes

Mein das eigene Ich isolierendes Ich-Gefühl ist auch die Quelle meines Gefühls für andere, die ich dann ebenso als Isolierte sehe, was mich ihnen immer wieder ganz nahe bringt

Das Kind beschreibt seinen Tag mit mir so: »Heute ist C. gekommen. Sie hat L. mitgebracht. Jetzt sind sie wieder weg, und ich bin ganz allein mit . . ., der in der Küche arbeitet, mit Musik, und heute habe ich den Plattenspieler heruntergeworfen, er ist nicht kaputtgegangen. Jetzt habe ich das Heft . . . gezeigt, und er hat gesagt, daß er es nach der Arbeit ansehen will. Jetzt finde ich die Musik ein bißchen traurig«

Einen geglückten Tag beschreiben

Dahin kommen, außerhalb des Bewußtseins, der Meinungen, Vorstellungen der andern zu leben

Wenn ich mich anschaue, dann denke ich, ich dürfte wohl noch Angst haben, aber nicht mehr davon reden

Ein Kahn fährt vorbei mit Sandhaufen, und auf einem der Sandhaufen steht unbeweglich ein Schäferhund

Wenn ich das gegenüberliegende Ufer betrachte, sehe ich zunächst nur »bunte, viereckige Dinger« da liegen und muß mich erst anstrengen, um darin Ziegel zu erkennen, dann Waschbeckenstapel unter Zellophanhüllen etc.

In diesem Pissoir mit seinen gelben Kacheln gehen mir zum ersten Mal an diesem Tag die Augen auf

Wahrnehmungen auf dem Heimweg, absichtslos: die Gummiringe, die um das Handgelenk der Verkäuferin im Feinkostladen hingen; beim Anblick eines braunen Warenhaussacks auf dem Rücksitz eines Autos die ruckartige Vorstellung, daß das *mein* Sack sei (so sehr gehört diese Verpackungsart schon zu meinem täglichen Leben); einer Frau, die im Gehen ein Brot aß, fielen dabei die Brösel herunter, die in der tiefstehenden

Sonne glimmten wie Wassertropfen

Ich erinnere das Kind an Leute, an die es sich anders nicht erinnert, indem ich ihm das Geschenk nenne, das von dem Betreffenden stammt: so erinnert es sich sofort

Eine Frau machte oben in einem Haus am hellichten Tag die Fensterläden zu; ich schaute zu ihr hinauf, und unsere Blicke trafen sich wie die von zwei kurzfristig Verbündeten

Jemandem gegenübersitzen mit der alten neuen Vorstellung, daß es doch das Selbstverständlichste wäre, eins miteinander zu sein; und daß es ganz unbegreiflich ist, so zu zweit, jeder für sich, einander gegenüberzusitzen

Der Haß, den ich empfinde, »gegen Unbekannt«, als es an der Tür läutet

Jemand, der mich, jetzt gegen Mitternacht, von draußen sähe, würde einen am offenen ebenerdigen Fenster stehen sehen, in einer durch Spiegel unwirklich verzweigten Wohnung, einen, der ein völlig romanhaftes Leben führen muß (und das will ich ja auch)

Die Wohnung, mit fast überall ausgeschalteten Lichtern, in die nur manchmal, wenn jemand das Hoflicht einschaltet, ein bleiches Lichtnetz fällt, ist mit all den Spiegeln, ovalen, runden, und den offenen Türen zu allen Räumen jetzt ein eigener, theatralischer Bereich

12. März

Aufwachen aus dem behüteten Schlaf: als ob einem im ruhigsten, friedlichsten Dahingehen ein Bein gestellt würde

Erwachen mit der Vorstellung, im Schlaf das Kind erwürgt zu haben; und nun nicht wagen, hinzugreifen; endlich ein Seufzer neben einem

Erinnerungsruinen: Ich versuche, mich an Einzelheiten von Orten, Häusern, Gesichtern zu erinnern, und es kommen immer nur Ruinen zustande

Staubzucker auf den Schuhen vom Krapfenessen (Ö.)

Das Gefühl, daß jemand sich durch die Welt bewegt wie ein Schlafender, der auf die Uhr schauen will und im Traum auch immer wieder auf die Uhr schaut (weil er bald aufstehen muß), aber nie tatsächlich auf die Uhr schaut

Jemanden ruhig anschauen können, der mich haßt

Bei einem Bettelnden, der vor mir die Hand ausstreckt, schüttle ich böse den Kopf, weil er mich in eine solche Lage bringt (andere drehen sich nur gleichgültig ab)

Leute, die für alle Fälle immer alles bei sich haben: Regenschirm, Aspirin etc.

Ein Mädchen, das einmal nicht auf diese wohlerzogene Art Tränen schwitzt, sondern mit nach unten verzogenem Mund einfach nur lauthals plärrt

Die Verkäuferin in dem über Mittag offenen, leeren Geschäft kaut träumerisch an einem Sandwich. (Ich schrieb das vor einer offenen Ladentür, die daraufhin geschlossen wurde)

Die Lehrerin sagte, nach dem Besuch der Landwirtschaftsmesse mit den Kindern (Busfahrt, Straßenüberquerungen), jeden Tag, an dem sie mit den Kindern hinausgehe, sei sie schon vorher schlecht gelaunt; am Anfang des Schuljahres gehe sie überhaupt nicht hinaus, bis sie wisse, wie die Kinder im einzelnen seien, sich bewegten usw.

Die Schafe auf der Landwirtschaftsmesse atmeten pumpend, wie Maschinen: maschinenhaft werden im Katastrophenbewußtsein

»Was möchten Sie mit dem Schreiben erreichen?« – »Die Leute

zum Lachen und Weinen zu bringen.« (Solche Antworten ernsthaft geben können)

Vor vielen Jahren sagte jemand, das Schöne an mir sei, daß ich keine Gewohnheiten hätte. Und jetzt?

Man behauptet immer, eine Mischung aus »gut und schlecht« zu sein: ich bin aber entweder nur gut oder nur schlecht

Schön, sein Kind unter andern Kindern zu sehen, als Teil von ihnen

Jener Tag, als ein blasses, ernstes, unbekanntes Kind mit andern zur Tür hereintrat, aus dem Regen, und als ich das eigene Kind nicht erkannte: Entsetzen, und zugleich Moment eines Weltwunders

13. März

A., am Morgen im Bett bei der Vorstellung des Schlaraffenlandes unterbrochen, sagt: »Ich will jetzt weiterdenken!«

Mir fällt auf, wie oft ich die Möglichkeitsform verwende, wenn ich französisch spreche

Die Verkäuferin gab mir zu viel Geld heraus: noch während sie mir den Schein gab, wünschte ich, sie würde ihren Fehler nicht bemerken, damit ich ihr dann zeigen könnte, wie ehrlich ich bin

Mein Gleichgewicht zwischen Wahnsinn und Biederkeit

Herr F. sagte: »Ich sah meine Frau auf dem Damm stehen, und sonst nur den Himmel darüber, wie ein Foto-Motiv. Vielleicht habe ich deshalb gesagt, daß sie *lächeln* solle«

Denkbares Duell: einer will nicht vor dem andern sterben (das Duell besteht darin, daß jeder versucht, den andern zu überleben)

Sehnsucht nach einem Fluß

Nachdem ich den Kopf in den Bach getunkt hatte, spürte ich später im Gehen auf dem Feldweg Sand an den Zähnen

Etwas einmal schon gekonnt zu haben und es dann nie mehr zustande zu bringen

A., sich im Badezimmer beschwingt allein kämmend: ein Kind empfinde ich noch als lebendig in der Einsamkeit, als über jede Vorstellung von Einsamkeit frei hinausschwingend – mich dagegen schon nicht mehr

»Es ist kein Schmerz, nur eine Beschwerde«

Vögel flattern am Abend unsichtbar in den Büschen, ohne wegzufliegen

Schon lange Abend, und noch immer dieser helle Streifen am dunklen Himmel, schon seit einiger Zeit; Vorstellung, daß er nie mehr weichen würde, ein endgültiger heller Streifen am Nachthimmel, eine Erscheinung für immer

Der Vorfrühling auf dem Land: seine kleinen Anzeichen verschwinden in der allgemeinen Ödnis, im Niemandsland; in der Stadt dagegen gibt es ihn, sieht man ihn

14. März

Traum, blind zu werden: Iris und Pupille bleichen aus, lösen sich flockig im grauweißen Augapfel auf, wie Milch, die sauer wird

Zustand der Freude, wo man aufs Atmen vergißt und nur von Zeit zu Zeit lange Seufzer kommen

Triumphaler Gedanke: Ich habe eine Geschichte! Und ich werde weiterhin eine haben!

Zu Österreich: daß ich die mir liebsten Leute dort nie mit dem Land identifiziere! (Die Existenzen machen nie das Land existent)

Vorstellung, überall auf dem Land nur das Wehgeschrei von Pfauen, Eseln, Hühnern und Schweinen zu hören; es wäre totaler Krieg, und es krähten ununterbrochen die Hähne

Stacheldrahtkindheit

Hinter einem Fenster wird ein weinendes Baby geschüttelt

Die toten Autos vor dem Fenster in der Nacht

15. März

Die Geräusche und Gesten eines alten Mannes machen – und Vergnügen daran finden

Manchmal doch das große Gefühl, so zu leben, wie ich leben will

Die Vorstellung, daß Hutmacher, Tuchgeschäftsinhaber usw., vornehmlich aus England (. . . & sons), zwar sterben, aber nicht verwesen (die Vorstellung, als Inhaber eines kleinen, guten Taschentuchgeschäfts fürs weitere Leben vor allem sicher zu sein)

Heute war die Zeit schön (keine »schöne Zeit«, sondern die Zeit war etwas Schönes, ohne daß etwas extra Schönes passierte)

Ich merkte zum ersten Mal, daß der Geschlechtsakt eine lang entbehrte Würde verleihen kann (dem Gesicht einer Frau)

Jemand, der auf allen Gesellschaften mitgetanzt hat, würde eines Tages ausrufen: »Ich möchte endlich zu leben anfangen!«

Jedesmal, wenn ich mit Herrn F. am Telefon rede, spricht Frau F. im Hintergrund sofort mit (heute war sie zwar gerade unter der Dusche, rief aber auch von dort immerzu etwas heraus, was ihr Mann dann weitergab)

»So lange gehen, bis ich aus mir heraus bin«

52

Das Kind zeigte in sein Auge, auf die Stelle, wo sich das Nachbild befand

»Die ganze Zeit saß diese Frau da – und ich bin gar nicht auf die Idee gekommen, sie könnte auch für mich da sein!«

Die ödeste Stadtgegend erschien mir zugänglicher als dieser ländliche Reitweg mit den laublosen Büschen zu beiden Seiten und der gelben Métrokarte im grauen Sand mit den Hufspuren

Ein Mensch als schwankendes Haarbüschel im Rettungswagen

Fotos, wo ich mit andern bin, sehe ich, was die andern betrifft, oft nur gezwungen an, ohne sie wirklich anzusehen, oder ich konzentriere mich übertrieben auf die Einzelheiten der andern

Der Psychoanalytiker saß da und nickte und lächelte zu dem, was ich sagte, als ob ich sein Fall sei; und auch ich hatte kurz das Gefühl, ihm was zu erzählen als einem Fachmann (aber eher tat ich es nur, um ihn sich in meiner Gegenwart wenigstens als Fachmann fühlen zu lassen – ein Entgegenkommen von meiner Seite)

Einen einzigen Augenblick am Tag hat heute die Sonne geschienen: das Netzwerk einen Augenblick lang im Raum

Lektüre von mystischen Erlebnissen des Psychoanalytikers: er will sie nur (gehabt) haben; hätte er sie wirklich, wäre seine Sprache anders; würde sich seine Fach-Sprache ändern

»Wenn ich nur bereit bin, wird jede Frau der Welt mich anschauen«

Als ich mit dem Ehepaar an dem Friedhof vorbeifuhr, in dem ihr Kind begraben liegt, vermeinte ich, drei Jahre nach dessen Tod, im Vorbeifahren von der Frau ein tiefes Seufzen zu hören

Bilder im Halbschlaf erfüllen meinen ganzen Schädel, wie Gesänge einen Kirchenraum

A.'s Alptraum: daß mir aus dem Rücken ein dritter Arm wüchse

Die Augen dieser Frau: als ob sie nicht zu dem Gesicht gehörten; als ob da unter ihrem breiten, jungen Gesicht noch ein zernarbtes, altes sei, und diese tiefliegenden, sehr kleinen, fast viereckigen Augen gehörten eigentlich zu dem alten Gesicht: sie hatte Augen, die sich bewegten wie hinter Maskenschlitzen!

Als ob die Kirche den zugleich oberflächlichsten und tiefsten Trost bereithielte: du trittst ein und bist aufgehoben unter all den andern, und niemand maßt sich an, dich persönlich anzureden, dir persönlich zuzuhören (wie in der Psychoanalyse)

Einer mit geröteten Wangen ging langsam an mir vorbei und versuchte plötzlich, mir ein Bein zu stellen – ich war nachher zufrieden über dieses Ereignis

Beim Betrachten des dummdreisten Films das Gefühl, nachher hinausgetragen werden zu müssen

Als ich sie fragte: »Haben Sie einen Freund?«, antwortete sie: »Ich will nichts von Ihnen.«

Vor den Cafés die Abdrücke der Flaschenkapseln im Asphalt: damals war Sommer, und der Asphalt war weich

»Schäm dich deiner leblosen Augen, alter Mann!«

Wenn ich mich kühn fühle, schaue ich vielleicht nur unnahbar aus, oder verkniffen

Jemand sah mich im Café und sagte sofort: »Das ist also dein Stamm-Café!«

Ein Mantel mit schön tiefen Taschen, ein ganzes Brot verschwindet darin und kommt zauberhaft wieder zum Vorschein

Jemanden mit einem großen Gähnen anschreien!

Ich bin nicht jähzornig, was ja eine schmeichelhafte Untugend wäre, sondern einfach nur unbeherrscht

Eines Tages sollte ich, beim Baden an einem See, zum Auto meines Onkels gehen, um was herauszuholen. In meinem Ungeschick brach ich beim Aufsperren den Schlüssel ab. Meine Mutter sagte, als ich beschämt zurückkam, wie stolz zum Onkel, da sehe man, welche Kraft ich doch in den Händen hätte

Erinnerung, wie wir, »lauter erwachsene Männer«, bei einem Mittagessen vor einem Jahr lang und breit darüber redeten, wie oft sich jeder die Haare wasche: und mein tiefes Behagen bei diesem endlosen Gerede!

»Nach einem schnellen, aber nicht flüchtigen Kuß« (K. Mansfield); nach einem langen, flüchtigen Kuß (je länger, desto flüchtiger)

Jemand schrieb mir einen Brief und entschuldigte sich darin, mich statt dessen nicht angerufen zu haben

Meine Größe: das Alleinsein

17. März

Die Bilderrätsel oft, wenn man zufällig aus dem Fenster schaut; man sieht eine Gestalt, weiß aber nicht, was sie bedeutet; z. B. lag heute früh ein heller Streifen auf dem dunkelgrünen Sonnenschirm; ich dachte zuerst, jemandem sei, wie schon einmal, aus den oberen Stockwerken was heruntergefallen – dabei hatte nur (endlich kam ich drauf, was es war) der Wind während des Regens der Nacht die hellen Fransen des Schirms an einer Stelle umgeschlagen, so daß sie als heller Streifen in der Regennässe auf dem Schirm haftengeblieben waren: Sammlung aller Bilder-Rätsel eines einzigen Tages

Der Psychoanalytiker wendete für jeden Satz von mir einen Code an, der aber nur Teil eines anderen sprachlichen Fertigsystems war; die Arbeit wäre es, alle sprachlichen Fertigsysteme zu entsystematisieren; nicht Codes zu finden, sondern die vorhandenen zu entcodifizieren

Ich ging an dem Mann vorbei, der gerade vor der Bank aus dem Geldwagen stieg. Er zog seinen Revolver und schaute mir in die Augen; sein Blick war tief und weit, und ich war sicher, er war bereit, mich bei der ersten falschen Bewegung zu töten

Böse, spricht sie wie eine Maschine

Wie oft hatte ich das Gefühl, daß die Frauen Feinde seien – und doch fühle ich mich erhoben, unter ihnen, die ich nicht kenne, mich auf der Straße zu bewegen

Ein Buch (»Wolf Solent«), das ich gelesen habe, als könnte es mir fürs weitere Leben etwas beibringen

Wie stolz ich bin auf das Alleinsein! Wenn z. B. jemand kommt, und es ist schon jemand anderer da, mache ich sofort klar, daß dieser andre nur zufällig da sei

K. Mansfield: »Murrys Müdigkeit verbirgt einen Mangel an Gefühl« (bei mir manchmal auch)

Schön wie ein altgewordenes Tier (ein Pferd z. B.)

Leute, die ich nie werde erlösen können, auch durch die kräftigste Ruhe nicht, aus ihrem fürchterlichen Bescheidwissen, aus ihrer unwürdigen Illusionslosigkeit

Jemandem fällt etwas herunter, und mir schnellt die Hand aus der Tasche, ohne daß ich sonst etwas tue

Als ob alles Schöne nur wegen einer erträumten Frau entstanden sei

18. März

F.: Gleichzeitig, während man was tut (zum Glas greift, geht, hinkt), sagt sie einem vor, was man gerade tut und was es bedeutet (nach ihrer Meinung), und weiß auch schon, was man dabei fühlt

Halbschlafbilder: es gibt nur noch sie, kein Innen und kein Außen mehr; sie erfüllen alle Räume als Gefühl, und ich bin in dem Gefühl geborgen; als gäben sie das Gefühl, das keine nähere Bezeichnung mehr braucht: das Gefühl »Gefühl«

Meine Pedanterie angesichts der Unordnung, die andere als ich meiner gewohnten Umgebung anrichten; mein Haß auf Gerüche in meiner Umgebung, die nicht von mir stammen

Als ob die Form nicht auch auf einer Erfahrung (von Wirklichkeit) beruhte!

Jemand, der bei mir sofort wie zu Hause tut: den Fernseher will er leiser; die Farben weniger stark; er gähnt und reckt sich in allen Räumen – und das Schlimme ist, daß ich die ganze Zeit nichts andres sehen, hören, fühlen kann als eben das

Das Gefühl: Ich habe ein Schicksal! Und ich beherrsche es!

»Wenn ich mir selber nicht helfen kann, dann kann mir auch niemand andrer helfen«

Ich zwinge mich, über etwas zu schreiben, an das ich nicht glaube, um nicht auf mich, der daran nicht glaubt, beschränkt zu bleiben – vielleicht werde ich daran glauben, wenn ich es mit Geduld beschrieben habe

Manchmal, je inniger wir leben, A. und ich, desto unwirklicher, unfaßbarer wird sie mir

Kleine weiße Wolken zogen schnell vorbei hinter Notre Dame in einem alten Film von Jean Renoir, und ich dachte: Vor über vierzig Jahren sind also diese Wolken da gezogen

57

Der mich täglich anruft, ohne sich zu melden, vielleicht will er sich nur überzeugen, daß ich noch lebe, daß ich noch da bin – und er handelt also aus Sorge und nicht, um mich zu stören

Ein zum Greis gewordener Gangster: es starren ihm die Haare aus den Ohren, wie Eisenspäne, um einen Magnet gruppiert, oder wie eine dicke Klette

Eine große Frau mit kalten Augen ging unbewegten Gesichtes an mir vorbei: man kann sich nur vorstellen, daß sie immer so dreinblickt – oder daß sie zubeißt: die einzige andere Äußerung

Morgens im Kopf üben, wie man den ganzen Tag über bei allen Verrichtungen möglichst ohne Sprache, nur mit stummen Zeichen, vielleicht sogar nur mit seiner bloßen Anwesenheit als Zeichen auskommen kann

Auf dem Stadtrandbahnhof, der nur von den Laternen der Straße darüber beleuchtet wird und wo in dem leeren Kassenraum ein kleines Nachtlicht brennt, stehen im Regen schon einige Zeit auswärtige Leute, die nicht wissen, daß Streik ist

Ich drehte im Kino bei der Reklame den Kopf weg und schaute woandershin, wie ich es als Kind machte bei Kuß-Szenen, wo einer den Mund aufs Kinn der Frau drückte

Manchmal das leibhaftige Gefühl, all die Reklamesprüche und die unausweichlichen Schlagzeilen der Skandalblätter würden mich eines Tages regelrecht totschlagen

Als wir aus dem Kino hinausgingen, saß da in der hintersten Ecke weggelehnt die Platzanweiserin und schlief mit offenem Mund, ein junges, blasses, sehr mageres Mädchen in einem Kostüm, von dem vor Beginn des Films noch eine Annonce bekanntgegeben hatte, aus welcher Boutique es stamme (»Unser Personal ist eingekleidet von . . . .«)

Gewißheit, daß, wenn ich wirklich freundlich bin, mir nichts passieren kann

Wenn jemand mich fragt, wer ich bin, zeige ich ihm meinen Paß

Der Nachteil bei großer Literatur ist, daß jedes Arschloch sich damit identifizieren kann

Ich sah die Frau mit nackten Füßen auf dem Parkettboden gehen und dachte, ohne Rührung, an ihren mit nackten Füßen daliegenden Leichnam

19. März

Der Vogel singt, wie wenn jemand sich ganz schnell die Zähne putzt (und mit diesem Laut und dieser Vorstellung bin ich aufgewacht)

Faschisten: vorzeitig steckengeblieben in der Sehnsucht (ihre sorgfältig kaschierten Glatzen)

Eine richtige Metapher: wie die Tageswirklichkeit, verwandelt in einen diese verdeutlichenden Traum

Durch ihren Enthusiasmus des Zuhörens ist man immer wieder versucht, in einen falschen Enthusiasmus des Erzählens zu geraten

Oft, wenn ich jemanden treffe, genügt mir schon der eine, sprunghafte Moment des Wieder-Erkennens, und ich sehe nichts Näheres mehr an dem Betreffenden

Jemand, der bei allem, was er gefragt wird, auch bei dem kleinsten, vor der Antwort endlos nachdenkt

Wie sehr ich doch täglich neu die Kunst nötig habe, um nicht den allerliebsten Menschen den Tod zu wünschen oder sie sterben zu lassen in meiner Gleichgültigkeit!

Schöner Moment, als ich fast gerührt den Essensgeruch in meiner Wohnung wahrnahm (gerührt, obwohl der Geruch einmal nicht von mir stammte)

Manchmal, wenn ich im Tee rühre und den Zucker zerstochere, bewegt sich die Mutter mit mir

»Bevor ich an der fremden Tür läute, möchte ich schnell noch ein bißchen schauen und denken – denn in Gesellschaft werde ich nicht dazu kommen!«

Während die Männer weintrinkend dasitzen, kommt die Frau, die das Abendessen zubereitet, ab und zu herein und trinkt ein bißchen aus ihrem Weinglas im Stehen mit; beim Hinausgehen in die Küche klacken immer die Knöpfe ihrer offenen Jacke gegen den Türrahmen, so beschwingt ist sie (Geborgenheit)

Er schaut in der fremden Wohnung alles an, um etwas Neues für seine Träume zu haben

Jemand, der spricht, macht seine Gesten schon im voraus zu dem, was er dann ausspricht – das ist Rhetorik!

Plötzlich gegen Mitternacht, beim Verfolgen einer Fernsehdiskussion, die Vorstellung, dieses gesamte Fernsehgesindel könnte man mit der gleichen Barmherzigkeit betrachten wie Sherwood Anderson seine verlorenen Kleinstadtexistenzen von Winesburg/Ohio (dann wären sie auch endlich beschreibbar)

Der Freund wirkte sehr jung heute abend, zu allem bereit, ohne Angst, und fast nie hat er sich gekratzt, was ich sonst immer als Zeichen seiner steten Panik begriffen habe!

Lust ohne Wollust; Wollust ohne Lust; die Lust so stark werden lassen, daß man alle Wollust verliert; Lust: Glück; Wollust: Unglück; Wollust ohne Lust: führt zu mieser Schüchternheit; Lust ohne Wollust: Freiheit, die ansteckt, auch den Wollüstigen

Ein Mann und eine Frau sitzen im Dunkeln und wenden die Köpfe voneinander weg, einander zu, voneinander weg

Mein den ganzen Tag über starres Gesicht verzog sich endlich zu Schönheit

20. März

Ich ging zu ihr und fragte sie, wer sie sei. Dann umarmte ich sie, fühlte dabei ihre ganze Gestalt und dachte: Das ist die Frau für mich. – Es hatte nur vorher einen Augenblick der Ernüchterung gegeben, als sie mir zu sagen anfing, wer sie war. Aber sowie ich ihren Körper umfing, war in dessen starker Anmut die Zweisamkeit mit ihr hergestellt. Aufgewacht, spielte ich mit dem Gedanken, diese Frau durch einen Privatdetektiv suchen zu lassen. Ihren Körper umschließend, ihn in mich einschließend, spürte ich nicht die mindeste Wollust – nur Lust und Erlöstheit

Jemand, den alle streicheln und hätscheln, als ob sie Angst vor ihm hätten

Sein gewaltsam erwachsener, immer beherrschter Ausdruck wurde bei ihrem Anblick sofort zu einem schiefen Kindergrinsen

Bei dem Anblick einer Frau mit ungeheuer vorstehenden Augen verschwand meine Gereiztheit

Mitten in einem Gespräch, das Zukunft und Leben von jemandem entscheidet, grinsen wir immer wieder, als ob das alles nicht so ernst sei

Nachdem ich geredet habe (was ich ja manchmal kann), habe ich das Bedürfnis, etwas zu tun, was ich nicht kann

Eine Frau geht, schwerbeladen, vor mir her; doch sie setzt ihre Last nicht ab. So kann ich ihr nicht beispringen

Zwei stehen auf der Straße stumm und dumm nebeneinander, als hätten sie sich gerade für immer zerstritten

Beim Flaschenöffnen unterbrochen worden sein; und dann

kehrt man in die Küche zurück und sieht den Öffner mit seinen abstehenden Hebeln grotesk oben auf der Flasche stecken, die allein auf dem Tisch steht

Er sagte wütend: »Wir sprechen nicht dieselbe Sprache!« (Da hatte er endlich verstanden, was ich sagen wollte)

»Hast du immer noch deine trockenen Hände?« – »Keine Komplizenschaft, bitte.«

Schlimm ist beim Schmerz, daß die Umwelt so unwirklich wird und daß man niemand *anderem* mehr helfen kann!

Eine schöne, strenge, üppige, kalte, schwingend sich bewegende, begeisterte Frau, die nun auch noch ein Revolutionslied anstimmt: wie ich sie hasse!

G.'s Wohnung: ein leuchtend frischer Raum, in dem ich in meinem Element bin (so wie ich als Kind gebadet noch ein bißchen unter der elektrischen Lampe, das frische Weißbrot mit Zimt essend, am Tisch saß: Reinheit, Gelöstheit, Verbundenheit ohne Verschwörung)

Die Großmutter hatte das Kind des gestorbenen Freundes, das sie bei sich aufgenommen hatte, vor mir gewarnt, wie vor einem Feind, und als ich es dann einmal impulsiv aufhob, wie früher so oft, ließ es mich wohl gewähren, blickte aber dabei starr zu der Großmutter hin (Entsetzen, Elend, Wut)

Als jemand am Abend bei mir war und wir nur triste, jeder für sich, dasaßen, herrschte eine solch leblose Stille, daß ich meinte, sie würde den andern denken lassen, wie schlimm es erst sein müsse, wenn ich allein wäre – dabei ist die Stille, wenn ich allein in der Wohnung bin, doch meist erfüllt und lebendig; schwirrend von meinen Vorstellungen

»Jetzt fühle ich einen anderen Schmerz: den Schmerz der Heilung!«

21. März

Am Morgen neigte der Concièrge (ein Spanier), als er mir die Post reichte, dabei den Kopf sanft zur Seite, und das war in diesem Augenblick eine Geste der tiefsten, anmutigsten Höflichkeit

Seltsam, daß man die Tatsache, mit einem Arzt verabredet zu sein, mit einem Rechtsanwalt, mit einem Steuerberater usw., jemand anderem oft fast angeberisch mitteilt – als wollte man ihn wissen lassen, daß man es durchaus »mit der Wirklichkeit« habe. (Die normierten Vorstellungen von »Wirklichkeit« in sich überwinden)

Nach Hause gekommen vom Kino, erzähle ich jemandem Einzelheiten des Films, als sei ich ihm ein Alibi schuldig, daß ich inzwischen nichts anderes getan hätte

Die vergessene, anonyme Sprache aller Menschen wiederfinden, und sie wird erstrahlen in Selbstverständlichkeit (meine Arbeit)

Die zwei Jahre, die ich hier bin: was ist mir an dem gegenüberliegenden Großwohnhaus aufgefallen? Einmal ein Fest in einer Wohnung, und Leute standen auf dem Balkon; einmal sah ich einen Fernseher blau leuchten; einmal schüttelte eine Frau mit einem Turban einen Läufer aus; einmal ließ ein Kind an einem Strick etwas aus seinem Fenster zu einem anderen Kind hinunter

Als ich sie fragte, was der Kuchen, den sie brachte, denn gekostet hätte, lachte sie, als hätte sie auch gerade daran gedacht

Mein Gefühl der Verantwortlichkeit für mich selber (daß ich für mich alleinverantwortlich bin) – das andrerseits meine Schuldgefühle begünstigt

Um nicht diesen leichten täglichen Rührungen wieder nachzugeben, schließe ich im Gesicht beide Kiefer fest zusammen

Tief in mir kreist mein Bewußtsein in Betrachtung der andern wie eine ungerührte Maschine, langsam und allesumfassend

Das Gefühl, ein Idiot werden zu müssen, um die Freuden der Kindheit (das erste Murmelspiel im Vorfrühling) wiederempfinden zu können

Die Leute gehen unten in der Sonne über den Schotterplatz kreuz und quer, in verschiedene Richtungen, und doch ist es, als ob sie für den Moment, durch ihre ganz kurzen Schatten und das grelle Licht, das sie richtig beheizt, alle zusammengehören

Die Sonne scheint mir auf die schreibende Hand und stärkt sie

Um die riesige Terrasse des monumentalen Gebäudes außen rundherumgehen, von der Sonnenseite zur Schattseite, von der warmen Windstille in den kalten Wind: wie wenn man im Kreis die verschiedenen Jahreszeiten erfährt (wir stehen oben in der stillen Wärme, und unten geht jemand im Schatten, im Mantel und mit wehendem Schal)

Ihre kalten Haare in der warmen Sonne!

Die brausenden Stadtgeräusche (Stadtautobahn), und dazwischen, kaum merkbar, lärmen in einem Baum Vögel, kräht ein Hahn, raschelt ein Büschel Trockengras (Universum der Städte)

Als Antwort auf eine Dummheit und Frechheit nur langsam den Kopf heben

Ich ziehe eine unwillkürliche Miene: sie glauben nun zu wissen, was für einer ich bin, und wenden sich von mir ab

Die Enttäuschung, wenn das Sausen, das man für den Wind gehalten hat, sich als etwas andres (Autogeräusche) erweist

Ein Showmaster im Fernsehen lacht über etwas, ganz laut und spontan – bemüht sich aber dabei, ins Mikrophon zu lachen

Eine Frau, von der man nichts Zugängliches wahrnimmt,

weil sie nur Erscheinung sein will (ihre erste Erscheinung ist auch schon alles an ihr)

22. März

Es läutet an der Tür so heftig, als würde da jemand schon das zweite Mal läuten (bei manchem starken und langen Läuten an der Tür weiß man schon vor dem Öffnen, daß es ein Zählerableser, ein Vertreter oder ein Polizist ist – jedenfalls keiner, der in guter Absicht kommt)

Sie wendet sich gegen mich, weil ich der einzige bin, den sie zerstören kann (bei den anderen, den für sie Verantwortlichen, ist sie machtlos, und für sich selber kennt sie keine Verantwortung)

Sie sagte, es sei schön, wenn das Essen *phantastisch* sei (nicht mehr das Aussehen von realen Nahrungsmitteln habe)

In Todesangst im Bett liegend, versuchte ich mich zu Sexualvorstellungen zu flüchten

Der Trick (oft von Frauen angewendet), einen Mann in ein Kind zu verwandeln oder wenigstens in ihm ein Kind zu beschwören

23. März

Ein Kleidungsstück im Waschbecken auswaschend, wenn es rundum still ist und das Herz schwer: in mir bewegt sich eine Tote

Die Advokatin der Frau, der die Eltern das Kind abgenommen hatten mit der Begründung, die Frau sei als Heranwachsende in einer Nervenklinik gewesen (Ursache: die Eltern), machte unablässig Mienen der Anteilnahme und war dabei völlig teilnahmslos; läutete das Telefon, nahm sie mitten in ihren Teilnahmsbezeigungen sofort den Hörer ab, wie zufrieden über die Unterbrechung. Zwischen ihr und der Klientin stand auf dem Tisch ein mächtiger Blumenstrauß, und beide beugten sich immer wieder zur Seite, um einander zu sehen. Das Zimmer war kahl, nur ein überladener Tisch mittendrin; die Fensterscheiben waren beschlagen. Die Advokatin nahm, wie in einem Ritual, immer wieder ihr kleines Gesetzbuch des bürgerlichen Rechts zur Hand und blätterte darin als in ihrer Amtsinsignie, ohne auch nur ein Wort zu lesen, ließ mechanisch ein paar feministische Floskeln hören. Es war ein Selbstmordraum

24. März

Ein Buch, das so hektisch geschrieben ist, als ob der Autor dauernd etwas vertuschen wollte

In einem Zeichentrickfilm, beim Anblick eines auf einem Baumwipfel seiner Liebe nachtrauernden Eichhörnchens, sind mir die Tränen in die Augen gestiegen!

Ich wich mit dem Körper aus vor dem Unheil, das doch aus dem Körper kam

Ein gelungener Atemzug

Sterben in einem Autotunnel (gespürt, wie der Körper ganz weit wurde)

Ich stützte die Ellenbogen auf den Tisch, auf dem in einem Glas Forsythien standen, und dann sah ich, daß die Blumen mitzitterten mit meinem Herzschlag; wenn die andern die Ellenbogen auf den Tisch legten, blieben die Forsythien unbewegt

Obwohl ich sie, in Todesangst, bat zu bleiben, floh sie mich, weil sie den Tod witterte

In meinem Leben habe ich lange Zeit die Außenwelt mit ganzer Seele abgewehrt, und jetzt, da ich für sie offen zu sein glaube, greift sie *meinen Körper* an

Wenn endlich einmal, wie gerade, die dröhnende, betäubende

Todesfurcht nur ein stiller Schmerz des Körpers würde! (Ich höre mich selber nicht mehr)

Das kalte Telefon

Was mir als böses Maschinengeglitzer zwischen den Leuten im Park erscheint, sind Kinderwagen

Ich bemerke, daß ich mich in der Todesangst mit erhobenen Hasenpfoten bewege und mit herausgestrecktem Hintern, eine Art Homosexueller

Schon beim Zuziehen eines Reißverschlusses denken, daß es der Todesstoß wird

»Ach bleibt doch noch«, sagte ich lächelnd, »ich habe ein bißchen Angst«

Ein Autobus fährt vorbei, den gelben Abendhimmel im Rückfenster: »Das gibt mir jetzt auch nichts mehr!«

Dann habe ich noch alles Geschirr abgewaschen, damit nichts Schmutziges übrigblieb. (Ich schreibe über mich in der Vergangenheit)

Vielleicht soll die Todesangst, in der alles mir den letzten Stoß versetzen will, auch ein angeklebtes Reiskorn am Topfboden, das Quietschen eines Korkens usw., mich nur von meiner Unbeherrschtheit heilen – und doch, als vorhin das debile Ehepaar da war und ich dachte, ich müßte ganz im Zuhören dessen, was sie sagten, und im Aufnehmen dessen, was sie sind, aufgehen, da wurde mein Zustand noch schlimmer: ich hatte geglaubt, mich in die Wahrnehmung der andern und von was anderem flüchten zu können, und merkte, daß gerade das mich krank machte

Und doch habe ich den ganzen Tag still, aufmerksam und listig gegen den Tod gekämpft

Vorstellung, daß ich, statt all der Leute, zu meiner Rettung einfach eine Fliegende Untertasse hätte sehen müssen!

Als das Fernsehen aufhört gegen Mitternacht, bin ich wieder in Gefahr. (Ich lachte schon wieder bei den Witzen mit)

Wie ich im schlimmsten Moment Zeitungen kaufen wollte, um einen normalen Tagesablauf vorzutäuschen

Aufstehen und gehen, welch ein Glück!

Trotzdem immer noch Ahnungen und Andeutungen von einem Schmerzensskelett in mir, in all meiner fast empfindungslosen Angetrunkenheit

Meine Unfähigkeit, mir helfen zu lassen: auch eine Art von Herzenskälte, Gleichgültigkeit

Und der, der sich jetzt auszieht, das bin immer noch ich

Jemand rief mich an, der mich am nächsten Tag besuchen wollte, und ich sagte ihm absurderweise, er solle lange läuten

25. März

In Panik im Dunkeln aufgewacht und auf die Straße gegangen, nur Mantel über dem Pyjama; ein Vogel pfeift, wie wenn ein Herr seinen Hund ruft (5 Uhr morgens)

Kleine, enge Welt des Geängstigten

Ich ging schnell auf den Straßen, ein Autobus fuhr vorbei, und ich entdeckte darin Fahrgäste im Dunkeln, der Bus war innen noch nicht beleuchtet

Sich einen *anderen* Schmerz zufügen als Rettung

Katzen auf den Abfallhaufen

Aus einem Keller röhrt die Heizung

Wenn ein Licht an ist, dann vor allem in den Dachkammern

Nasse Zeitungspacken neben den beleuchteten leeren Bushaltestellen

Rauchwolken aus einem Schornstein, obwohl es noch immer tiefe Nacht ist

Plötzlich, obwohl erst sehr wenig Autos fuhren, das Gefühl, als ob die Hölle los sei

Der Regen auf den Augäpfeln, kühl und lindernd

Bei der Blutabnahme: die Schatten des tropfenden Bluts

Papiergeraschel neben einem Kranken

Nach langer Unbeschreiblichkeit gelang es mir endlich, wieder meine Gedanken wahrzunehmen (das Kleinste sofort aufschreiben – damit ich weiß, was mich besänftigt hat)

Das erste Mal seit langem habe ich gerade, Trauben essend und in die Hand spuckend, dabei vor dem Waschbecken in der Küche stehend, an eine Zukunft denken können (abend)

26. März

Sie schlugen die Decke, auf der ich lag, über mich

Im Krankenwagen gegen die Fahrtrichtung *liegen,* in einer Stauung auf der Autobahn, und die Sonne schien sehr heiß, und ich hatte gar nicht das Bedürfnis zu liegen; sie zwangen mich dazu

Im Krankenhaus: als ich die Ärztin fragte, ob ich vielleicht morgen schon hinauskönnte, antwortete sie: »Das ist nicht ausgeschlossen!«

Schon rede ich wieder mit mir selber, wenn auch nur innerlich: gutes Zeichen?

Alle hier erzählen der Ärztin ihre Geschichte, und sie wird sagen, daß sie das Leben in allen Erscheinungen kennt, und doch hat man das Gefühl, sie kennt es nur in der einzigen kleinen Erscheinung, die sie, die Ärztin, haben kann

Beim Lesen von »Unterm Rad«: schreibend der Jugend die Würde geben, die ihr im Leben verweigert wurde

Der einzige Augenblick der Stille, des Schweigens während des Krankenbesuchs, der dem Bettnachbarn gilt, tritt ein, als die Gattin zum Abschied den kranken Mann auf beide Wangen küßt – besser gesagt, einen Moment danach

27. März

Die Kraft der Zärtlichkeit, die plötzlich den Widerstand auflöste, aus dem mein Ich bestand

Die Ärztin fragte den alten Kranken (drei Herzinfarkte), wann er geboren sei, und als er antwortete, im August, brach sie in sanftes, scheinheiliges Entzücken aus: »Oh, das ist ja mitten in den Ferien!« Ich merkte, daß sie für alle Geschichten dieselben Fragen und Bemerkungen bereit hatte: man solle auch bei sich selber die Ursache der Krankheit suchen, daß es ihr selber auch oft so gehe, etc. Wie strahlend abwesend sie uns anschaute und bei uns ausharrte! Oft fragte sie, dem Anschein nach ganz Teilnahme und Aufmerksamkeit, dasselbe noch einmal: sie hatte nicht nur die Antwort vergessen, sondern auch ihre eigene Frage! Ihre völlige Geistesabwesenheit unter den Mienen und Gesten einer unbedingten Geistesanwesenheit. (Eigentlich möchte ich diese Frau wenigstens noch einmal erleben, zu »meinem Privatvergnügen«!) – Sie kam auch soeben und sagte, die Hand beschwichtigend senkend: »Ruhe halten! Und nicht aus den Sorgen Berge machen! Und nicht im Tunnel stecken bleiben!« (Und ihre Nachfolgerin schaut einem genauso lang und leer in die Augen)

Ich spürte, daß mir die Ärztin vor ihrem Weggehen die Hand geben würde, und hielt meine Hände in den Luftzug, damit sie nicht schwitzten

70

Das Etwas damals, das in der Nacht unter meinem Bett sprang, wie in der Matratze; und als ich mich, nicht sicher, ob es nicht nur ein Alptraum gewesen war, in ein anderes Bett legte, sprang da wieder etwas, wie etwas Gefangenes, Wildes in höchster Platzangst – und zwei Tage später fand ich eine sterbende Ratte still atmend auf dem roten Linoleumküchenboden liegen; ich kehrte sie mit dem Handfeger auf die Kehrichtschaufel und ließ sie in einen Plastiksack rutschen; dann trug ich den Sack in den Hof zum Abfall

Die Ärzte sagen sehr oft: »ein bißchen«, »ein kleines bißchen«: »Haben Sie heute wieder ein bißchen Blut gespuckt?« »Ihr Blutdruck ist ein ganz kleines bißchen erhöht«

Alle diese vielen unbekannten Menschen, die vielen betriebsamen Geräusche – das beruhigt tatsächlich »ein bißchen«

Oder sie gebrauchen Euphemismen wie: »Die Untersuchung ist natürlich keine Lustpartie . . .« und Tautologien: »L'hôpital c'est l'hôpital«

Sich wieder als Herr über sich und seinen Körper fühlen: Herrlichkeit!

Plötzlich die Vorstellung, daß, wenn die Bedrückung in der Brust mich verließe, auch das Lebensgefühl mich verlassen würde

Der alte Mann, nach seinem dritten Infarkt, begleitet alles, was er erzählt, auch die Scherze, mit einem resignierten Fallenlassen seiner Arme oder Hände

Todesangst: daß man nichts von dem, was man sieht, mehr fühlt, weil man keinen Humor mehr hat!

Von der orthodoxen Wirklichkeit getötet

Als der Arzt sagte, daß ich zurück müßte ins Reanimationszimmer, tat der andere Patient sofort die Zeitung, die ich ihm geliehen hatte, auf mein Tischchen zurück

Fast freue ich mich schon wieder darauf, daß mir Blut abgezapft wird

Das Blinklicht an dem Kardiogrammgerät, und das Blinklicht der vor dem Fenster landenden Flugzeuge

28. März

Immerfort reinige ich hektisch die Fingernägel

Auf dem Kardiogrammgerät ist der Knopf »Alarme« in einer Art zitternder Vor-Beleuchtung; der Knopf »Seuil« (Schwelle) blinkt nicht mehr, sondern flackert die ganze Zeit. Es ist Sonntag, und ich habe die Uhr für die Sommerzeit eine Stunde vorgestellt. Ich bin mit dem Gerät allein

Beruhigend, wenn sich um mich der Staubsauger mit dem langen Schlauch bewegt, wenn das Wischtuch über den PVC-Boden gezogen wird; der schöne Ammoniakgeruch. Das nasse Wischtuch und die schnaufend aufwischende Frau machen fast das gleiche Geräusch (das hieße, ich hätte wenigstens für Momente eine kleine Art Humor wieder); jetzt habe ich auch das Wort für das Geräusch des Wischtuchs wieder: es *schnieft,* wie die Frau, die aufwischt

Es ist nun schon länger Tag, Flugzeuge heulen seit langem, innen in der Mineralwasserflasche laufen die Dunsttropfen hinunter, die Blumen haben frisches Wasser, die Sonne scheint seit einiger Zeit ins Zimmer – aber jetzt erst, kommt es mir vor, nimmt die Nacht ein Ende

In der Nacht schrie immerzu in ganz kurzen Schreien eine Frau auf dem Flur (es waren aber vielleicht nur die quietschenden Räder eines Betts, das verschoben wurde): jemand, der weinend starb

Wenn sich jeder immer seiner absoluten Seltsamkeit und Verschrobenheit bewußt wäre, der Tatsache, daß er seine Normalität nur durch eine ununterbrochene Reihe von sorgsam verborgenen täglichen Tricks aufrechterhält, könnte er keinem andern etwas Böses antun (dieser Gedanke bei der Vorstellung eines Mannes, der jeden Tag einmal zwanghaft kurz vor die Tür tritt, um dort eine ganz unmotivierte Todesangst zu erleben, die er *braucht,* aber im sonstigen Lebensablauf völlig verleugnet, ja bei anderen sogleich verhöhnt)

Die übrigen Kranken husten wenigstens, haben zusätzlich Leiden

Die schreiende Frau in der Nacht: ihre kleinen, aber absolut panischen, wie von einem Ding herrührenden Schreie waren so, als ob sie nicht einmal mehr richtig zu schreien wagte in ihrer Todespanik; es hörte sich ein bißchen an wie das Gejaul eines Hundes, dem man auf die Pfote tritt, aber unaufhörlich

In der Nacht im Traum sah ich einen vom ersten Sonnenschein beleuchteten Baum (wie benetzt vom Licht) – so sehr sehnte ich mich schlafend danach, daß es Tag würde

Vielleicht waren die Schreie in der Nacht nur ein Lachen von jemandem, der dabei nach Luft schnappte

Jetzt sehe ich schon in den Schrammen an der Wand, die wohl durch das Schleifen eines Betts daran entstanden sind, ein Elektrokardiogramm (wo der Verputz in unregelmäßigen Zacken weggeschrammt wurde)

Seltsamerweise wird es mir unbehaglich bei dem Gedanken an die möglicherweise bald zurückkehrende Gedankenlosigkeit und bei dem Geräusch des vorbeifahrenden Zuges draußen werde ich mißmutig über der Vorstellung, wieder alltäglich in so einem Zug zu sitzen: ein Vorgefühl der Ahnungslosigkeit und vor allem der Leere

Kurz, bevor der Dienst der Schwestern aus ist, fangen sie an, ihre Sätze mit »Bon ...« einzuleiten – so zerstreut sind sie schon (auch die Ärztin sagte wiederholt »bon«, als sie Anstalten machte, sich von einem Patienten zu entfernen)

Damit mir warm wird, bewege ich mich nicht, sondern sitze ganz regungslos da und versuche zu denken

Gerade, während die beiden jungen Ärzte draußen im Beobachtungsraum mein EKG anschauten und als die Krankenschwester singend aufstand, fürchtete ich, sie täte das, um unauffällig die Tür zu meinem Zimmer zu schließen, damit ich nicht hörte, was die Ärzte sagten

»Entspannen Sie sich!« (Aber wie?)

Zum Fenster hinausblicken und etwas Alltägliches, ein landendes Flugzeug in der Sonne, ganz überraschend sehen (das Flugzeug *erscheint*)

Was mache ich in der Sekunde meiner Panik? Ich greife mir an die Brille und rücke sie zurecht

Auch meine Schrift erlebe ich schon als Elektrokardiogramm

Braune Tropfen an der Wand, die wie von unten hinauf gespritzt sind; sie werden in ihrem oberen Teil heller; beginnen unten mit einem langen, haarfeinen Strich; sehen aus wie tropfenförmige Fallschirme mit punktförmigen Springern daran; an einer anderen Stelle ist eine blaue Flüssigkeit wurmförmig zerflossen (die Betten schrammten vielleicht deswegen so an der Wand, weil sie in Eile hinausgeschoben wurden)

Momente, da das Todesbewußtsein mir wie eine Wette erscheint (ohne bezeichenbare Wettpartner) und mir so eine Art Spaß macht!

Der Mann von den Antillen, der vor dem Essen immer das Brot austeilt, häutet sich, seit er hier in Europa ist, zweimal im Jahr

Bei all dieser Friedlichkeit, Nachmittagsschläfrigkeit habe ich doch das Gefühl, daß irgendwo jemand wie eine Spinne lauert: um sofort zu helfen

Der in den Reanimationsraum frisch Eingelieferte hält je ein blaues Taschentuch in beiden Fäusten gepreßt

»Ne respirez plus, Monsieur!«

Eine Stunde bewegungslos vor Angst

Wenn ich laut sagen würde: »Ich will nicht sterben!«, wäre ich selber schuld an den Redensarten, die dann als Antwort folgen würden

Das unbenützte Draußen!

Der alte Mann, hilflos vor Trennungsschmerz, kniff sich wild in den Oberschenkel beim Anblick seiner Frau, die durch die Luke weinend zu ihm hereinschaute

Jetzt fühlte ich mich wirklich krank, aber nur vor Angst, die mir hier gemacht wird

Bei den Brillen der Frau denke ich, daß ihr Mann, der Optiker, der nun stöhnend daliegt, sie gemacht hat

Er ist Armenier und sagt, daß er sich als Franzose fühle: er habe auch den Krieg mitgemacht

Ich lese in der Zeitung von jemandem, der mit 20 Jahren an einem Herzschlag gestorben ist, und merke dann ziemlich erleichtert, daß es sich um ein Pferd handelt

Das im EKG-Bildschirm gespiegelte aufsteigende Flugzeug

Eine plötzliche Erlösung im Schließen der Augen (die ganze Zeit wagte ich nicht, die Augen zuzumachen); im Schließen der Augen habe ich die Empfindung, das Gehirn und das Gefühl miteinander zu verbinden, die bei offenen Augen auseinanderklafften

Zum ersten Mal hier spüre ich einen Windhauch des wirklichen Tages draußen an den Füßen

Durch die Angst, die sie mir einjagen, werden sie genau das in meinem Blut finden, was ihnen dann das Recht geben wird, mir Angst eingejagt zu haben

Ich brauche etwas, das ich *Wort für Wort* lesen könnte – und nicht diese Sätze, die man auf den ersten Blick erkennt und überspringt, wie in Zeitungen fast immer und leider auch fast immer in Büchern! Sehnsucht nach den »Wahlverwandtschaften«

Wie sollen die Beruhigungsmittel helfen, wenn die Unruhe vernünftig ist, aus den Gedanken kommt?

Die Bedürfnisse (Essen, Trinken, usw.) werden so unwirklich, daß man sie zwar spürt, aber immer weiter hinausschiebt, bis man sie vergessen hat

Auch beim Niederschreiben des Schlimmsten merke ich manchmal ein Schmunzeln an mir, und das ist der Humor des Erkannthabens, Bemerkthabens – und erst wenn einem dieser allertiefste Humor abhanden käme, wäre es die Seelenkatastrophe

Wörter als Tötungswerkzeuge: »Morgengrauen«, »Sonnenuntergang«, »Die Stunde des Wolfs«, »Die Zeit zwischen Hund und Wolf« . . .

Ich schließe die Augen, aber die Angst macht sie mir wieder auf

Als ich sagte: »mich als Toten«, hob ich bei dem letzten Wort das Kinn, als würde ich eine Keckheit aussprechen

Glücksgefühl, eine Flasche Mineralwasser anschauen zu können. (Das große Lebensgefühl: es gibt was anderes!)

Die Überzeugung, die Vergangenheit völlig vergessen zu müssen, um nicht mehr unter diesem Brustschmerz zu liegen: *Ich muß mein Gedächtnis verlieren!* Gegen Proust und Benjamin und das behütete bürgerliche Bewußtsein mit seiner Erinnerungslust und seinem Erinnerungsselbstbewußtsein (mein Kampf gegen das Gedächtnis, das mich beschränkt seit der Kindheit: das Gedächtnis bedroht mich mit dem Tod)

Das Treffende des Wortes »Fachsimpeln«

Wie stumpf und lieblos das junge Mädchen, das doch früher oft so einen schmachtenden Blick hatte, mich im Krankenzimmer anstierte!

Vorstellung: wenn es einen Gott gäbe, dann nur für einen andern; für mich, *so wie ich jetzt bin,* gibt es keinen Gott

Ich höre den Hund im Abend draußen bellen; ich kann ihm zuhören! (Glück)

Ich fühle mich nicht im Kranksein zu Hause (wie sonst doch manche)

In meinem Zustand heute nachmittag war ich kurz davor, den verachtetsten aller Menschen zu bitten, daß er mir helfen sollte

29. März

Ein Zug in der Morgendämmerung: wie ein Geräusch, das die sich hebende Dämmerung selber hervorbringt; und dann in dem Zugbrausen weit weg das Klappern einzelner Waggons, und einen Augenblick lang ein kleines Quietschen; das ist heute kein »Morgengrauen«, sondern die schöne Morgendämmerung, und der Zug rattert gerade für ein paar Augenblicke, als fahre er über eine kleine Brücke

Es ist jetzt fast schön, daß der Nachbar schnarcht, daß es in seinem Magen gurgelt nach der überstandenen Nacht

Wenn ich den Herzschlag langsamer zähle als er abläuft, *wird* er langsamer

Die junge Schwester macht mir die Friktion sehr kräftig, damit die Bewegung ihrer Hände auf meinem Rücken nicht etwa Gefahr läuft, wie eine Zärtlichkeit zu wirken

Die *Höhle,* die ich werde, wenn ich meine Angespanntheit
verliere

Die vagen Schatten von Blumen auf dem sonnenbeleuchteten
Fieberkurvenblatt: so sind die Blumen eigentlich schöner als
die wirklichen am Fenster; Schattenformen, um die herum sich
ein zweiter Kranz von viel schwächeren Schatten oder Sche-
men zieht, wie ein Schimmel, der von den Kernschatten ausgeht; die Blumen stehen so weit weg von dem Papier, auf das
sie ihre Schatten werfen, daß diese keine festen Umrisse mehr
haben; nur die Blüten haben Schatten, nicht die Stengel, so daß
also die Blütenschatten wie in der Luft schweben, und das ist
es, was dieses Muster schöner erscheinen läßt als die wirklichen Blumen: die Unverbundenheit, die Entwirklichung der
Krankenzimmerblumen in den Schatten, zugleich die Verwirklichung einer neuen, unbekannten Gestalt

Beim Anblick der besonnten Baumstämme draußen allmählich eine aufsteigende Wärme in mir, die mich mit draußen
verbindet

Jemand, der weint, mit geschlossenen Augen, wie der Alte
neben mir, der kann keine Angst vor dem Sterben haben, es
schmerzt ihn nur, vielleicht nicht mehr mit denen sein zu
können, die er gern hat

Die Güte der Herzkranken (aus Vorsicht?)

In dem Lärm des elektrischen Rasierapparates neben mir
spüre ich mich nicht mehr und kriege Angst (ich merkte, daß
ich nur deswegen zum Glas Wasser griff, und stellte das Glas
zurück)

Gegen meinen Willen erzählte ich wieder einmal meine Geschichte

»Sie haben das Recht auf 1 Gramm Salz pro Tag!« Und dabei
schüttelte die Schwester vor dem Kranken das kleine Säck-
chen, als traue sie es ihm nicht mehr zu, die gesprochene
Sprache zu verstehen

Der gelbe, sich durcheinanderbewegende Goldregenbusch draußen: er verbirgt etwas ganz Wichtiges in seiner Tiefe; ich schließe die Augen, um es herauszufinden – und plötzlich fühle ich gelb abfärbende Blütenstempel im Gesicht! Es geht so tief hinein in den sich vor meinem Blick windenden gelben Busch, daß immer noch viel mehr Gelb da ist, als ich jeweils aufnehmen kann, ein weiches, ein ausschließliches, ein in seiner Tiefe mich ergreifendes, dabei gänzlich stilles Gelb unter der unruhig wogenden Oberfläche: als wäre dieses völlig windstille Zentrum des Gelb in der Landschaft etwas *für mich, ohne mich;* als finge das eigentliche Gelb unter den schwankenden Zweigen erst an

Die Schwester bringt mir in das neue Zimmer die von der Straße staubigen Stiefel nach, die auf einmal Hoffnung machen

Heiterkeit: ich kann ja noch nach einem Buch greifen

Und wieder: Du mußt das Gedächtnis verlieren! Du mußt *dein* Gedächtnis verlieren und ein Gedächtnis für die andern werden

Wenn im Flur jemand pfeift, versuche ich schon die Melodie herauszukriegen

Er schaute mir in die Augen, wie nur ein sehr Kranker einem in die Augen sehen kann

Die Elektroden haften schon wie liebevoll auf der Brust

Weit weg auf dem Friedhof die vielen hellen Grabsteine in der Sonne, und ein graugekleideter Mensch geht zwischen ihnen; seine Bewegung erscheint zwischen den Steinen, die so groß sind wie er, sehr schnell; obwohl er den Raum zwischen den Gräbern nur gemächlich durchschreitet, flimmern die hellen, dicht nebeneinander stehenden Steine bei seinem Durchgang wie beim stroboskopischen Effekt

Beim Lesen von Kafkas Tagebuch: ich merke, daß mich seine Klagen und Selbstbezichtigungen nicht mehr interessieren, nur noch seine Beschreibungen

Der alte Patient hat in den zwei Monaten, die er hier ist, schon schülerhafte Manieren angenommen, hebt z. B. beide Arme, als man ihn fragt, ob er ein Brot will, und macht dabei eine krähende Stimme, wie ein Erstkläßler

Kafka lesen: man muß sich seine Sätze nicht merken (man kann seine Sätze sofort vergessen, das ist das Schöne an ihnen, sie bleiben doch da, auch wenn man sie vergißt)

Die Angst, die ich jetzt wieder fühle, ist doch nur die alltägliche – nur findet sie gerade in einem Krankenhaus statt

Während ich in einem Buch las, las der alte Mann im andern Bett das Etikett auf der Mineralwasserflasche, die Flasche unablässig langsam rundum drehend

»Was ist an dem, was du erzählst, komisch?« – »Es ist komisch, weil ich davon erzählen kann!«

Todesvorstellung: ein dicker Apfel, den du an seinem Stengel hältst, ganz still, ganz lange, bis du erfährst, was Schwere ist

Das Bild von den in einem klaren Bach auf dem Grund rollenden Kieseln, und der Satz im Kopf: »Das Bewußtsein der Toten rollt mit den Kieseln im Bach«

»Ein Jahr müßte ich suchen, bis ich ein wahres Gefühl in mir fände« (K.)

Was ich mir bis zuletzt verbitten würde: daß man in meiner Gegenwart von mir »er« sagt

Der Wortschatz des Krankenbesuch-Französisch: den restlos zu verstehen, habe ich leider keine Schwierigkeit

Der Kranke fragte seine Frau, wie spät es sei, und sie gab nicht die Zeit an, sondern sagte nur: »In einer Viertelstunde« (in einer Viertelstunde müsse sie gehen)

Wie lange Jahre es mich bedrückte, daß meiner Mutter, als ich ein Kind war, einmal gewahrsagt wurde, ich würde ein Beamter werden!

Als M. in das Krankenzimmer trat, war es sofort *ihr* Raum; während G. sich die ganze Zeit fremd, allen im Weg stehend, drin herumdrückte

Zwei Patienten sitzen stumm nebeneinander in den Betten, in der endlichen Abenddämmerung, und jeder kratzt und schabt sich ab und zu, zuckt mit sich selber herum

Mittel der Beruhigung: Buchstaben für Buchstaben schreiben, so daß Gefühl und Hand immer eins bleiben (und nicht das Gefühl schon weg ist, wenn die Hand schreibt)

Der Alte will die Pantoffeln ans Bett gestellt, in der »ordentlichen Richtung«, damit er gleich hineinkann

»Immerhin, die Ärzte sind dumm oder vielmehr sind sie nicht dümmer als andre Menschen, aber ihre Prätentionen sind lächerlich, immerhin, damit muß man rechnen, daß sie von dem Augenblick an, wo man sich mit ihnen einläßt, immer dümmer werden . . .« (An Milena)

30. März

Schon denke ich »wir Kranken«

Die ganze Nacht hat der alte Mann neben mir geseufzt und gejammert, laut und erbärmlich, wie vor seinem Ende – dabei sei das nicht einmal ein Schmerz gewesen, wie er am nächsten Morgen sagte, sondern nur die seltsame »sensation« beim Urinieren mit Hilfe der Sonde

Eine Dämmerung, in der der Himmel, statt heller, immer dunkler wird, sich in der ersten Morgenfrühe allmählich bewölkend

Die Schatten vorbeischwirrender Vögel im hellen Zimmer

Wenn der alte Kranke etwas fragt, wiederholt die Schwester seine Frage als Antwort, und zwar singend, leicht singend: Der Kranke: »Ist der Schlauch befestigt?« – Die Schwester (singt): »Der Schlauch ist be-fe-stigt.«

Er ruft der Schwester etwas nach, aber sie hört nicht; da macht er einen Ausruf, als ob er danebengeschossen hätte

Jemand sagt etwas zu einem andern, das der gar nicht hört; doch andre im Raum hören es: lähmende Stille eine Zeitlang

Der schon lange Kranke spricht zu den Schwestern manchmal ganz leise, geheimnistuerisch

Der Besucher gab Auskunft über seinen krank daliegenden Verwandten: »Er war Direktor einer Firma, *General*direktor, *seiner* Firma.« So wie eine Verwandte von mir, Verkäuferin, sagte: »Ich habe die Buchhaltung *unter mir*.« Oder: »Ich *leite* die Lebensmittelabteilung« (die ganz winzig war). Von ihrem jüngsten Bruder sagte sie: »Er lernt *technischer Zeichner* und *daneben* auch noch Schlosser.« Ihr Mann sagte: »Ich mache eine Galerie« (dabei verkaufte er Kunstgewerbe). Oder wie ich eine Mit-Volksschülerin nach Jahrzehnten als »Leiterin einer Galerie« (s. o.) wiedertraf und sie auf meine Frage sagte, ihr Vater sei *angestellt bei der Straßenverwaltung,* und ich mich sofort erinnerte, daß ihr Vater Straßenwärter war: Bild von jemandem mit der Schaufel in der Hand neben einem Schotterhäuschen – beschämtes, maulheldisches Leben!

Einmal eine Schwester, die beim Reden nicht übertreibt, sondern so redet, wie ihr zumute ist (und wie mir zumute ist)

»Die erste Angst am Tag«

Ich fange an, Blumen zu erleben. (Gestern erschien mir diese Tulpe noch wie ein Krautkopf)

Der alte Kranke streichelt den Finger*nagel* der Schwester

Früher die Frage: Wie soll ich leben? Jetzt: Wie soll ich denken? (Aber dieselbe lebenswichtige Rhetorik)

Dadurch, daß ich vor ihnen was aufschreibe, lassen sie sich in ihren Verhaltensweisen nicht im geringsten stören. (Ein Schriftsteller müßte vielleicht durch eine Uniform gekennzeichnet sein wie ein Polizist, damit sich die Leute vor ihm ein bißchen in acht nähmen!)

Der Alte sagt zu sich selber: »Mon pauvre ami!«

Die Schwester ist versehentlich auf den durchsichtigen Sack getreten, in dem der Urin des alten Mannes sich durch die Sonde angesammelt hat, und das sah aus wie der in einer Plastikverpackung sich verteilende Saft eines Stückchens Fleisch aus dem Supermarkt, das schon ein paar Tage zu lang im Kühlschrank gelegen hat

Das kleine dicke »Landmädchen«, das beim Aufräumen den Bücherstapel neben mir umstößt, so daß die Bücher durcheinanderliegen: sie stapelt die Bücher nicht, um sie wieder in Ordnung zu bringen, sondern schiebt sie, wie sie sind, enger zusammen, als sei das für sie das Ordnen solcher Dinger

Im Krankenzimmer zu Besuch, war G. aufgeregt wie sonst nur am Telefon, wo ihm aus Angst, etwas zu überhören, das Herz immer so schnell schlägt, daß er fast gar nichts mehr mitkriegt

Kaum ist ein Dummkopf aus dem Zimmer, reden wir nicht etwa über ihn, sondern beschließen mit einer stillschweigenden Geste, ihn sofort zu vergessen

Der Patron der Abteilung kommt herein und läßt mir die Hand hinhängen, damit ich sie ergreife (ohne mich anzuschauen); während er dem alten Kranken zuhört, steht er in eine andre Richtung, so daß der Alte nur zu seinem Ohr hinaufsprechen kann

Sich langsame Bewegungen angewöhnen, fürs Leben

»Die Bücher, die Sie schreiben, sind die aus der Luft gegriffen oder aus dem Leben?« fragte der Alte. – »Aus beidem«, antwortete ich

Heute hatte ich es bis jetzt noch nicht nötig, aus dem Fenster zu schauen

Der alte Mann wird das Spital verlassen; sein Hut liegt schon bereit; daneben der Strickknäuel seiner Frau, die immer, die ganze Zeit, die er krank war, in den Besuchszeiten still vor ihm strickte

Bevor der Alte im Rollstuhl abtransportiert wurde, zog er seinen grau in grau karierten, sehr weiten Lodenmantel an, den er vor über 20 Jahren in einem Geschäft gekauft habe, das es gar nicht mehr gebe; unten aus dem Mantel schaute ihm die halbvolle Urinsonde hervor, und so wurde er, während er weinte und mir zuwinkte, hinausgeführt zum Lift, nach Hause, wo er sofort schlafen wollte

Vorstellung, daß man eine Geschichte schreiben müßte, die auch einem, der in einem Wandschrank gefangen gehalten wird, mit gefesselten Armen und Beinen, verklebtem Mund, nicht lächerlich vorkäme

Neue Farben im Zimmer: der frisch eingelieferte Kranke hat eine rostbraune Operationsnarbe auf der Brust und einen grüngelben Lavendelbeutel oben auf seinem Wäschestapel

Kaum installiert, kreuzt er schon den Speisezettel an, für die ganze Woche

Die erste Angst am Tag: immerhin erst gegen Abend; jeden Tag diese erste Angst länger hinauszögern!

Heute hatte ich das Gefühl, daß meine Augen einmal aufleuchteten

Kaum fühle ich mich wieder halbwegs gesund – schon fällt es

mir schwer, die Leute teilnehmend anzusehen, mit ihnen zu fühlen, usw.

Wenn es die Bewegung der Flugzeuge draußen nicht gäbe! John Cowper Powys, manchmal nützen die von dir verfluchten Maschinen doch einer Seele!

Der neue Patient neben mir hat durch die jahrelangen Schmerzen schon die Mucksmäuschenstille gelernt; er dreht sich kein einziges Mal mehr um im Bett

Die Tatsache ist, daß, wenn ich mich mag (wenn ich mit mir einverstanden bin, ein Bild von mir habe), ich dumme Sachen von mir denke

Die Haut ist noch klebrig an den Stellen, wo die Elektroden gehaftet haben

31. März

Ich wage es nicht, meinem Nachbarn einen guten Morgen zu wünschen; vielleicht hat er Schmerzen

Am Brot riechen und enttäuscht sein – wie wenn ein narrensicheres System nicht funktioniert

Langsam, während es Tag wird, entstehen die Farben am Blumenstrauß, zuallererst das Gelb

Ich dachte so lange nach, bis ich mich fühlte

Ein länger Bettlägeriger: er beginnt in allen festen, definierten Gestalten andere Gestalten zu sehen: in den Rosendornen z. B. Papageienschnäbel

Nie nach Vergleichen *suchen!* (Man *erlebt* sie)

Mit dem neuen Zimmergenossen auch die Vorstellung, in einem neuen Zimmer zu sein

Aus der Todesfurcht war ja schon Todesbereitschaft geworden

Der Kranke neben mir will sich die Haare schneiden lassen: noch nie sei es ihm passiert, daß sie so lang waren

Seltsam, wie die Kranken alle Nationalitätseigenheiten verlieren

Ich bin schon neugierig auf die Frau des Mitkranken

Eleganz nicht als Attitüde einer Frau, sondern als Eigenschaft: das gefällt mir

Der Kranke atmet, wie wenn man immerzu in eine leere Flasche bläst

Der weltraumblaue Himmel

Als ob man, wenn man alles durchdacht hätte, wieder bei den Schlagertexten ankommen würde

Die Blumen angreifen wollen, mit beiden Händen

Rauch streicht draußen weit weg zwischen den Kiefern, deren Stämme ganz dunkel sind, im Gegensatz zu den sehr hellen Stämmen der Laubbäume: es ist so schön draußen, so ausgreifend friedvoll; die Kiefern erscheinen durch den Rauch noch dunkler, tiefdunkel; der lange Heckenzaun brilliert, wie das einzig Nasse in der großen, stillen Sonnenlandschaft; sogar die blinkenden Kühlerhauben der Autos strahlen einen wie amerikanischen Frieden aus; in einer Baumgabel blinkt groß ein winziges Blatt Silberpapier; die frisch abgesägten Aststummel an den Bäumen leuchten selbstverständlich – alles so angstlos, daß selbst die Vögel es wagen, allesamt auf dem Boden, auf dem Rasen, herumzugehen, statt zu fliegen (Fabel von einem Vogeltier, das wünschte, auf der Erde dahingehen zu können, wie Menschen sich sehnen, fliegen zu können); – und plötzlich, in diese Paradieslandschaft hineinschauend, denke ich: *Steinschlag*

»Ja, ich leihe dir Geld, mein Freund – aber danach ist es aus zwischen uns, und ich möchte nie mehr etwas mit dir zu tun haben«

Eine der ganz wenigen Gesten in den »Wahlverwandtschaften«: ». . . versetzte Eduard, indem er sich die Stirne rieb.«

»Auf diese Weise wäret ihr Frauen wohl unüberwindlich, versetzte Eduard: erst verständig, daß man nicht widersprechen kann, liebevoll, daß man sich gern hingibt, gefühlvoll, daß man euch nicht weh tun mag, ahnungsvoll, daß man erschrickt.«

Endlich lachte ich mich wieder an die Weltoberfläche

Im Daliegen mit geschlossenen Augen schob ich ausdrücklich ein wenig die Unterlippe vor, um nicht, für mich selber, das Aussehen eines Toten zu haben

Die Welt, die einem ans Herz wächst

Jetzt liegt der Mann schon einen Tag lang neben mir, und gerade erst bemerkte ich, daß er nur einen Arm hat

Er ist noch nicht durch und durch verzweifelt: er kann noch nicht dankbar sein

Die Landschaft draußen: lindernde Schönheit; aber nicht, als sei es schon die Offenbarung, sondern als stünde diese vielmehr unmittelbar bevor – als stünde sie bevor und als würde sie für ewig so unmittelbar bevorstehend bleiben

Die Leute gehen so gemächlich in der Sonne, daß sie immer einen Fuß nach dem andern setzen

Plötzlich, im Halbschlaf, ein Gefühl, wie wenn eine Katze aufs Bett steigt

Wenn sich aus all dem üblichen jahrelangen Gestreichel plötzlich eine wirkliche Freundschaft ergäbe und das Streicheln nicht mehr denkbar wäre, nicht mehr brauchbar, nicht mehr nötig

»Fähigkeiten werden vorausgesetzt, sie sollen zu Fertigkeiten werden« (ein Prüfer zu Ottilie): das ist jetzt auch die Brutalität der Technokratie (als ob wir verlernt hätten, die Einfachheit Goethes zu verstehen)

Ottilie: »Eine ewige angenehme Bewegung«

Andrerseits kann man vom Anblick eines im Abendwind glänzenden Strauches auch nicht auf die Dauer sein Seelenleben fristen

Dem Schlafenden zuckte die Narbe an der Schulter, wo früher der Arm gewesen war

Beschreibbarkeit der Welt: ein Gefühl verbindet sich, endlich, mit einem Gegenstand (Epik)

Im Schmerz gehen dem Mann wie unwillkürlich die Augen auf und zu

». . . er faßte ihre Hand und drückte sie an seine Augen. Es waren vielleicht die zwei schönsten Hände, die sich jemals zusammenschlossen.«

Aus einer Kritik: »Das ist mehr als ein großes Stück Literatur.« Was ist mehr als ein großes Stück Literatur?

Der Kranke hat nicht einmal die Kraft, sich zu räuspern

Ich lag im Schlaf, und beim Augenaufmachen sah ich zuerst den grünen und den roten Filzstift, den sie mir bei ihrem Besuch gestern versprochen hatte, dann ihre Hand und ihre Haare (Moment der Liebe)

»Ein paar neue ungeschickte Bediente staken in der Livree«: ein Bild des allgemeinen Unglücks, nicht nur des 19. Jahrhunderts

Beim Betrachten des Fußballspiels im Fernsehen: Ich will mir doch wieder einmal verbieten, daß mir ein Anblick ranzig gemacht wird von der fixen Idee des Todes

Was hätte ich doch versäumt, hätte ich jetzt die Reklame im Fernsehen nicht mehr gesehen! (Zuneigung zu den Reklamebildern, zu ihrer traulichen Allgegenwärtigkeit, Unbekümmertheit, Todesverachtung)

Als sei ich eigentlich immer erleuchtet: ich müßte mich nur bemühen, es aufzunehmen

». . . den leidigen Trost, daß auch solche Schmerzen durch die Zeit gelindert werden. Sie verwünschte die Zeit, die es braucht um sie zu lindern; sie verwünschte die todtenhafte Zeit, wo sie würden gelindert seyn.« Und während ich diese alten Sätze nachfühle, höre ich in der Nacht einen Zug draußen fahren, der mir, schon im selben Moment, da er draußen aufrauscht, von den Sätzen wie überlebt erscheint: nicht die Sätze sind anachronistisch, sondern dieser Zug, der in die Sätze platzt; »Sie brachten einen Theil der Nacht unter allerlei Gesprächen und Scherzen zu, die umso freier waren als das Herz leider keinen Theil daran nahm.« – »Du liebst mich, rief er aus: Ottilie du liebst mich! und sie hielten einander umfaßt. Wer das andere zuerst ergriffen, wäre nicht zu unterscheiden gewesen.« *Das* andere!

Momente, da alles Eigentümliche, Verquere, das »Ich-Marktschreierische« in einem so gestillt ist von energischer Heiterkeit und zugleich von Schmerzen (eins bedingt das andre) und da man davon so entgrenzt wird, daß man tatsächlich eine Art *Welt*seele fühlt statt die beschränkte eigene

1. April

Als ob das Sehen anthropomorph würde vom langen Aufenthalt an einem einzigen Ort – und dieser anthropomorphe Blick der Kranken, oder Gefangenen, jedenfalls lange an einen kleinen Ort Gebundenen wäre eine andere mögliche Wirklichkeit

– die nicht im mindesten (im Gegensatz zu dem, was Robbe-Grillet dekretierte) ein Literatur-Klischee wäre, über Sätze wie: »Das Dorf schmiegt sich ins Tal« also hinausginge als eine aus der Situation erklärbare Wahrnehmungsart: eines Morgens könnte so für jemanden (wie z. B. gerade für mich nach langen Alpträumen) eine langstielige Rose vor dem Morgenhimmel durchaus stolz erscheinen (»Nach wirren, erniedrigenden Alpträumen erblickte ich im Augenblick des Erwachens vor dem dämmerungsgrauen Himmel den Umriß einer langstieligen, selbstgewissen Rose«)

Zum ersten Mal sah ich gerade ein Flugzeug in einer andern Richtung als der hier gewohnten fliegen: plötzlich ganz ferne Ahnung vom Krieg

Die Tulpe riecht welkend nach Löwenzahn

Mein (mir selber lästiges) Durchschauvermögen – daher meine häufige Lustlosigkeit mit Leuten zusammen

»Er schweift umher, er ist der unruhigste und der glücklichste aller Sterblichen. Er wandelt durch die Gärten; sie sind ihm zu enge; er eilt auf das Feld, und es wird ihm zu weit.« – »In Eduards Gesinnungen, wie in seinen Handlungen, ist kein Maß mehr. Das Bewußtsein zu lieben und geliebt zu werden treibt ihn ins Unendliche.« – »Er suchte sich durch eine Art Humor zu helfen, der aber, weil er ohne Liebe war, auch der gewohnten Anmuth mangelte.« (Es ist wie beim »Nachsommer«: die Geduld zum Lesen wird nicht vorausgesetzt, sondern mit dem Lesen erzeugt)

Eine Zeitlang war ich hier nur noch »mein Zustand«, »meine Lage«, »meine Umstände«

Der Friseur im Krankenzimmer, die Haarbüschel auf dem Boden des Krankenzimmers, Friede (»Ich konnte nicht mehr schlafen mit solchen Haaren«, sagte der Patient, der nun ein Kunde geworden ist – des Friseurs)

An diesem schönstmöglichen Tag der Welt gehe ich, aus dem

Krankenhaus weggelassen, umher mit dem Gefühl(?), ich hätte nichts versäumt, wenn ich jetzt tot wäre

»Draußen«, in der Stadt, herausfinden, wer ich bin, wer ich geworden bin

Heute muß ich mich setzen, um wieder ins Maß mit der Welt zu kommen (sonst gehen)

Eine neue Jahreszeit: schon liegen wieder die kleinen hölzernen Stäbe, an denen Eislutscher waren, im Sand der Parkwege

Unterlegenheitsgefühl vor den Gesichtern ohne Sehnsucht

Eleganz: schönes Ausweichen

Während ich im Stehen was aufschreibe, komme ich mir wie jemand vor, der falsch geparkte Autos notiert

In der Reinheit des Tages scheinen die Häuser nur aus spiegelnden Fassaden zu bestehen

Plötzlich ein solches Glücksgefühl, daß jede der sonst vielleicht lästigen, störenden Körperfunktionen zu diesem Glück gehört

Seltsam: daß ich es unter den jungen, übermütigen, ausgelüfteten, luftigen, lebenslustigen Menschen am Boulevard nicht mehr aushielt – und daß ich mich hier, im Park, unter Älteren, Müderen, Frauen mit Pudeln, Sitzenden auf den verrosteten grünen Eisenstühlen, Kindern, so viel wohler fühle!

Vorstellung, jetzt immer so fortschreiben zu können, bis an den Mittelpunkt der Welt

Eine Frau schaut weg, als ich sie anschaue, eigentlich nur wahrnehme, und es geht mir durch den Kopf, ihr zu sagen: »Ich tu dir doch nichts«

Nicht freie Leute, nur frei*gemachte*

91

Jetzt, warmer Feierabend, kommen die Frauen im Mantel (am Morgen war es noch kalt) aus den Bürohäusern, und man hört ein Aufseufzen von ihnen allen; nein, es gibt welche, die seufzen nicht einmal mehr auf, wenn sie aus den Büros hinaus in die Schönheit treten

Wieder von der Métro mitgerüttelt werden, mit allen

Beim Anblick des Schnappmessers die Vorstellung, ich könnte mich damit wehren gegen einen Angriff des eigenen Körpers!

2. April

Die Töne einer Amsel in einer hohen Pappel: sie erscheinen da besonders stark

Geschlossene Augen: Bild eines Schweiß-Tuchs

Ein Beamter, der alles, was er mit der Hand schreibt, zwanghaft in einer Verdoppelung nachzieht

Alltag: Und wieder beginnt die Suche nach Kleingeld in allen Taschen

Das Gesicht eines Schauspielers mit einer vorstehenden Unterlippe: ein Gesicht, dem man nicht zutraut, daß es einen anhört, dem man auch nichts sagen mag (und doch konnte dieses Gesicht dann *zittern,* als der Schauspieler das Sterben spielte)

Seltsame Bewegung, die in mir entsteht, wenn ich lese: »dans un terrain vague« (wurde ein totes Kind gefunden)

Menschenansammlung vor einem Schaufenster, wo ein Computer Horoskope für die nächsten fünf Jahre ausgibt: ich bemerkte, wie ich bei dem Anblick als darüber »erhabener« Zuschauer den Mund verziehen wollte – aber dann betrachtete ich den Vorgang nur, ohne mich beherrschen zu müssen

92

Jemand sagte, er habe bis jetzt immer nur sekundenlang Todesangst gefühlt; länger könnte er diese gar nicht ertragen

»Ein geliebtes Abgeschiedenes umarme ich weit eher und inniger im Grabhügel als im Denkmal«

Die Vorstellung, zu übertreiben oder übertrieben zu haben, kaum daß die Schrecksekunde vorbei ist

3. April

Nach einem langen Weg sitzend: großes Gefallen an vorbeigehenden Frauen

Die Halbschlafbilder, zu denen man gelangt, wenn es einem glückt, innerhalb der geschlossenen Augen noch einmal die Augen zu schließen: dann leben sogar die Steine!

Was ich bemerke: Heimgeholtes zu mir

Halbschlafbild eines Mannes, dessen Kopf ganz von Glimmer (»Katzensilber«) überzogen war und in der Sonne flimmerte

»Ich wollte dir sagen, daß ich dich richtig liebgewonnen habe!« Und bei diesem Satz gab es einen Vorgang am Penis, aber keine Erregung, sondern einfach nur eine Wahrnehmung, eine Aufmerksamkeit (»die Wahrnehmbarkeit eine Aufmerksamkeit«, Novalis)

Kurz vor dem Erwachen verändert sich der Schlaf eines Kindes: aus der Tonlosigkeit des stillen Atmens kommen nun, obwohl es tief weiterschläft, Töne – als werde die Kraft zum Aufwachen gesammelt: ein Seufzen, ein lautes Gähnen, ein Summen, aber alles noch im tiefen Schlaf; dann Lippengeräusche, Schmatzen, Schnalzen mit der Zunge, vor allem aber ein Aufatmen; während die Nacht durch sonst nur Traumgespräche zu hören waren oder Zähneknirschen

Die Halbschlafbilder, je schöner sie werden, desto beängstigender werden sie auch: sie senden in ihrer Schönheit, auch wenn sie nur eine hügelige Wiesenfläche mit Blumen zeigen, mich ansaugende Todesstrahlen aus; was man sieht, sind aus einer Ewigkeit auf einen losstrahlende Totenhaine (die vielleicht nur aus einem Kiesweg in einer Parklandschaft bestehen), vor deren Anblick man panisch entsetzt aufwacht, um nicht von ihnen in sie hinein, ins innige, glänzende, bukolische Nichts weggestrahlt zu werden, entleibt *und* entseelt: diese wunderbaren, antikischen, göttlichen, erhabenen, weltweiten, triumphal schweigenden, Nähe und Ferne vereinenden Bilder sind meine ersten Erlebnisse des Nichts, das bis jetzt für mich nur ein unerfahrenes Wort gewesen ist

A. lächelt, als sie, aufwachend, mich schon wieder schreiben sieht

Idee: Wann gelingt es endlich einem Toten, tatsächlich zurückzukommen, wieder da zu sein? Das muß doch möglich sein! (Epos)

Heute hatte ich schon ein paar leutselige Momente der sonnigen Welt gegenüber!

»You don't like to move the camera much, do you?« – »No, because it throws the audience off. It says ›This is a motion picture. This isn't real.‹ I like to have the audience feel that this is the real thing.« John Ford, 1970

Was ich immerhin durchs Geldhaben gelernt habe: mit ausgestreckter Hand ungerührt zu warten, bis ich *alles* Wechselgeld herausgekriegt habe

Gehend, der innerliche Ausruf: Ach, jetzt lebe ich wieder! Und die freundliche Aussicht, bis zum Ziel geradeaus gehen zu können

Aufmerksamkeit erregen durch Nichtwahrnehmbarkeit (Nicht-Zulassen der Betrachtung der eigenen Person)

Meine Assoziationen, Verwechselungen usw., die ja nur unwillkürlich geschehen, gehen mir manchmal auf die Nerven; meine Unwillkürlichkeit ist mir dann zu berufsmäßig – als sei ich auch für meine bloßen Reflexe verantwortlich

Ein kleiner Hund wurde auf dem Gehsteig weitergezogen: das kratzte mit einem Ton auf dem Pflaster, weil er nichts tat, sich nur ziehen ließ

Manchmal, nach mehreren Mißgeschicken hintereinander: mit sich selber reden (das hilft)

Dann wieder die Vorstellung, daß alles, was ich denke und fühle, nicht gilt

Ich saß der gemarterten Frau mit dem an sie geklammerten Kind gegenüber und war zum allerfreundlichsten Blick bereit, der sie vielleicht erheben könnte – aber sie tat mir den Gefallen nicht, mich anzuschauen

Frau F., wenn ihr nicht wohl in der Haut ist, zieht sich die Ärmel des Pullovers über die Fäuste

Ein Liebespaar traf sich in der Mitte zwischen den Städten, in denen sie beide wohnten. Sie saßen stumm in der fremden Stadt im Park, und als sie ihn endlich auf zwei Pudel aufmerksam machte, war er tieftraurig und enttäuscht, daß sie außer ihm überhaupt etwas wahrnehmen konnte

Sie merkte, daß er ihr etwas bedeutete, auf folgende Weise: Am Reißverschluß seiner Strickweste war eine Quaste, die er einmal, als er zu Besuch in ihrem Elternhaus war, abriß und fallenließ oder wegwarf. Als sie später diese Quaste am Boden liegen sah, merkte sie plötzlich, daß sie beide zusammengehörten

Welche Geschichten man hört auch von Leuten, von denen man gar nichts erwartete! Aber wie kriegt man diese Geschichten heraus, ohne daß die Hauptpersonen sich nachher um ihr Geheimnis gebracht vorkommen?

»Wie oft bist du traurig bis in die Gurgel?« heißt es in einem der Gedichte von Herrn F.

Am Abend gehen sie manchmal auf den Balkon hinaus und schließen die Tür, nur um dann in ihre große, beleuchtete Wohnung hineinzuschauen

»Die entfernten Geliebtesten«

4. April

Daß ich jetzt immer erst einschlafen will, wenn schon ein neuer Tag gezählt wird!

Der Stierkampf in Valencia: Der tödlich getroffene Stier brach nicht *vor* dem Torero zusammen, sondern ging erst langsam ein paar Schritte *zur Seite,* wendete sich von dem ab, der ihn getötet hatte, und fiel abseits in den Sand; wie ich fast weinen mußte damals

Jemand fragte mich, was ich gerade dächte, und ich wußte es nicht: das gab mir zugleich ein Gefühl des guten Gewissens vor dem andern

Vorstellung, daß man im letzten Moment des Lebens, um eine Haltung zu gewinnen, die Beine an den Leib ziehen würde, wie die Leute von Pompeji beim Vesuvausbruch

Ein Moment der Güte, des Einverständnisses, des erweiterten Blicks an einem kalten, nieselnden Tag des Mißmuts mit Fernsehpausenzeichen schon zu Mittag aus vielen Häusern

Flüstern in stehenden Zügen

A.s Traum, daß ein Hund sie anschaute, mit 1 aufgerissenen Maul und 1 geschlossenen

Allein im großen, schaukelnden, knisternden Aufzug zum Aussichtsturm; und dann der Blick durch Glas auf die baumbewachsenen Straßen ganz weit unten: in diesem Weichbild bin ich vor soundsoviel Tagen im Morgengrauen mit meiner Angst herumgegangen

In einem solchen Zustand wollen einem ja viele Wärme geben, aber man scheint nicht mehr fähig zu sein, diese aufzunehmen (ein Tag mit abgeschnittenen Augenlidern)

Blick durch ein Fenster in eine Wohnung hinein, Erwachsene und Kinder, draußen Zwielicht, drinnen schon die Lampen an, und das Gefühl, daß diese Erwachsenen und die Kinder schon lange um ihre Seelen gebracht worden sind, und sie sitzen da allein im unendlichen, ratlosen Schmerz, der auch mir die Brust eindrückt

Das sind dort nur lebhafte Kartenspieler, und ich denke schon: Das ist nicht mehr meine Welt

Vor dem Aussichtspanorama habe ich wieder den Humor verloren, und alles wurde unkenntlich vor Angst

5. April

Ich tauchte, in Anzug und Mantel, nach einer versunkenen Stadt hinunter, die ich nicht fand; aber ich log nach dem Auftauchen, daß ich sie gesehen hätte

Das Gefühl meiner Räudigkeit der Gemeinschaft der andern gegenüber

Schon im Flur des Mietshauses ein unbestimmt freundlicher Geruch, der dann, als ich die Wohnung betrat, zur Schlafengehenspfeife des Inhabers gehörte

Sich auf einen Stahlstuhl setzen wollen statt auf die Holzbank – so wäre man sicherer

In die blaue Luft vor sich schauen nach einem Halt

Vielleicht sollte jetzt jemand ausdrücklich unfreundlich zu mir sein, dann würde ich wirklicher

Der Gedanke, daß ich was aufgeschrieben hätte vom Leben der Menschen, erwärmte mich

An einem solch schönen Tag sind die unterirdischen Métrogänge immer noch voll von Menschen, und man steht Schlange an den Kinokassen

Vielleicht kommt das Unwirklichkeitsgefühl, das Gefühl der Unverbundenheit einfach von all dem täglichen, chronisch gewordenen Pfefferminz- und Lindenblütentee

Ein Abend fast ohne Angst, mit viel Nachsicht

Beim allgemeinen Witzeerzählen fiel mir auf, daß ich gar keine Witze mehr wußte; das gefiel mir

6. April

B., wenn er betrunken ist, wartet nicht mehr wie sonst, bis er das fühlt, was er sagt; bis er bedacht hat, was er sagen will: er verliert seine ansteckende Bedächtigkeit und schwätzt; nimmt sein Geschwätz zurück, schwätzt aber, sein Geschwätz in einem fort zurücknehmend, ohne Pause weiter

Sie sagte: »Vielleicht ist die Eleganz mancher Frauen eine Art, sich zu wehren«

Die Platanenkugeln pendeln wieder vor dem Café!

Nach den Schulferien: Manche Mütter sehen debil aus in ihrer Gebräuntheit (»Bräune« ist eine Viehkrankheit, an die ich unwillkürlich denke bei diesem Anblick)

Manchmal ein Licht um die frischen grünen Blätter, und wir ganz körperhaft fest in diesem Licht, als sei es das letzte, still und wohl in unsrer Haut; das Campushafte mancher grün-blauer

Frühlingsstunden, das Vorläufige, Verantwortungslose; man fühlt sich sportlich, ohne gerade einen Sport zu betreiben

Manchmal ergreift mich ein Wohlgefühl – wie wenn sich im Innern meines Körpers sanft eine Hand schließt

Sich räuspern vor Angst

Und dann wieder Momente einer Sorglosigkeit, wo die Sonne einem die Lippen verbreitert; wo man in der Sonne richtig Lippen kriegt

Frau F., die mir die Hände wie einem, dem man gratuliert, immer wieder auf und nieder schüttelt, lange über den Anlaß hinaus, als ob man noch für die Fotografen weitermacht

Ich sah, wie sie, obwohl von ihrem Mann zu einem raschen Einkauf geschickt, vor vielen Schaufenstern doch ganz unwillkürlich stehenblieb; ihr Gesicht, das ich kannte, war so auf der Straße, vor all den Unbekannten, mürrisch, schmallippig, und vor allem erschien sie nun sehr klein

Als ich was getrunken hatte, wurde ich neugierig (ohne etwas Besonderes wissen zu wollen)

7. *April*

Ich wollte eine kleine Angst nicht beachten, und sofort entstand eine Unwirklichkeit, in der die Angst dann riesig wurde

So wie ich gestern war (daß ich nur das sagte und tat, was ich wollte und nach dem mir zumute war), so möchte ich öfter sein: das Aufwachen am nächsten Tag beginnt dann nicht sofort mit den quälenden Sätzen oder Gesten, die man vollführte, ohne sich dabei mitzufühlen

Während des Ablaufs einer Platte (»I know you're dying, baby, and I know you know it too«) ist der Himmel blau geworden und hat sich wieder bewölkt: er gibt Van Morrison recht

Die Miene eines Menschen, der gerade sehr geliebt wird und dem das schwer erträglich ist, der aber zu verstehen versucht, daß der andere im Recht ist

Alles das, was mich nicht interessiert, ich aber doch immer zu bemerken gezwungen bin, will mich töten

Allmählich ist kein Mensch mehr frei für mich (wie Sitze frei sind)

Mich zu den »Wahlverwandtschaften« flüchten wollen

Die Empfindung, nur noch *ein* Großes Auge zu haben; so scheint alles in der Angst in eins getrieben, nach außen

In dem Zugabteil, wo Klappbänke an den Wänden sind und sonst nur Stehplätze und wo die großen, dicken Haltegriffe schaukeln, da ist jetzt mein Platz

Im Spiegel das Abbild der sich vor Lebenswillen blähenden Nasenflügel

Es fängt zu regnen an, als würde ab und zu ein Kieselstein geworfen

»Er konnte die Augen noch so weit aufreißen, aber da ging keine Welt mehr aus und ein«

Sich in der Abstellkammer an ein Stopfkissen schmiegen

Lebende Bilder: ». . . daß man fürwahr in einer anderen Welt zu sein glaubte; nur daß die Gegenwart des Wirklichen statt des Scheins eine Art von ängstlicher Empfindung hervorbrachte«

Ein Lebemensch sagt nicht: »Ich kenne den Geschmack der Kiwi-Frucht nicht«, sondern: »Ich erinnere mich nicht mehr an den Geschmack der Kiwi-Frucht«

Bilder aus der Vergangenheit, die im Kopf abstürzen wie Flugzeuge aus heiterem Himmel

»Es schien ihr in der Welt nichts mehr unzusammenhängend, wenn sie an den geliebten Mann dachte . . .«

Ich wollte auf dem Foto gelassen aussehen, aber dann war dort nur jemand Trübsinniger

Ein kurzer Schmerz, und es folgen lange Gedankenspiele (bis zum nächsten kurzen Schmerz)

Ich verstand es, mich ihr im rechten Moment unheimlich zu machen – so vermied ich (für mich und für sie) das Unglück ihrer Liebe

8. April

Heute nacht, zur Unzeit aus einem Traum erwacht, sah ich den Wurm, der für den Traum verantwortlich war, wie man durch einen Schnitt in die Baumrinde den Schädling überrascht

Jede Vorstellung von dem, was getan werden *muß,* auch von der kleinsten Verrichtung, wie dem Wechseln eines Hemds, wird beengend

Die Panik ableiten wollen am Kinosessel vor einem

Keine Fragen, bitte keine Fragen!

Wieviel andre Leute, die ich z. B. im Lauf eines Tages ohne sie zu kennen, als eitel empfinde, streichen sich vielleicht nur deswegen über die Haare – wie ich gerade –, weil sie in Panik sind?

Plötzlich Verständnis dafür, daß Sterbende sich im letzten Moment »zur Wand drehen« (der Stier, der zur Seite ging)

Während das Mädchen mich anschaute, wehrlos vor Teilnahme, hatte ich einen Moment das Gefühl, ein völlig teilnahmsloser Aasvogel betrachte mich mit *ihren* Augen

Der stille unauffällige Zeitsturm im Kopf – und nur manchmal schießt plötzlich ein Bruchteil über, den ich bemerke

Ein Abend ohne Angst, wo weit weg tief in der Brust das Herz schlägt

9. April

Sie kritisieren nicht mehr seine Art zu spielen, sondern seine Art überhaupt; also hat er als Schauspieler die Vollkommenheit erreicht

Eine Frau, die am Telefon in einem Rhythmus, in einer Geschwindigkeit und Geläufigkeit spricht, als spiele sie das, was sie sagt, von einem Tonband ab, auf dem schon jeder meiner möglichen Einwürfe im voraus berücksichtigt ist: statt »automatischer Anrufbeantworter« »automatischer Anrufverrichter«

Einen Kreisel beiläufig anstoßen, ihn dann vergessen, und wenn man später wieder hinschaut, dreht er sich noch immer, ganz still

Seit langem in einem solchen Zustand gleichmäßiger Angst, daß man die üblichen kleinen Schrecknisse (ein Brillenglas fällt aus der Fassung usw.) nur noch zur Kenntnis nimmt

Wunderbarer Moment heute am Spätnachmittag, als A., während wir auf der Straße gingen, der Schokoladeriegel aus der Umhüllung rutschte und die Schokolade im Silberpapier zu Boden fiel: das Blitzen des Silberpapiers in der tiefstehenden Sonne war zugleich das Aufblitzen der Erinnerung, wie mir selber einmal vor langer Zeit die Schokolade so aus der Hülle gerutscht war; dieser Moment wirkte so versöhnlich, daß der Ärger über die Ungeschicklichkeit des Kindes sofort ausgelöscht war, noch im Entstehen

D., der sich seiner Niedergeschlagenheit in Gesellschaft nie schämt, sie nie überspielt, sondern sie behauptet, still und schwer in der Quere sitzend, als seine Art Selbstbewußtsein – während ich meine Niedergeschlagenheit, die feste Gestalt meiner Niedergeschlagenheit, in Gesellschaft meist sogleich verliere (es ist tatsächlich ein Verlust) und nur noch ein ungewisses, gestaltloses Etwas bin, ohne Gefühl, weil mein einziges Gefühl die Niedergeschlagenheit ist, die ich aber unter den andern nicht mehr spüre; Zerstreutheit aus Gefühllosigkeit

Als ich Herrn F. sagte, daß es mit mir manchmal am Tag kritisch werde, sagte er: »Da zaubert es Sie also!« Und er erzählte, wie er als Kind Radrennfahren spielte, wobei es eine Kurve mit kurzem Moos gab, das meist feucht war – und wenn er da durchgekommen war, ohne zu stürzen, aber doch fast gestürzt wäre, habe er immer ganz stolz gesagt: »Jetzt hat es mich aber gezaubert!«

Das Formale: nichts Verfügbares, Gemachtes, sondern eine Tätigkeit

Paradieszeit: als ob alles seinen Platz habe: die Häuser in der Sonne, die Fußgänger, die hellgrünen Blätter, der blaue Himmel hinter den Blättern, ein Fensterladen geht auf, ein Vogel singt, ein Hammer klopft: es ist alles ein Nacheinander, kein Neben- oder Durcheinander, und das ist es, was man paradiesisch nennen könnte; Deutlichkeit des festlichen Tages (ohne Fest) statt der Undeutlichkeit des Alltags

Anblick der ein wenig abgewendeten Wange eines Kindes: die Verlassenheit stürzt richtig auf einen ein; wie gutmütig es ist in seiner Verlassenheit, verlegen in seiner Verlassenheit

Gesichter, denen man nur im Moment des Todes noch einen Lebensfunken zutraut

Ich merkte, wie ich mit den alten, schäbigen Geldscheinen bezahlen wollte statt mit den neuen

Einfach sagen können, wie jetzt gerade: »Ich bin vergnügt«

Als die Angst schließlich den ganzen Körper ausfüllte, bis in den Kopf hinauf, war ich mit einem Schlag frei davon (ich hatte mit dem Oberkörper noch kleine Ausweichfinten gemacht)

11. April

Ich warte geduldig auf die Gedanken, die ich nicht *will* – *die* erst zählen

Ich fürchtete unmittelbar, daß sie mich mit ihrer bedrängenden, mir ins Ohr atmenden Liebe, die eher eine Einverleibungsgier war, töten würde, und so fragte ich sie unwillkürlich, ob sie Selbstmord begehen wollte; ein schlechter Scherz als Notwehr

Als ob die hellgrünen Bäume Erscheinungen der Morgensonne seien, von ihr erst hervorgebracht

Die Pappeln stehen da, so dicht, daß man dahinter einen Fluß spürt

Erst nachdem ich die Zeitungen, mit all den wirklichen Ereignissen, weggelegt habe, bin ich wieder, indem ich um mich schaue und aufatme, frei für das, »was wirklich geschah«

Kinderruf am Sonntagvormittag aus einer der überall offenen Wohnungen: »Maman, où est mon slip?«

Ein rückwärts gehender Pudel

Feierlich tritt das Bürgerpaar aus seiner Wohnung auf die Straße

Der Vorgesetzte spricht von seinem Angestellten: er habe mit ihm eine große Enttäuschung erlebt. (Wie oft die Vorgesetzten getäuscht und enttäuscht werden!)

12. April

Gerade die erste durchgerostete Fernsehantenne meines Lebens gesehen: Freude

Vorstellung, daß man eine wirklich schöne, angst- und mühelos schöne Frau nicht mehr verstohlen anzuschauen brauchte wie all die beflissenen Schönheiten; man könnte sie offen betrachten, richtig gerührt, neugierig, bewundernd, überrascht, voll Zuneigung – und sie würde es einsehen

Von allen Etagen des Krankenhauses waren in der Etage der Herzkranken die meisten Fenster offen

Die Blumen angreifen, die in der warmen Sonne stehen: sie sind ganz kühl

Daß man uns immer die »Lehren der Geschichte« einbleuen will, damit wir Menschen würden – als ob ich nicht auch ohne Geschichte (und für mich gilt: gerade ohne Geschichte) begreifen könnte, was zu tun und zu lassen wäre (etwa beim Anblick einer Straße, die »Avenue des Fusillés« heißt)

Es dazu bringen, daß man jeden Moment bereit ist, einen Pistolenlauf sofort zur Seite zu schlagen

Die vorjährigen großen braunen Platanenkugeln neben den kleinen, frischen, grünen, die stauben, wenn man sie anfaßt, und in der Hand nach feuchtem Moos riechen, worauf man einen Hohlweg sieht (nicht *seinen!*), mitten in der Stadt

Eine Frau sieht mich feindselig an, und ich schaue ruhig zurück; dann merke ich, daß das nichts ändert, und vergesse die Frau sofort, auch ihre Feindseligkeit

Es gibt ja doch keine Lösung, die ewige Entzweitheit zwischen einem und der Welt bleibt das übliche, und die Hoffnung, daß sich das, etwa bei einem bestimmten Atemanhalten, ein für alle Male geben würde, ist wie ein eingeimpftes Placebo, aber immerhin, es wirkt manchmal

105

Der Eindruck, daß Franzosen viel streiten – und dann sieht man sie, bei all dem Geschrei, einander anschmunzeln

Reflex, jedem älteren französischen Mann, der einen Anzug trägt, sofort aufs Knopfloch zu schauen, ob da die Rosette der Ehrenlegion ist

In den letzten Tagen manchmal schon das Gefühl der Beruhigung; jetzt das Gefühl der Ruhe, und die Angst scheint etwas ganz Unmögliches

13. April

Der Schustergeselle, der mit schnellen Schritten, schon im grauen Arbeitsmantel, zur Arbeit geht und in der Bewegung des Gehens schon die Tür zu seinem Laden öffnet und eintritt für den ganzen Tag, voll Würde und Entschlossenheit

Manchmal doch so weit, daß ich die Leute, die man leichtfertig angreift, verteidige, statt wie früher nur unlustig zu schweigen

In einer Reklame zu lesen, daß das Leben schön sei, empfinde ich als eine gegen mich gerichtete Frechheit

Schlecht schreiben: Verrat

Alte Schuhabdrücke im Asphalt: damals waren also noch spitze Schuhe Mode! Und hundert Schritte später kamen dann die rundkappigen

Während ich lachte, hatte ich den Eindruck, daß die Glühbirne flackerte

Die kurze Vorstellung, jedes Leben, auch das kleinste pflanzliche, sei eine Erkrankung des paradiesisch toten Universums

Handkante bei Linkshändern oft von Tinte befleckt; sie müssen beim Schreiben die Hand immer vom Papier weggespreizt halten, um die Schrift nicht zu verwischen

Vollmond: der Mond ist *da*

Diese Selbstgefälligkeit – ein anderes Gepanzertsein –, mit der man dahingeht, wenn man sich dabei noch in den gerade bei andern erfolgreich geäußerten Gedanken wiegt: ein Hochmut, gegen niemanden gerichtet, der einen aber am lebensnotwendigen, unablässig neuen Wahrnehmen hindert: Vorstellung, daß das Äußern von Gedanken, die nicht *gleichzeitig* mit dem Sprechen entstehen, ein *Ver*äußern, eine Vortäuschung ist

14. April

A. gehört auch zu den Leuten, die, wenn sie reden, jede andere Tätigkeit (Essen, Anziehen) unterbrechen

Aprilkälte im Schulzimmer

»Verrückt« ist bei den Eskimos, wer zu sich selbst spricht, wer jemanden anschreit, den es nicht gibt, oder jemand, der sich weigert zu sprechen . . ., wer sich einbildet, ein Tier zu sein, wer wegläuft, sich an merkwürdigen Plätzen verbirgt, wer Grimassen zieht; verrückt ist bei Negern: wer lacht, wenn es nichts zu lachen gibt, ständig spricht, Nahrungsmittel wegwirft, weil man sich vor ihnen fürchtet, oder sich einbildet, es ginge vom eigenen Körper ein ständiger Geruch aus (alles Kindheitserinnerungen)

A., auf den Vorwurf der Gier: »Nein, ich bin nicht gierig – weil ich kein *Geld* will!«

»Ich drücke so gern auf Knöpfe!« (Fahrstuhl, Flurlicht, Wohnungsklingel)

Ein Kind unterhält sich mit einem Erwachsenen: warten auf den Moment, da der Erwachsene sich blamieren wird

»Bist du böse auf mich?« – »Warum?« – »Weil du so vorgebeugt gehst.«

Es gelingt tatsächlich einmal, eine Schreckenssekunde völlig ungerührt, einfach durch Weiteratmen, zu bewältigen – aber im nächsten Moment bei einer viel winzigeren Schreckensquelle umso heftigeres Erschrecken

Die Manier der amerikanischen Schauspieler, ihre Zeigefinger wie Revolver auszustrecken beim Reden; sogar die ganz Jungen fangen schon wieder damit an

Und mit diesem eingezogenen Mund willst du für jede Frau, die überraschend um die Ecke kommt, bereit sein!

»Ich habe einmal in der Woche einen Wassertag«

»Weißt du, warum ich so eine hohe Stimme habe jetzt beim Sprechen? – Weil ich vorher gesungen habe! Und du hast eine hohe Stimme, wenn du müde bist!«

Erstmals seit langem wieder fähig, den Körper, statt registrierend, mit einer Art Zuneigung, einem Zusammengehörigkeitsgefühl zu betrachten

15. April

So müde, daß man, als man sich zufällig im Spiegel sieht, sich wundert, überhaupt noch da zu sein

»Ich denke immer an dich!« (Die Vorstellung, daß jemand immer an mich denkt, belästigt mich)

Der Moment Lebensfreude am Tag, gedankenlos

Leute, die an einem vorbeigehen, blicklos, für immer

»Maxime«: »Verhalte dich immer so, daß jemand, der dich kennt, dich wiedererkennt, wenn er dich überraschend auf der Straße sieht«

Das Gefühl, in Zornausbrüchen endlich älter zu werden,

108

A. schämt sich ganz still, weil ich die Leute beschimpft habe, die sich zum Taxi vorgedrängt haben; und bittet mich dann um den Kugelschreiber, einfach, um etwas *in der Hand zu haben* zum Spielen oder nur zum Festhalten in ihrer Scham meinetwegen

Wie viele rein deklamatorische Äußerungen es noch in der abgeklärtesten, selbstverständlichsten Beziehung gibt

Schwierig: bei den kleinen, aber ganz langwierigen Geschichten, die ein Kind erzählt, nicht die Geduld zu verlieren; sie dann aber doch zu schaffen, das gibt Nähe; (mit der Schwierigkeit zuzuhören, fing auch die schmerzhafte Eingeschlossenheit in sich selber an)

Sensation: etwas zärtlich *werfen!* (Nicht jemandem in die Arme, sondern: allein einen Gegenstand, in Gedanken an den, zu dem er gehört, von weitem zärtlich irgendwohin werfen)

In der stillen Dämmerung, nur ferne Fernsehgeräusche, flattert ein Vogel plötzlich im Gebüsch

In dem kleinen Hof des hohen Hauses unversehens ein Fallwind in den Büschen

Allmählich wird die äußere Abend*stille* zur inneren Körper*wärme*

Im stillen Garten sitzend: drinnen in der Wohnung blättert das Kind im Bett die Buchseiten um

Vor ein paar Tagen, etwas zeichnend, zum ersten Mal eine Linie in *einem* Schwung vollführt (bis dahin immer nur gestrichelt)

»Sie war glücklich in Eduards Nähe und fühlte, daß sie ihn jetzt entfernen mußte« (»*Und* fühlte«! Kein »so daß« oder »deswegen«!)

»Ich schlief nicht, ich wachte nicht; ich schlummerte«

16. April

Mitten in der Nacht streichelte A. *mich,* weil *sie* einen Alptraum gehabt hatte; »mitten in der Nacht streichelte sie mich; sie hatte einen Alptraum gehabt«

Das Wasser rinnt so kalt aus der Leitung; das muß draußen ein kalter Morgen sein

Vor plötzlich einsetzender Liebe zu laufen anfangen, eine Treppe hinauf

Ein Bild anschauen und zu ihm sagen: »Save me!« Dann das Bild zerreißen

A.'s Traum: Aus dem Blumentopf wuchsen drei Arme, die sie wegnehmen wollten; sie schnitt mit der Schere die Arme weg, aber die wurden immer länger. Als sie aufwachte, hielt sie sich mit den Fingern die Augen auf, um nicht wieder den Traum zu sehen

Ein Kind mit bloßen Eigenschaftswörtern als Ersatznamen bezeichnen: also »Gierig«, »Vergeßlich«, »Faul« usw.

Lernen, einem Kind nicht immer sofort beispringen zu wollen bei schwierigeren Tätigkeiten: das Nicht-Beispringen wäre auch eine Art Hilfe, eine Art Teilnahme, während das sofortige hektische Beispringen oft nur eine Abwehrbewegung der schwierigeren Hilfestellungen ist, die dann notwendig sein werden

Gefahr, sich »zu früh« zu freuen, so daß man im entscheidenden Moment dann erschöpft und gleichgültig ist

Die richtige Sorge: wenn ich, mich um A. kümmernd, für sie sorgend, dabei auch noch Augen für was anderes habe, z. B. für die Stadt unter dem Flugzeug jetzt; die alles andere ausschließende Sorge ist zwanghaft und affektiert (bin trotzdem manchmal darin befangen); das Umsorgen mit zugleich freien Augen und Ohren für alles andere erscheint mir deswegen als die rechte Sorge, weil man die Wahrnehmungen, die man dabei hat, dem zu Umsorgenden sozusagen als Beruhigungsmittel erzählen kann!

Ich stellte die schmutzigen Teller auf dem Tisch ganz beiläufig, ganz behutsam zusammen, um niemanden anzustecken, mir zu helfen

Jemand, der irgendwo zu Gast ist, hebt unwillkürlich das Glas hoch, um zu sehen, ob es Flecken hat

Er blickte von der Zeitschrift auf, sah das Abendrot auf den Häusern und legte die Zeitschrift sofort weg

Auf der Fahrt im Taxi von der Stadtmitte aus, wo der Fahrer mir als einem Ortsfremden alle Sehenswürdigkeiten nennt, freue ich mich schon auf die Vorstädte, wo es nichts mehr zu erwähnen geben wird

Mit der Unempfindlichkeit eines, der die Gewißheit hat, daß es und wie es mit ihm weitergeht, in der Vordämmerung in einem regennassen Villengarten stehen

17. April

So lange sich betätigen, bis daraus endlich eine Beschäftigung wird, die man Arbeit nennen kann und die einen zufrieden macht (über bloß symbolische Handreichungen, z. B. zwei Teller zusammenstellen nach dem Frühstück, hinaus)

Den Beutel mit den Kamillenblüten in den Abfall umgestülpt und im selben Moment das Bild von umgestülpten Hühnermägen, die noch voll von Maiskörnern waren

Manchmal, der allereinfachsten Tätigkeit zusehend, dem Durchschneiden eines Stoffs etwa, fühle ich mich völlig außerstande mitzumachen

L. erzählt sofort alles, was sie gerade erlebt hat oder was ihr

111

durch den Kopf gegangen ist

Mehrere Leute saßen in der Sonne im Garten, alle durcheinander, und ich hatte die Vorstellung, wenn ich sie jetzt einzeln wahrnehmen müßte, würde ich sie verwechseln

18. April

Die Haare gebürsteter Hunde schweben in der Sonne durch die Villengärten

Dieses freudlose, brutale Lachen kann man sich nur in Deutschland vorstellen: ein wie mit schweren Flügeln eines Vogels flatterndes, zuschlagendes Lachen; oder wie dicke Motten an Fensterscheiben flattern

Völlig ratlos und aufgegeben sitzen die alten Leute vor den Bierkrügeln, übers Kreuz schauend, am Bier nippend, »das einmal gut war«

Die Kellnerin stellt sich zu den Gästen, als sollte sie mit auf ein Foto kommen

Leute auf einer Terrasse unter einer Markise sitzen sehen und keinen anderen Gedanken mehr haben können als: »Verdammter Dreck«

Osterspaziergang: der Wunsch, jemanden arbeiten zu sehen in dieser Hundeleinen-Pullover-um-die-Hüften-Landschaft; oder wenigstens jemanden schreiben zu sehen

Ein Pudel sitzt zwischen einem alten Ehepaar auf der Bank, und zwei berittene Polizisten reden aus lächelnden Mundwinkeln über mich, der ich schreibe, und lassen dann einen Radfahrer absteigen, der das Fahrrad weiterschiebt; sie sind wirklich hoch zu Roß und schämen sich nicht einmal und werden sich nie schämen, und die Spaziergänger gehen und gehen auf den Spazierwegen, bleiben nie stehen, und beim nächsten Radfahrer, der vorbeikommt, sind es schon sie selber, die sagen:

»Radfahren nicht gestattet!«, und spazieren und spazieren mit ihren Hunden und Hundemarken

Ein Mädchen kommt an den Tisch zu ihrer Bekannten und zieht dort noch im Stehen eine Zigarette aus einer daliegenden Packung

Eine Traurigkeit wie bei jemandem, für den die Todesangst nicht mehr akut ist, aber immer noch mild vorhanden

Ein Tischtennisspiel betrachten, ohne den Kopf, ja ohne auch nur die Augen zu wenden

Ein Kind, das schon die gleichen Schwierigkeiten mit der Zeit und mit den andern hat wie ein Erwachsener: es läuft, unter den andern Kindern, völlig ziellos im Garten herum, bleibt stehen, macht Anfangsbewegungen eines Spiels, die es sofort ratlos wieder abbricht; dann wieder kleine klägliche Nachahmungen der Lebhaftigkeit der anderen Kinder, aus dem Stand, völlig sinnlose, virtuos sein wollende, dabei nur sehr traurig lächerliche Handlungen im Kreis durch den Garten, Hüpfen, Sich-Anschleichen, Sich-um-sich-selber-Drehen, das alles unter all den andern, die ihren Rhythmus haben, in einer völligen Einsamkeit; und als es einmal, ein einziges Mal, im Rhythmus mit den andern ist und ganz stolz zu denen hinschaut, wird es gar nicht bemerkt, und selbst die Hunde, zu denen es sich beugen will, laufen an ihm vorbei, und so geht es, die Hände auf dem Rücken, im Kreis weiter, scheinlebhaft manchmal aus der Traurigkeit aufhüpfend

Die sich kräuselnden Teiche im geschlossenen Zoo, die gemessen gehenden, dann plötzlich laufenden Tiere, die Pfauenschreie, die flügelspreizend in der Leere im Kreis laufenden großen Vögel

Vor der Dämmerung waren alle Wege schon fast leer, und auf einmal, als es nahezu dunkel ist, tauchen wieder von überall her Leute auf

Das den ganzen Tag über gedemütigte, enttäuschte, trau-

rige, sich lächerlich aufgeführt habende, im Kreis herum-
geirrte Kind schläft nun und stößt noch im Schlaf viele Seufzer
aus

19. April

Der Traum von meinem Tod in dieser Nacht: bis dahin war ich
der Held des Buchs; nach meinem Tod nur noch sein Leser

Das hingefallene und schauerlich heulende Kind: »Nichts
gelingt mir mehr! Ich bin kein Glückskind mehr!«

Am frühen Morgen knirscht schon der Weg draußen von den
Schritten der Spaziergänger, und Hunde bellen einander an

Die Teilnahme, Anziehung oder Abstoßung, hörte auf – und
das Interesse erwachte

A.'s Eigenheit, mich auf jede Kleinigkeit aufmerksam zu
machen, und mehrmals auf dieselbe, ist nur Ausdruck ihrer
Isolation und zugleich Verlegenheit und Sprachlosigkeit

Allein mit dem Gluckern der Geschirrspülmaschine

Die sonnenbeschienenen jungen Blätter, aus dem Schatten
hervorleuchtend: als ob sie ohne Zweige direkt in der Luft
schwebten

Trösten, ohne den Trostlosen wahrzunehmen (die Kirche)

Momente des tragischen Gefühls im reinsten Sonnenschein:
was man in der Hand hält, sinken lassen

Vieles wurde er los, was nicht seine Natur, sondern seine
Herkunft war, einfach durch Erlernen des Verschweigens

Von Dürrenmatt »Das Versprechen« gelesen: ein Bedürfnis,
sich zu bedanken; für den Entwurf eines nicht den Tatsachen
gehorchenden Lebens

20. April

W., so weit entfernt er auch steht, oder so geistesabwesend er herumlümmelt, hört doch alles, was man spricht, und sieht jede Bewegung

Ein kleiner Stein, den A. mir als »Glücksstein« gegeben hat, fällt mir aus der Tasche, und ich bücke mich eilig, um ihn wieder einzustecken, und bin nachher ganz stolz, daß ich abergläubisch gewesen bin

Vorstellung, daß nur das, was Söhne oder Töchter von Kleinbürgern oder Arbeitern schreiben (keine Arbeiterliteratur), mich noch neugierig machen kann

»Die lindernde Zeit« – wenn aber diese selber die Krankheit ist?

Die Menschenwürdigkeit der Mitvergangenheit: Erzählen erscheint mir immer mehr als die angemessene Art von Sprache

»Nur die nächste Nähe konnte sie beruhigen, aber auch völlig beruhigen, und diese Nähe war genug; nicht eines Blickes, nicht eines Wortes, keiner Gebärde, keiner Berührung bedurfte es, nur des reinen Zusammenseins. Dann waren es nicht zwei Menschen, es war nur ein Mensch im bewußtlosen vollkommenen Behagen, mit sich selbst zufrieden und der Welt. Ja, hätte man eins von beiden am letzten Ende der Wohnung festgehalten, das andere hätte sich nach und nach von selbst, ohne Vorsatz, zu ihm hinbewegt. Das Leben war ihnen ein Rätsel, dessen Auflösung sie nur miteinander fanden«

Entsetzlich müde, und der Schlaf wäre doch nur eine Ausflucht

Als ob innen schon der Schlaf wütet und mich gleich umstülpen wird, in sich einwickeln wird, mich beseitigen, mich entfernen wird

Heute kein Identitätserlebnis: nur Mir-Nachlauf-Erlebnisse

115

21. April

Beim Einkaufen: alle Lebensmittel sind verpackt, nichts ist handgreiflich; Eier, Milch, Käse, Fleisch, sogar die Äpfel: alles abgepackt

Wenn ich in ein Geschäft trete, und der Verkäufer begrüßt mich mit seinem freundlichsten Lächeln, weiß ich doch, daß ich einen möglichen allernächsten Feind vor mir habe und er einen Feind vor sich

Ein dicker Maikäfer lag kältestarr auf dem Gehsteig (sie sind also doch nicht ausgestorben)

Bei der Betrachtung eines Klassenfotos sogleich in der Vorstellung ein Kreuz über manchen Köpfen gesehen

»Ich liebe ihn, und ich glaube, er liebt mich.« (Eine Schauspielerin in der »People«-Spalte von »Time«)

Kindergeburtstag: ich esse die übriggebliebenen Sachen nicht aus Eßlust weg, sondern um aufzuräumen

Erst nach Stunden voll Geschrei, Hektik, Ratlosigkeit finden die Kinder zu einer Art ruhigem Spiel zusammen, und da werden sie schon wieder getrennt

Immer wieder: »Der 3. Weltkrieg«; welch ein Zählzwang

Beim Kauf einer Sanduhr sagte die Verkäuferin: »Ah, zum Telefonieren!«

Sich plötzlich schön finden: Anti-Sterbe-Effekt

Er empfindet inzwischen alles, was er früher einmal als »Aufregung«, »Angst«, »Bedrückung«, »Langeweile« usw. erlebte, zuerst körperhaft: als »Schmerz«; ebenso »Zufriedenheit«, »Glück«, »Heiterkeit«, »Lust« körperhaft als »Aufatmen« *(Old Man Blues)*

Die Wohnung lüften mit Hilfe einer Schar Kinder, die einen Nachmittag lang hindurchlaufen

Blick in eine Kellerwohnung, wo ein Fernseher läuft, in dem gerade ein Lift aufwärts fährt

A.'s Kaufreflex jedesmal, wenn wir in ein Geschäft kommen, wo schon einmal was für sie gekauft worden ist

Meine Sucht, alles, was ich schon längere Zeit in der Hand halte (auch das gar nicht Benutzte), wegzuschmeißen

Am kühlen Abend: unten im Herausgabeschlitz des Briefmarkenautomaten, hinter der Klappe, ist es noch sehr warm von dem heißen Tag

Die Geschäftsfrau, in den Feierabend fahrend: im Auto an der Ampel wartend, liest sie noch in einem Dossier, das auf dem Nebensitz liegt

Die altgewordene Lehrerin, steif im Garten vor ihrer Schule umhergehend, sprengte gegen Abend die Blumen: diese so einfache Beobachtung, und doch das Gefühl, es stecke ein Geheimnis in diesem Anblick, aber eins, das zu entdecken sei, durch Zurückdenken (sie sagt nie ein deutsches Wort zu mir, obwohl ich von A. weiß, daß sie es sprechen kann) und Vorausdenken (sie wird in zwei Monaten für immer von der Schule weggehen in einen unausdenkbaren Ruhestand)

F. Hodlers Bild einer Sterbenden: müde, geschlossene Augen, und der Mund offen bis über die oberen und die unteren Zähne, aber doch nicht aufgerissen, sondern irgendwie züchtig, ja zickig. (Es mir vorstellend, empfand ich nicht eine Leidende, sondern eine Wehleidige: als ob die Sterbende übertreibe und zugleich zeige, wie sie sich doch beherrsche)

»Das Weltall, in einem sehr frühen Stadium, als die Materie noch relativ dicht war, muß schon für die kosmische Strahlung transparent gewesen sein. Sie erfüllt heute als ›diffuses Licht‹ den ganzen Weltraum: die extragalaktische diffuse Gammastrahlung.« (So über Verhältnisse zwischen Leuten schreiben)

Meine Wegwerfmanie ist so groß, daß ich z. B. von einer Rasiercrème immer zu viel nehme, damit die Tube möglichst bald leer ist und ich wieder was zum Wegschmeißen habe

Im Moment, als ich die Füße ins warme Wasser tauchte, verschwanden meine im Lauf des Tages und im Lauf vieler Tage gezogenen Grenzen

Prüfung einer Empfindung: wenn diese sich wiederholt, und zwar wörtlich, dann glaube ich ihr nachträglich auch für das erste Mal; ich habe mir also nichts vorgemacht

Alles ist still geworden im Raum, nur die Magnetnadel auf dem Tisch zittert noch

Hesse über Goethe: »Stetige Schönheit«

N. und ich lachen am Telefon oft durchtrieben und ein bißchen übermütig, einfach weil wir telefonieren und dabei notgedrungen bestimmte Sätze wechseln (wir lachen wie zwei, die einander betrügen, es aber wissen und sich darüber belustigen)

»Heute habe ich dich nicht geliebt«

22. April

Noch einmal »Vollmond«: Jemand ist gekommen und einfach da (»Frechheit« des ganz runden Monds über den Dächern)

Ich habe gestern viel getan: gegangen, mich gebückt, aufgeräumt, abgewaschen, mich angestellt, gelesen, gedacht, geredet, gezeichnet, geschrieben – und war dann doch nicht *rechtschaffen* müde

Beschämende Träume: in denen etwas, auf das der Ehrgeiz noch aus ist, schon als verwirklicht erscheint

Beim Streicheln bestimmter Hautstellen ins Stottern geraten; und aus dem Streicheln wurde eine Mechanik oder Technik (ein Wort aus dem täglichen Kalten Krieg: »Streicheleinheiten«)

Jemanden aufwecken, indem man ihn mit einem Spiegel blendet

Ich suche mit den Augen eine Frau, die gerade noch die Treppe zum Bahnhof hinauflief: sie hat sich in das Vogelvieh verwandelt, das gerade in einen Baum abschwirrt

Place Dauphine: ». . . un des plus purs terrains vagues qui soient à Paris« (Breton)

Die Mutter sagte: »Das Geld flitzt weg!« Und geradeso kommt es mir auch vor; nur bemerke ich es nicht verzweifelt wie sie, sondern erstaunt

»Ich habe schöne Theaterstunden erlebt, aber allmählich werde ich es müde, bei jedem Besuch dieses Risiko der Illusion zu sehen« (Hesse)

Unbehagen, unter die Erde zu gehen (in die Métro) und zu fliegen – als wollte ich immer in Berührung mit dem Erdboden bleiben

Die Frau, in dem Moment, da sie das Fenster aufmacht, stößt, nur für diesen Moment, einen Bruchteil des Lieds mit aus, das gerade auf ihrem Plattenspieler läuft

Als ob Hesse die Welt doch nicht als gesamte aushalte und vorzeitig in die Formen einlenke: ». . . und ich schloß Freundschaft mit meiner Vergangenheit« (und meine Feindseligkeit gegen meine Vergangenheit)

Als ob in der Poesie Erinnerung und Sehnsucht, Denken und Fühlen, Körper und Seele, Einzelmensch und Gesellschaft zu *einem* Gefühl zusammenwirkten, in welchem man unmittelbar lebenslustig wird (aber das Gefühl braucht man täglich neu vermittelt)

Das Kinn erschlafft von dauernden Mutbeweisen (ein Sportler)

Bewußtseinsspaltung als Ausweg: die Vorstellung, nicht ich mache gerade diese verfluchte Küchenarbeit, sondern ein anderer, und zwar ein Berühmter, der das nur aus zufälliger Laune macht, also nicht der Gefangene dieser Arbeit ist (z. B. Jack Nicholson oder Kennedy!), läßt mich für Momente diese Arbeit ohne Mühe ertragen (Entstehung der Schizophrenie)

Das verpackte Fleisch vom Supermarkt: die Sehnen sind auf der Unterseite

Die Vorstellung von den unzähligen Hausfrauen, die sich den Tag über in den Finger schneiden und denen dann beim Abwaschen am Abend das Pflaster wieder abgeht; eingerollt liegt in diesem Moment das nasse Pflaster in unzähligen Küchen neben dem tropfenden Geschirr

Alles in Reichweite haben wollen (Luxus)

»Doch Stille kommt
nach den Gedanken
ursächlich«
(Ernst Meister)

Wunsch, wieder einmal einen farbigen Traum zu haben

23. April

Ich war eine Stunde lang in Amerika, wo mich in einer Studentenkantine »Schwule bekochten«, und erwachte mit einem Meteorstein in der Brust, der in einer chinesischen Provinz zehn Klafter in den tiefgefrorenen Boden geschlagen war

Wie oft Leute, wenn sie über Berühmte reden, vor der Nennung des Namens so tun, als fiele ihnen dieser nicht ein

In der Erzählung: nur das Imperfekt stimmt; denn das Gefühl, der Gedanke, der Blick, der Traum waren nur 1 ×, und sie *waren*

Im täglichen Leben, auch allein, stelle ich mich, wenn auch nur vor mir, selber dar; und das will ich gar nicht abstellen: es käme vielmehr darauf an, in dieser Selbstdarstellung nichts von sich wegzulassen: jede Untat, die man einmal begangen hat, gehörte, vielleicht nur als kurzes Stutzen, zur Selbstdarstellung, worauf man jedoch aufgeklärter weiterspielte oder vielleicht überhaupt erst einmal aufhörte zu spielen; durch das Einbeziehen der eigenen Untaten in sein Selbstbild ist auch nichts an den anderen einem mehr fremd (die Untaten, das Versagen werden nicht, wie üblich, überspielt, sondern bilden gleichsam den Verfremdungs- und Erkenntniseffekt im täglichen, lebensnotwendigen Selbstdarstellungsspiel – die ideale Haltung eines Schriftstellers)

Ich bin, während ich hier bin, woanders –
voraus oder zurück
woanders ein zweiter:
die Unruhe, ein Unselbst.
Ich bin nur hier
Ich bin nur jetzt:
die Ruhe selbst.

Ein Kind, das sich nicht beeilen kann (es wird hektischer, erledigt seine Sachen aber noch langsamer, wenn man es zur Eile antreibt)

Die Leute, durch die Métro-Barrieren gehend, geben sich die Türen in die Hand und werden bald in ihren verschiedenen Arbeitslöchern verschwunden sein; die Verkäuferin in der Métro-Boutique zieht sich gerade einen blauen Kittel über; sie ist schon in ihrem Loch verschwunden, obwohl sie, die Sonnenbrille auf den Scheitel geschoben, noch Freiheit oder Freizeit vortäuscht

Indem du deine Vergangenheit verachtest, verachtest du nicht auch die andern jetzt, die noch immer deine Vergangenheit erleben?

Der Wind weht auf der Wasseroberfläche flußabwärts

Einmal ein warmer Luftschwall in den kalten Windstößen

Gute Zeiten, wenn es wenigstens ein paar Stunden lang nichts gibt als die Gegenstände und ihre Gegenwart; die Kälte, die Wärme, die Wolkenschatten, die Kinoreklame; weder Angst noch Euphorie

Ein Schnitt im Film, den ich erlebte wie einen Schußknall

Wie schnell mir die Lippen trocken werden, wenn ich mit fremden (und fremdbleibenden) Leuten spreche!

Schwierig, Gefühle für mehr als 1 Brief pro Tag aufzubringen

»So ein Wind ist heute, da müssen die Kinder Bügeleisen in den Taschen tragen«, sagte Frau F. (eine Redewendung aus ihrer Kindheit, als die Bügeleisen noch schwer waren)

Wenn ich freundlich bin, kommt das oft nicht aus einer Eigenschaft der Freundlichkeit, sondern bloß aus guter Laune

Das Schalterfräulein in der Bank streicht ausführlich die Eselsohren an meinem Scheck gerade

Vorstellung, ich müßte diese mürrische Frau nur um etwas bitten – und sie würde sogleich in Freundlichkeit erstrahlen

Die zerkratzten Augenbrauen einer Ausgehfertigen

Und jetzt sitze *ich* im Flugzeug und sehe auf das Krankenhaus hinunter, in dem ich noch vor vier Wochen die Flugzeuge durchs Fenster gesehen habe; auf der düsteren Erde eine Schachtel voll zuckender Regenwürmer

Im heftigen Wind stiegen die Wolken wie Fontänen hinter dem Stadtrand auf

Erlebnis von Geschichte, das heißt für mich: sich davon zu

befreien, sich davon befreit zu haben

Voll Kraft und Selbstbewußtsein schlief ich sanft ein

24. April

Ich hatte gerade das und das gedacht und sah mich plötzlich in einem Spiegel – und erkannte mich als den, der gerade so gedacht hatte, zu meiner Überraschung wieder! – während ich doch Stunden vorher, mit einem bestimmten Gefühl, als ich mich damit unvermutet im Spiegel sah, das Gefühl in meinem Anblick nur travestiert fand

Ein paar Leute stehen in der Landschaft wie Landvermesser – als ob es die Landschaft bald nicht mehr geben sollte

Das sattsam bekannte Meer

Nach den letzten Wochen in Gesellschaft: als hätte ich einen andern Ernst gefunden; die Lustigkeitszuckungen hinter mir

Das Schöne an G., wenn ihre Freunde angegriffen werden: sie verteidigt sie nicht; schüttelt zu den Angriffen nur lächelnd den Kopf; sagt höchstens »nein, nein«

Er saß neben ihr und erklärte ihr seine Liebe; sie sagte, das rege sie so auf, daß sie die Hand nicht mehr bewegen könne

25. April

Ein Haus, wo in allen Badezimmern Sonnencrèmen, Sonnen-öle, Sonnenmilch stehen

H.'s Leibsatz: »Was mir an mir so gut gefällt, ist meine Willen-losigkeit!«

Noch keinen Unternehmer erlebt, der nicht seinen Mittags-schlaf braucht (sonst Eintritt hektischer Debilität)

F. Hebbel: »Unsere gerühmte Herrschaft über das Tier liefe dann darauf hinaus, daß wir für seine irdische Existenz das wären, was Stürme und Wasserfluten für uns sind.« (Mein Kindheitsmythos)

»Augen, die für nichts und wieder nichts glühen« (Hebbel zur Lefthanded Woman)

Ich will gar nicht zeichnen können – es ist nur die Lust, ein paar Sachen nachzuziehen, damit sie nicht vergehen

Das Wärmegefühl, nicht reden zu müssen, das allgemeine Schweigen einfach vergehen lassen, durch Blicke aufs Meer oder anderes, oder gar nichts

26. April

Über Nacht, nur durchs Schlafen und Träumen, schwerer geworden sein

Der durch Reden Gedemütigte teilt nun an seinen Demütiger einen Befehl nach dem andern aus, verlangt eine Handreichung nach der andern, die der Demütiger auch willig, besänftigend, leistet (Einakter)

Ich schlug dem Kind etwas vor, riet ihm zu etwas und wartete, über den eigenen Vorschlag unsicher, auf die Reaktion – da lehnte das Kind den Vorschlag ab; als ich aber den Vorschlag noch einmal machte und mich danach sofort abwendete, befolgte ihn das Kind wie eine Notwendigkeit

A. verlangte von mir, daß ich auf ein von ihr vorbereitetes Stück Papier etwas »Böses« über sie schreiben sollte; das tat ich (»A. ist gierig«), und sie steckte das Papier in ein Glas mit Wasser, wo es sich sofort auflöste

Meine Wahrnehmungsgier manchmal: ich freue mich, »Dich zu sehen« (Brieffloskel); aber nur, weil ich weiß, daß ich dies und jenes an dir bemerken werde (so wie ich mich gerade

»freue«, die wartenden Mütter vor der Schule zu sehen, die mir, jedenfalls die meisten, als Erscheinungen zuwider sind: ich werde an ihnen dies und jenes wahrnehmen)

Ich schaute der alten Frau mit den Hausschuhen und dem überhängenden Mantel gerade in die Augen, war aber unfähig, ihr zu zeigen, daß ich sie sah; so stierten wir einander lange in die Augen und wendeten uns dann für immer ab

Eine Geschichte, deren Held ein Mann im eleganten, gepflegten Anzug wäre: er behält diesen Anzug auch bis zum Ende der Geschichte, nur sind die Taschen mehr und mehr ausgebeult

Sofort spürt meine alberne Nase wieder den Geruch *fremden* Kinderurins im Badezimmer

»Ich werde krank, wenn ich nicht bald wieder einen Gedanken habe!«

Die Sonne schien mich so lange an, bis ich spürte, wie sie wirkte und mich gleichsam still werden ließ: »Ich ließ mich von der Sonne bescheinen«

»Der tote Freund«: Woher nehme ich das Wort »Freund« für den fremden Toten?

27. April

Ich hielt unwillkürlich den Kugelschreiber auf die Dinge gerichtet; als ich es merkte, drehte ich ihn schnell ab, in eine Richtung, »wo es nichts gab«

Das sehr blasse Grün der Blätter am Morgen (es ist eine dunkle, windige Frühe): als seien es Nachtschattengewächse; Bild von keimenden Kartoffeln in einem Kellerraum

Als ich zu dem erwachenden Kind was sagte, ermüdete es das so, daß es gleich weiterschlief

Schluß-Satz eines langen Romans: »Das will ich auch hoffen!«

Ich beschloß, mir für die Métrofahrt keine Zeitung zu kaufen – so würde ich mehr erfahren

Die Fähigkeit verloren, *überall* ein Buch zu lesen

Ich betrachte inzwischen die Schaufenster von Apotheken schon wie die Schaufenster mit in Frage kommenden Waren (immerhin ein neues Blickfeld)

Daß das Bild einer auf den ersten Blick schönen Frau immer einen reinen, unbefleckten, erlösenden Geist verspricht und daß dieses Bild so oft ein falsches Versprechen ist: das Herzzerreißende und jeweils von neuem Betrügerische dieser Art Schönheit! (Und doch ein Gefühl der Enttäuschung jedesmal, wenn ich eine Unbekannte treffe und diese nicht auf den ersten Blick schön ist, Gefühl der Tieftraurigkeit auch über die eigene mangelnde Schönheit – als ob die auf den ersten Blick schon offensichtliche Schönheit doch das Höchste wäre)

Einer nur daliegenden, nur wartenden, auf sich selber horchenden, mit geschlossenen Augen sich »dem Vergnügen« hingebenden Frau sagen wollen: »Hallo, ich bin es – kein Schwanz!«

Fortschritt: die täglichen notwendigen Dummheiten, die man mit andern begeht – ich ärgere mich nicht mehr wie früher, sondern schmunzle über mich selber, während ich mich gleichzeitig dumm aufführe

Eine Frau, mit der man ein Glas Wein trinken will: »Willst du mich betrunken machen?«

D. erzählte, sie sei im Alter von 3 Jahren in einen Fluß gefallen; ihr Gefühl sei Freude gewesen, plötzlich so dahingetragen zu werden

Ihre Angst vor dem Tod rühre von dem Tod des Großvaters

her, als sie 3 Jahre alt war und der Leichnam in dem Zimmer unter dem ihren lag. Sie sah ihn nicht – und nicht, daß er tot war, sei das Furchtbare geworden, sondern die geschlossene Tür zu dem Zimmer, in dem er lag. Ihr Gefühl von dem Toten war ein Gefühl der Schwere: in ihrem Zimmer über dem Totenzimmer fürchtete sie, die Schwere des Leichnams unten würde auf sie oben übergreifen und sie würde durch den Boden durchbrechen und auf den Toten fallen; daher ihr Grundgefühl der Sexualität: das Schwere, Steife des Mannes – der Leichnam war ein Mann –, der sich in ihr hart hin und her bewegende und immer mehr, wenn er sich dem Orgasmus nähere, eindeutig wie ein Toter werdende Mann verkörpere für sie, je schöner es werde oder auch: je schlimmer, den Tod. (Ich wollte, nachdem sie mir das erzählt hatte, daß sie nach Hause ginge, damit ich über sie schreiben könnte)

Die Mutter schärfte ihrem Kind ein, in der fremden Wohnung nichts zu berühren

28. April

Das Bild des blauen Himmels vom gestrigen Vorabend in den Schlaf gerettet – und damit unversehrt wieder aufgewacht

»Auf der Straße, im hellen Morgensonnenschein, stand ein leeres Auto, dessen Scheibenwischer sich bewegten.« (Auch so begänne eine Geschichte)

Die Mutter, die vor der Schule immer sofort und lauthals alle ansprach, fällt heute angenehm auf: sie hat Rheumatismus im Handgelenk

N. hat beim Reden die Angewohnheit, aus Verlegenheit, wie auch ich, immerzu in alle Taschen seines Anzugs zu greifen

Welch ein wahnwitziges Durcheinander: ich bewege mich dahin in einer frechen Fröhlichkeit, hinter mir brüllt eine Mutter ihr Kind an, ohne sich dabei überhaupt umzuschauen, und eine andere Mutter schaut beleidigt auf ihren kreischenden Säugling, und vielleicht wird es bald aus mit mir sein

Nachdem sie das Geld von mir bekommen hatte, saß sie danach noch lange freundlich herum; als ich einmal Marken auf einen Brief klebte und diese zwischendurch abzählen wollte, sagte sie mir sofort, wieviel Marken schon auf dem Brief waren (ähnlich blieb ich vorzeiten beflissen beim Großvater sitzen, nachdem er mir das erbetene Geld gegeben hatte)

Die Schaufensterpuppen schauen immer lebensechter aus

Die Vorstellung, daß kurzzeitig im ewigen Universum eine Menschenplage auftritt

Krokodil: ein Tier, das, einmal erwachsen, keinen Feind mehr hat

Eine Frau ging vorbei, und mir blieb das Herz stehen

Sich im dunklen Kinosaal umschauen: wie viele Brillen da blitzen!

Der alte Mann ist schon eingeschlafen, noch bevor der Film angefangen hat

Ich spürte, im Bett liegend, wie ich wirklich *schwarz* wurde vor Müdigkeit

29. April

In eine fremde Wohnung kommen, und die Inhaberin, kaum daß ich auf den lärmumtosten Balkon trete, erzählt mir sogleich, was das Praktische ist an der Lage der Wohnung

Der betont offene Blick einer Turnlehrerin

Das Gefühl des Versagens an diesem Morgen, und die Müdigkeit, weil ich A. geschlagen habe. Sie weinte, wieder einmal, über etwas, das nicht so war, wie sie es sehen wollte: die Flügel des Papierdrachens über dem Bett waren, für ihr Gefühl, verkehrtherum in den Körper gesteckt; sofort brach bei mir die alte Wut über ihre Tränen aus, doch noch im versuchsweisen Umstecken der Flügel war ein Moment, da dachte ich: »Wenn ich jetzt ruhig bleibe, dann habe ich heute was geleistet!«, und ich hatte auch ganz kurz das Gefühl, meiner Herr werden zu können, aber plötzlich, als sie weiterweinte, weil die Flügel wieder falsch im Rumpf steckten, habe ich sie sofort auf den Hintern geschlagen, und dann noch einmal, weil ich den Anblick der Tränen nicht aushielt – und hätte es dabei doch fast geschafft, mich zu *überspringen.* So wurde aus der Morgenmüdigkeit sofort, ohne Gedanken, Gewalt, und dann konnte ich nur noch stumm sein und sah das Kind in der Küche allein vor dem Frühstücksteller sitzen, und die Linie seines Nackens und der Wange brannte sich mir ein wie eine Strafe. Ich setzte mich ihr stumm gegenüber, und sie fing zu reden an, über was ganz anderes, sprach so dahin, *für mich,* aber es war ein Grimm in mir drin, der, wie etwas Losgelassenes, besinnungslos gegen sie weiterwütete . . .

Fußspuren auf dem trockenen Gehsteig in der Morgensonne: jemand ist da aus dem betauten Gras gekommen (die Empfindung der Scheinheiligkeit, der Unaufrichtigkeit einer solchen Wahrnehmung nach Momenten des Versagens gegenüber einem Menschen; Selbstbeschwichtigung durch Wahrnehmungsattitüde)

Bei fremden Leuten (die mir immer fremd bleiben werden) das Gefühl haben, bei jeder Auskunft auf Fragen, die sie stellen, zu lügen (und nachher wegschauen zu müssen)

Sich wegdenken, sich wegatmen, in der Sonne liegend, bis *nichts* mehr da ist von mir *und* alles, im Wind, in der Sonne; nichts mehr bis auf einen kleinen Punkt des Schmerzes. Ausgestreckt in der Sonne liegend, rutschten mir die Hände aus den Taschen; die Augen öffnend, war mir weiß vor den Augen – die Augen schließend, sah ich plötzlich, aus einem grünen Dunkel glimmend, am hellichten Tag das Sternbild des Großen Bären. Ich atmete nicht mehr, es gab mich nur noch, ganz still

Als sie einander redend die Hände schüttelten, bebten, vom Händeschütteln, ihre Stimmen

Die Zigeunerin geht, ihr mit weißlich Erbrochenem ausstaffiertes Kind auf dem Arm, mit ausgestreckter Hand von Tisch zu Tisch, als treibe sie Schulden ein

Braune Haare einer Frau, die man in der grellen Sonne einen Moment lang für grau hält: so begänne ihre, wieder eine andere, Geschichte

Eine Fülle von Blumen auf dem Trottoir vor dem Blumenladen, Flieder und Maiglöckchen darunter – und man riecht überhaupt nichts

Es ist klar: jedes Kind, wie auch A., schämt sich seiner Eltern, und zwar ohne einen andern Grund, als daß es seine Eltern sind

In einer dauernd düsteren Wohnung zu schnauben anfangen

Frau F.'s Unwertgefühle kündigen sich an mit dem Satz: »Ich fühle mich so melancholisch!« und werden akut mit dem Satz: »Mein System ist gestört!«, worauf sie verstummt für die Dauer der Störung ihres Systems

Ein verwöhnter amerikanischer Dichterprofessor mit Schal und Rollkragenpullover

Langdauernde Rollschuhgeräusche vor dem Fenster, und später sitzen müde Kinder mit Rollschuhen an den Füßen auf den Haustorstufen

30. April

Frau F.: »Ich habe dünne Lippen.« – Herr F.: »Nein, du hast keine dünnen Lippen, du machst sie nur immer dünn.« – A.: »Ich habe auch dünne Lippen.« – Frau F.: »Nein, du hast schöne Lippen. Ich habe dünne Lippen.«

A. zeichnete Frau F. und begann mit einem Pickel in deren Gesicht

Ich trank den Tee so hastig aus, als wollte ich gleich jemandem nachrennen

Beim Hinausgehen aus dem Kino die Platzanweiserin fragen, wovon der Film eigentlich gehandelt hat

Ein Geschirrtuch umgebunden zu haben, diese Tatsache ist wirklich viel besser zu ertragen mit der Vorstellung, daß auch Cary Grant in einem Film in solchen Aufzügen erschien

Das »Ethik-Komitee« des Krankenhauses berät über das Weiterleben der »unbeseelten Apalliker«

Frau F. meinte, in einer Groß-Stadt würde man eher mit sich selber reden als auf dem Land

» . . . aber der Wunsch bleibt mir noch unerfüllt, daß ich aus Calw jemand zu Gaste bekommen und mich an ihm satt lieben kann.« (Der Großvater Hermann Hesses)

»Er hat keinen festen Willen mehr vor lauter Phantasie« (ein Lehrer über H. Hesse)

Ich *entschloß* mich, zu lügen (und log dann gewissenlos)

1. Mai

Der Dicke saß im Café, als sei das seine letztmögliche Tätigkeit

»Die Angst muß aufhören!« – »Dann sag doch gleich, daß die Welt aufhören muß.«

In der Gegenwart der munteren Frau spürte ich sofort meine zerschrundenen Lippen. Sie stand vor mir, redete zu mir über mich und versperrte mir die Sicht

Ich ging mit einem kaum Bekannten in einem Métrogang hinter einer Frau her, die an einem schweren Koffer schleppte – und wir genierten uns voreinander, ihr zu helfen, als wäre das etwas Unehrliches, Übertriebenes; allein, hätte ich, hätte er der Frau sofort geholfen

Ich sehnte mich zurück nach der abenteuerlichen Fremdheit zwischen uns

Der Analytiker sagte: »Ich habe den Eindruck, bei Ihnen sind bestimmte Gefühlsbereiche überhaupt kaltgestellt. Sie haben Hecken um sich aufgebaut«

Wohlgefühl, daß bis jetzt eigentlich keine meiner Vorahnungen jemals eingetroffen ist; auf einmal Furcht, keine Vorahnungen mehr zu haben

»Alles kann ich ertragen, nur keine Liebe« (H. Hesse, 16 Jahre)

Als Heranwachsender habe ich die andere, die poetische Welt nicht gehabt, ich habe sie nur vorgetäuscht, weil ich sie ahnte; mein Vortäuschen in poesiebehauptenden Floskeln war ein Ausdruck des Ahnens, eine Gewolltheit von etwas, das ich noch nicht erlebt hatte (mein Doppelleben als Heranwachsender)

Der Analytiker erzählte, durch seine Beschäftigung mit Gott spüre er seit Ostern einen Schmerz in der linken Schulter: das sei ganz offensichtlich das Kreuz; er sei stigmatisiert

»Ich bin nicht verschlossen – *ihr* verschließt mich mit euren Kommunikationsveitstänzen!«

Wenn ich denjenigen, mit dem ich rede, nicht fühle, strenge ich mich mit dem Wortebilden mehr an, ohne daß es mir aber gelingt, lauter oder verständlicher zu werden; eher werde ich noch unartikulierter

2. Mai

Fast alle Bilder aus meiner Kindheit sind Bilder »kühlschöner Beschaulichkeit« geworden, worin ich selbst ein morgenstarres Etwas, ein Zubehör zum Bild bin

Die vorsichtig schönen Lebensformen der alten Literatur wiederfinden, fürs Leben

Manche verwenden das Wort »Gedanken« nur für ihre Sorgen (»Ich mache mir Gedanken«)

Für viele heißt nur das »Wirklichkeit«, was nicht in Ordnung ist

Heute beherrsche ich alles ohne überflüssige Bewegung

Auf einmal sehe ich die hellen Autos über die kleine schwarze Eisenbahnbrücke fahren: ich habe das bis jetzt, in den mehr als zwei Jahren, die ich hier wohne, nicht gesehen – ich sehe oft lange gar nichts, und deswegen ist das, was ich dann doch einmal sehe, häufig eine Art Erscheinung

Glück – und zugleich das angstvolle Gefühl der Ausnahme

Im Bus: die Leute als zurechtgeschminkte Opfer vergangener Katastrophen

»Im Fahren, Umsteigen, Wieder-Umsteigen, Rolltreppenfahren – in der unaufhörlichen, hektischen Fortbewegung des Feierabendverkehrs war der Geruch deiner Haare der einzige Anhaltspunkt«

Ich sagte dem Analytiker, daß ich die Art, wie einer seiner Kollegen die Leute als »Kranke« definiere, willkürlich fände, und er antwortete, es helfe den Leuten, endlich von jemandem anders als üblich definiert zu werden, und zwar gerade als »Kranke«, während sie doch vom Staat, von den Behörden bis jetzt nur als »Randgruppen«, als »Asoziale« usw. definiert und behandelt würden. Das leuchtete mir ein – aber welche Zynik in den Verhältnissen, wenn Leute erst als »Kranke« endlich ein Selbstwertgefühl beschert kriegen!

»Ich könnte nicht sagen, wer ich bin, ich habe nicht die geringste Ahnung von mir: ich bin jemand ohne Herkunft, ohne Geschichte, ohne Land, und darauf bestehe ich!«

3. Mai

Ich schoß jemandem, der mich angriff, mehrmals ins Gesicht; die Wirkung war, daß er das Gesicht eines andern bekam, mich nicht mehr erkannte und von mir abließ

Ohne Gedanken am Morgen sofort den Tag beginnen zu müssen, das macht mich gereizt und ungerecht

Jemand bricht in ein Juweliergeschäft ein, um die schönen lila Kissen zu stehlen, auf denen die Brillanten liegen

In Geschäften, an Schaltern wartend, versuche ich ganz vorsichtige Bewegungen, um die Angestellten nicht nervös zu machen

Entflohene Gefangene schlüpften unter in einer leeren Villa. Sie wuschen sich dort nur mit wenigen Tropfen Wasser, um jedes Geräusch in der Kanalisation zu vermeiden; es war ein Land, in dem selbst die Geräusche in der Kanalisation abgehört wurden

Ich stellte mich unwissend, auch was die allerbekanntesten Dinge betraf: so konnten wir Konversation machen

Ein Film, der anfängt mit Staubschwaden zwischen einer Menschenmenge

Gegen Abend kam erstmals am Tag die Sonne heraus, und alles wurde sehr klar, sehr hell, der kleine Baum vor den anderen Bäumen des Stadtrands heller grün als alles andere, sehr licht, im starken Abendwind schwankend wie ein startbereiter Flugkörper, etwas Lebendiges vor der dunklen grünen bloßen Vegetation

Es klingelte, aber als ich vor die Haustür schaute, war da nur ein Parfumgeruch (Geschichtenanfang)

Ich war zwar tatsächlich müde, aber ich gebrauchte die Müdigkeit zugleich wieder als Ausrede

Männer, die nach jedem Satz, den sie über »ihre« Frauen sagen, ob freundlich oder böse, die Frau kurz beschwichtigend streicheln

Ich sah den klaren Nachthimmel mit den kleinen gelben Wolken, und die Sterne, und war schon wütend über mich, wie schnell ich diese Einmaligkeit wieder vergessen würde – ohnmächtige Wut über das Vergessen

4. Mai

Auffallend, daß Ausländer, die in einem fremden Land wohnen, zuallererst dessen Kraftausdrücke, Analphrasen und Mode-Jargon sprechen; darüber hinaus aber meistens sprachlos bleiben (das Mädchen, erst einige Monate in P., stößt schon französische Schmerzensschreie aus – ruft »Ai!« statt »Au!«)

Untätig in der Sonne stehend, nur ab und zu den Kopf nach einem Geräusch wendend, kam ich mir plötzlich wie ein Leibwächter vor

Der junge, noch unerkannte Maler hatte jenen starren Blick, der nichts wahrnahm als die innere Vision oder die vor ihm passierende Enttäuschung dieser Vision, und, von ihm weggehend, hatte ich einen Klumpen pommes frites in der Brust

»Wenn du jetzt wieder in deinem salbungsvollen Ton zu reden anfängst, schneide ich dir die Kehle durch!«

Trotzig genießt die Frau im Café die Pause in ihrem allgemeinen Unglück, Butter in ihr Sandwich streichend

Durch die eigene Wohnung gehend, verschließe ich das Gesicht, als ob hinter jeder offenen Zimmertür ein Feind sitzt: der soll nicht mein wahres Gesicht sehen!

Eine junge Frau, die im ruhigen Zustand ihres Gesichts leidenschaftlich trauernd aussieht

»Hör doch endlich auf mit deinen Verachtungsschüben! Spar dir die Energie der Verachtungswut für die Ruhe einer Liebe«

»Ich entdecke mich nach und nach«: das heißt nur, ich entdecke nach und nach, was und wie ich *nicht* bin

Diese putzmuntere Polizistin, die beim Verkehrs-Regeln dem Säugling Kußhände zuwirft (mit ihren weißen Handschuhen) – und dabei erschiene es mir ganz selbstverständlich, sie im nächsten Moment mausetot zu sehen

Vorstellung, wahrscheinlich doch zu versagen in meiner besessenen täglichen Suche nach dem gemeinsamen Nenner des (unseres) verborgenen Lebens – aber daß irgend jemand irgendwo es schaffen müßte, schlagend: der Abendhimmel, und die Busse, die um den Platz kreisen, sind schon fast leer; es ist die Zeit, da viele Taxis hintereinander warten, die Kinder schlafen sollen, aber noch nicht können, viele Lastzüge die Stadtausfahrten verlassen, die Köche in den Restaurants schon am Nachhausegehen sind, die rundgestutzten Laubbäume, von den Laternen beleuchtet, götzenhaft erscheinen und alle Leute in einer Art Zwischenmüdigkeit schwerhörig werden und bitten, daß man lauter zu ihnen rede . . .

Ich war heute sogar fähig, zu der mich auffordernden Nutte freundlich »Danke!« zu sagen

Die längste Zeit des Tages war ich einer unter andern, aber nicht im guten Sinn: ich ließ alles mit offenen Sinnen, aber schmerzlos geschehen – ohne *als Zeuge in Frage zu kommen*

»Wir haben eine gemeinsame Vergangenheit!« – »Na und? Das ist kein Grund zur Vertraulichkeit.«

5. Mai

Zu spät aufgewacht; dann schnell aufgesprungen und nur noch funktioniert: Was war nun in dieser Nacht los? Nichts; ich weiß jedenfalls nichts mehr; so fängt der Tag mit Stumpfsinn an

Ich warf ein Papier in das im Rinnstein, wie es schien, sehr schnell fließende Wasser und ging mit dem Schnitzel mit: das Wasser floß in der Tat sehr rasch, während ich doch gemächlich daneben herging

Aus der Heranwachsenden-Zeit mitgeschleppte Schreibwörter, gegen die ich jetzt empfindlich werde: »schattenhaft«, »Wind«, »Wald«, »sie lächelte« . . .

Nicht gleich am frühen Morgen in so große Nasenlöcher schauen müssen!

Wie es einem als Kind »immer woanders besser schmeckte«, so schmeckt mir jetzt immer die Zahnpasta andrer besser

Ich lese gutgelaunte Gedichte eines Amerikaners und bin nachher ziemlich allein mit meiner schlechten Laune

Nur nicht wieder ein *Familienleben* anfangen!

Kastanienblüten in einer dickschwarzen Öllache

Ich traf eine Frau, die sagte, sie habe mich vor zehn Jahren, sehr dünn, mit einer Samthose, gesehen. Es war eine Frau, die schon überall gewesen war und überall mit den Einheimischen verkehrt hatte, um deren Lebensweise kennenzulernen, und sie hatte auch schon alles getan, was man, nach dem herrschenden Zeitgeist, getan haben mußte (auch »Bücher« geschrieben, womit sie Scripts für Filme meinte, d. h. Exposés). Jetzt war sie hier in der Weltstadt, »um Kontakte aufzunehmen«, »für einen Jungen, den ich schon lange kenne«. Sie lebt auf dem Land, mit einem »Physiker« und einem »Soziologen« zusammen; sie haben eine Henne, die manchmal ein Ei legt. Ich hatte plötzlich das Bedürfnis, einen Schnaps zu trinken, worauf sie »Salat« einkaufen gehen wollte und eine »Avocado«. Sie hatte den Beteuerungsfimmel, immer zu sagen, was sie alles getan hätte, täte und tun wollte; und als ich sie fragte, ob sie nicht vielleicht manchmal »faul« sei, herumlungere, war sie ernsthaft entrüstet, worauf ich ihr sagte, daß es doch schade sei, wie viele, oft auch durch Not, untätige Leute, sogleich und unablässig ihre tausend und abertausend Beschäftigungen vorbrächten, und erzählte ihr die Geschichte von R. Mitchum und seinem Schwimmbecken und daß ich es auch vorzöge, wie er, auf alle Fragen, was ich gerade täte, zu antworten: »Nichts. Ich liege wie immer neben meinem Swimmingpool.« Ich ging schnell von der Frau weg und sagte, daß wir uns in weiteren zehn Jahren vielleicht wiedersehen würden. Nachher tat es mir unbestimmt leid, aber ich weiß bis jetzt nicht, auf welche Weise man solche »Scène-Leute« zu sich und zu einem andern kommen lassen kann. Ihre Stimme hatte dieses ruhige, extraweiche, laue, gefühllose, aber gefühlbehauptende Schwingen all der flauen Kulturteilnehmer, die nun *spontan* + *sensibel* geworden sind, nachdem sie vorher *politisch* gewesen waren, und es ist diesen Nicht-Personen einfach nicht beizukommen als durch einen Schlag ins Gesicht

Eine wartende Frau wiegte sich *unmutig* in den Hüften

A. aß das Essen, das ihr nicht schmeckte, schnell auf, aus Wut

Beim Betrachten einer sich vor mir hin und her bewegenden Touristengruppe fielen mir vor Müdigkeit die Augen zu

Auf einmal freute ich mich, in dem Feierabendgedränge der Métro zusammengepreßt mit andern zu stehen

Wenn ich auf der Straße jemanden zu erkennen glaube: ein Schreckmoment

Er sagte: »Auch für die schönste, die Traumfrau, kommt einmal der Moment, wo sie auf offener Straße warten muß, bis der Hund an ihrer Leine zu Ende geschissen hat«

Altersloses Gesicht mit alten Zähnen

Sehnsucht nach einer Welle von Liebe, die in einem emporsteigen sollte

Sie hat ein *Erlebnis* gehabt und sitzt jetzt so weihevoll da, daß man ganz unlustig wird, sie nach dem Erlebnis zu fragen

6. Mai

Als A. die Kleider anprobiert wurden, setzte ich mich abseits hin, stand dann aber sofort wieder auf, weil ich mir wie beim Schneider vorkam

Eine Briefmarke liegt auf einem Taschenspiegel

Bevor L. wegfährt, muß es mir wenigstens einmal gelingen, einen freundlichen Blick auf sie zu werfen

Erlebnis der Sonne, der Hitze und meiner Stärke dabei; gegen die Hitze mich bewegen wie gegen einen heftigen Wind: ich bin stärker

Zwei Frauen standen beieinander; eine mit einem Fragebogen in der Ellenbogenbeuge, mit *oui* oder *non* zum Durchstreichen, und ich hörte im Vorbeigehen von ihr das Wort »Krebs« (cancer) und sah dann, wie beide Frauen einen Schritt voneinander wegtraten und lachten

Die Hitze wirklich als »Wucht«, und ich spürte tatsächlich, wie ich nichts mehr »zu Ende denken« konnte (als blieben in der Hitze von der Sprache nur die Floskeln übrig)

Der Park und die Kastanienbäume: neben jedem Baum sitzt ein Mensch, still, als ob er zu dem Baum gehöre

Reklamebilder, die die Wirklichkeit, der sie gestohlen sind (die Wiesen, die Wälder, das Meer), immer unansehnlicher machen

Gerührt ging ich aus dem Kino, und schon störte mich der weiche Hintern der Frau, die vor mir ging

7. Mai

Als ich vom Halbschlaf zurück in den Traum sank, verloren die Bilder ihre schöne Erdenschwere und wurden flink und »ohne mich«

Eine gebückte alte Frau kam mir entgegen, die mit ihren Einkäufen ging, und ich hielt sie auf den ersten Blick für die alte Lehrerin (es war auch ihr Stadtbezirk). Sie war es nicht, aber dann fiel mir ein: »Es hätte sie sein können«; und dann: »Es könnte sie sein« – und daß es so möglich wäre, ihre Geschichte zu erzählen, ohne sie persönlich näher zu kennen: Möglichkeit, so über *andere* zu schreiben; Legitimation der Fiktion

Ein Mann, dessen schwarze Hose hinten bis über die Kniekehlen hinauf helle Flecken hatte, von der Zunge des Hundes, der neben ihm herlief

Mit Kindern in der Sonne vor einem Eiswagen gestanden: heftige Erinnerung, nicht nur an das Eis der Kinderzeit, sondern auch an die Lust auf das Eis damals: strahlender Moment

»Du kommst nur noch zum Verrichten der Notdurft nach Hause!«

Als ob bei vielen in der Hitze beim Gehen die Wangen zu zittern anfingen

Frauenansprech-Formel: »Sie haben ein schweres Leben, nicht wahr?«

Ich lese die Schlagzeilen vom Erdbeben in Europa und höre das Räuspern einer Frau neben mir als ein Schluchzen

Die vom In-der-Sonne-Liegen brennend heißen Wechselmünzen am Zeitungsstand

Das furchtbare Vergessen, das ich mit dem unablässigen Aufschreiben betreibe

In der Feierabendmétro die Haltestange von unten bis oben voll von verschiedenen Händen, und meine Hand ganz oben

Das Subversivste: ein mit Geduld *und* Verachtung hingenommenes Leiden (das einzige, was ich, neben dem Amoklauf, als politische Haltung nachfühlen kann)

Fremde bei mir: als ob überall Gerüste herumstünden, die die Bewegungsfreiheit behinderten

Nichts von mir berührt mehr einander:
die Zehe nicht die Zehe
das Bein nicht das Bein
der Arm nicht den Kopf
der Finger nicht den Finger
die Lippe nicht die Lippe –
nur das Lid das Auge
(Friede)

8. Mai

Ich sagte im Traum: »Sie will etwas erleben, und sei es auch nur in einer Falte ihres Plisséerocks«

Auf einmal, bei allem Schmerz, spürte ich eine selbstgewisse Todes*verachtung*

Im Meer badend, sah ich, wie ein landendes Flugzeug die Wellen berührte, schlingerte, sich senkrecht stellte und dann ins Wasser fiel. Ich sah den Flugzeugrumpf im Meer, wie er

141

unterging; an den Fenstern unbewegliche Gesichter. Es war mir peinlich! (Als Kind der Wunsch, daß ein Flugzeug über unsrer Gegend abstürzt, damit diese interessant würde.) Und heute werde ich nach Los Angeles fliegen

Ein schreiendes Kind wurde vom Fenster weggezogen, tief in die Wohnung hinein, bis man es nicht mehr hörte

Eine Frau, die brüllend hustet, und dazwischen behutsam leise zu einem Kind redet

D., wie er gestern allein ins Haus ging: gekrümmt, gebeugt, die Hände im Nacken verflochten: ich nahm ihn wahr

Eine Ansichtskarte von den Bahamas mit dem Text: »Ich glaube, hier würde es Dir gefallen.« Was soll das heißen? Frechheit!

Weiche Sachen in den Koffer steckend, hatte ich die fixe Idee, diese würden bei einem Absturz den Aufprall mildern

Die Vögel rufen, indem sie ihr Junges suchen, mit Stimmen, als ob sie Menschen nachahmten, die Vogelrufe nachahmten: Angst um das Junge macht die Stimme der Tiere menschenähnlich; die winzige Antwortstimme des ins Gebüsch geklatschten Jungen, wie der Ton einer mit Wasser gefüllten Trillerpfeife

Ein Stoß mit dem Ball im hohen Gras, das dabei auf einmal stark riecht

Von einem *zusammenarbeitenden Paar* gelesen, noch dazu auf amerikanisch: ideale Welt als Sehnsucht erlebt (ich will betrogen werden)

»Endlich trat sie herein, glänzend von Liebenswürdigkeit«

20. Mai

Ab jetzt alles, was ich tue, rechtfertigen mit dem Satz: »Was wollen Sie, es ist Krieg!«

Eines Kindes Zunge, die sich im Mund vor Vergnügen querstellt

Der erste Tag wieder in Europa: ich habe für alles richtige, einfache Handgriffe

Wie routiniert manche (französische?) Frauen in allen Lebenslagen erscheinen: wenn sie etwa in der Nacht die Fensterläden schließen, wobei nur die Spitzen ihrer Hände erscheinen: das Wort »bürgerlich« in der Tat eine Bezeichnung fürs Ekelhafte

21. Mai

Die Wohnungsvermieterin: Jeden Tag, an dem sie nicht Geld verdient mit der Wohnung, »verliert« sie Geld. (Und ihre junge Tochter ist schon genauso wahnsinnig und vernünftig)

Ein Film, finster von Kostümen

»Wirklichkeit« – mit einer solchen Bezeichnung wird geehrt, was am Leben hindert

Langweilig, Kirschen zu essen, die man nicht selber, auf einen Baum geklettert, gepflückt hat

In meiner gewohnten Umgebung, in meinem Alltag fällt mir mehr auf als in jeder Fremde

Vom laufenden Fernseher weggehen, nach Stunden zurückkommen und es selbstverständlich finden, daß noch immer dasselbe gezeigt wird

Das Zittern um den Mund der Frau: es ist ihr Selbstgespräch

»Ich weiß nichts über ihn zu sagen, weil ich zu viel weiß von

143

der Sprache« (er aber redet viel über mich, und man glaubt ihm)

22. Mai

Beim Anblick eines Kindes die schmerzhaften Distanzen untereinander wiedererleben, die man früher, selber ein Kind, beim Anblick eines einige Schritte entfernten, geliebten Erwachsenen erlebte

Ich lachte über den Seufzer, den ich gerade unwillkürlich ausgestoßen hatte

Schreie *singen,* vor Ekel

A. und ich sind jetzt mühelos freundlich zueinander: wir haben gemeinsam eine lange, mühselige Reise gemacht

Ich sah, nachdem ich das Ticket in den Automaten gesteckt hatte, hinter der Sperre die Schrift aufleuchten: »Reprenez votre billet«, und dachte: Frechheit, mich anzusprechen!

Lust, in ein offenes Kanalloch zu fallen, aus Bösartigkeit gegen alle Welt

Wieder einmal löste sich im Gehen das Abgelebte allmählich auf ins Erlebnis (»Ich ging aus mir heraus«)

So unnahbar, so streng werden, daß keine andere Vorstellung von mir mehr möglich ist

Was blickt die schöne Frau auf der Straße so gebannt? Hat sie wieder irgendwo ein hübsches kleines »Objekt« entdeckt, in oder außerhalb einer Auslage?

Die einen auf Schritt und Tritt verfolgenden Schlagzeilen! Als die kleine Frau vor mir über die Straße trippelt, richtet sich meine Wut auf sie als die Verantwortliche für Erstickungssprüche wie: »Die bevorstehende Scheidung von . . .«, »Das späte Glück von . . .«

St. Germain-des-Près: Beim Anblick der exzentrisch Ausse-
henden die Lust, noch das letzte Auffällige an einem selber
sofort loszuwerden, um völlig anonym zu erscheinen

Rezensionsstandards über Reprisen: » . . . ist aktuell geblieben.« (Dabei ist Aktualität in der Regel nur das aktuell geblie-
bene, andauernde Klischee; eine Art Vorauseinigung allezeit
über »das Aktuelle«)

In der Métro gerüttelt unter andern: Nehmt mich auf!

Im leeren, dunklen Wohnungsflur plötzlich die Erscheinung eines Gestorbenen, wie ein Lächeln, und ich lächelte
zurück

Ohne Musik auskommen

Die Augen hatten so entbehrt, daß sie die ersten Tränen
sofort verschluckten

Eine Frau, die vor jeder (für sie) besonderen Tätigkeit, um
sich und die andern darauf vorzubereiten, alle ihre Ringe von
den Fingern zieht und sie auf den Tisch legt

Ein Tag voll unerklärlicher Erinnerungen, wie Erschütterun-
gen im Tagesablauf, zu dem sie aber gehören

Die tägliche Version der »Marquise von O.«: Jemand
schwängert, ohne Bewußtsein, eine bewußte Frau

23. Mai

Die dummen Sätze, die sie am Vorabend gesprochen hatte,
quälten mich am nächsten Morgen, als hätte ich selber sie
gesagt (»ein ganz sanfter, blonder Junge«, »Mit jemandem im
Bett liegen, ohne daß etwas ist, ach, kann das schön sein!«)

Ein Tag, an dem es einem gelänge, ohne Anstrengung mit Kindern umzugehen

Frage an einen Aktmaler, ob er denn die Leute nicht angezogen zeichnen könne (aber das hat er nie gelernt)

Leichte Unruhe, als die fremde Frau vor der Tür stand und sich als »nicht unschön« erwies – Erleichterung, als sie ihre Dummheit zeigte: sie konnte einem also nichts anhaben

D., die von Männern mit den angespannten Bauchmuskeln erzählte: Männer, die sich nicht preisgeben wollen

Das Kind weinte aus Leibeskräften und horchte zugleich aufmerksam, ob wohl alle angemessen darauf reagierten; als ich lachte, hörte es sofort zu weinen auf und brüllte vor Wut

Die kleine N. hat im Reden immer den Ton der Ausgeschimpften, ständig Zurechtgewiesenen, dennoch beharrlich auf alles Versessenen. Als sie am Telefon hörte, daß ihr Vater krank sei, heulte sie auf; die Mutter bat mich, das Kind zu umarmen, es liebe seinen Vater so. Als ich sie also gleich trösten ging, ließ sie schon ganz versunken Seifenblasen fliegen. (Ich betrachtete dieses fremde Kind ohne Zuneigung – und das fiel mir auf; als sei es fast undenkbar, einem Kind gegenübersitzend, es ohne Zuneigung zu betrachten)

Ein Tag, an dem ich, wie sonst nie, beim Werfen immer das Ziel verfehle

Meine Abneigung gegen »glockenhelle« Stimmen (Joan Baëz)

Ich freute mich darauf, einfach ihr Gesicht anzuschauen

»Ich hasse ihn nicht – ich verachte *den* nur«

Als sei bei den Kindern noch nicht dieser Unterschied da zwischen Wissen und Existenz: was sie wissen, davon leben sie auch noch, bestreiten ihre Existenz davon, ihre Spiele – während mir jetzt mein kleines Wissen nie weiterhilft im täglichen Existieren (dem Goethe damals aber wohl: sein Schwindel)

Ein Kind, sich von seinem Freund verabschiedend, schloß, während es den Kopf ein bißchen neigte, in einer unerhört stillen Zuneigung einen Moment lang die Augen

Ich sagte: »Statt mittagessen zu gehen, könnten wir uns doch ein paar Sachen mitnehmen und sie im Freien essen.« Sie sagte: »Du meinst ein Picknick.« Ich: »Sag nicht das Wort.« Sie sagte: »Komisch – du magst die Sache, aber nicht das Wort.« Ich: »Wenn du das Wort sagst, mag ich auch die Sache nicht mehr.« (Ähnlich mit Wörtern wie »wandern«, »Fleisch« . . .)

Den ganzen Tag mit jemand Häßlichem zusammen: das Erlebnis der Häßlichkeit als einer Bosheit

Bei der Beschreibung eines heroischen Fußballspiels den Tränen nahe

In meinem Kopf fing es zu singen an vor Zuversicht, und im kühlen Baumschatten mit dem Aufrieseln der Blätter wurde es langsam wärmer (die rieselnden Blätter bewirkten gerade noch Schauer auf den Armen)

Als seien manche Leute schön wie Dinge: Haaransatz, Nacken, Nase – alles ist »richtig«; und dabei die Gewißheit, daß menschliche Schönheit was andres ist: diese Leute können, weil sie schon schön sind, nie schön werden; sie werden nur sehr schnell häßlich, entstellen sich sehr leicht, und ihre Schönheit ist immer in Gefahr, in äußerster Lächerlichkeit zu erstarren (»Die wirklich schönen Frauen bemerken *mich!*«)

Ein Pudel, der manchmal im Leeren bellte, wie schlecht synchronisiert

Meine tägliche Pfuscharbeit, in der Wohnung, beim Einkaufen, und jetzt beim Haarschneiden

Vergnügen, beim Umblättern eines Buches an dem leichten

147

Aneinanderhaften der Seiten zu bemerken, daß man der erste Leser ist

Bei dem allgemeinen Gesang im Restaurant: wieder die Vorstellung, wie geschützt doch die meisten sich in so was wiegen können, bis ans Ende, und daß, wenn einmal jemand herausfällt, es nur Zufall ist, wen es im Gedrängel gerade trifft

Manchmal die Vorstellung, was ich denn überhaupt noch weiß über die Aufzeichnungen hinaus, die ich hier mache; ich möchte mehr wissen und bei mir behalten, als was ich aufschreibe

24. Mai

Unaufmerksam vor lauter Praktisch-sein-müssen; phantasielos vor Unaufmerksamkeit

Er kannte sie, sah ihr in die Augen, war aber nicht fähig, ihr zu zeigen, daß er sie sah

Als ob man in dem Moment, da man ins Warenhaus tritt, in dem Neonlicht von selber ein idiotisches Gesicht annimmt

Die Frau ging mit ihrem Kind so elegant in der Menge, als führe sie ihren Hund aus; und dann merkte ich, daß es wirklich ein Hund war

Ich bat A., beim Weinen wenigstens nicht so ein abstoßendes Gesicht zu ziehen (was sie natürlich nicht konnte)

Am Abend das Gefühl, tagsüber nichts geleistet zu haben, bevor ich nicht über jemand anderen nachgedacht habe. (Und jetzt denk auch nach!)

Der Mann, wohlfrisiert, der sich beim Anblick von mir Zerzaustem unwillkürlich über den Kopf strich

In dem Bewußtsein, bereit zu sein zum Angriff, zum soforti-

148

gen Zurückschlagen, fühlte ich mich »männlich«, erwachsen

Sie seufzte, als ich sie dort berührte, wo sie sich liebte

25. Mai

Die Müdigkeit ließ immer wieder für Augenblicke die Gedanken und Bilder erstarren; Sekunden Schlaf bei offenen Augen, wonach es mit einem Gedanken- oder Bildsprung weiterging; die Müdigkeit zog von innen an mir, ich erlebte sie materiell, und an der Körperstelle, wo sie jeweils auftrat, wurde sie zum Schmerz

Auffällig, wie freundlich ich am Telefon war, wo ich mit einem Freund sprach, während gleichzeitig ein Fremder im Haus war, mit dem ich nicht reden konnte

Jedesmal, wenn wir uns treffen, mag auch nur kurze Zeit vergangen sein, fragen wir einander, wie alt wir inzwischen sind

Eine ältere und eine junge Frau gingen nebeneinander; die junge ergriff plötzlich im Gehen die Hand der älteren und führte sie an den Mund, als brauche sie jetzt diese Hand als Trost. Dann ließ sie sie los, und die ältere führte die eigene Hand an den Mund – und da erst merkte ich, daß beide nur ein Parfum riechen wollten, das auf dem Handrücken der älteren Frau sein mußte (mein Idealisierungswille)

Spiegel in einer Kirche, wo man sich plötzlich sieht als bösen Heiligen

Jemand, der, wenn er liegt, nicht mehr schön ist

Er grinste, während man ihn bestürmte, wie jemand, der nicht zu rühren sein wird

»Erzähl mir eine Geschichte von mir; vielleicht stimmt sie nicht – aber erzähl mir von mir!« (»Ich brauche eine Version von mir!«)

Das tägliche, ewige, ärgerliche Vergessen, schon einen Moment nach dem Wahrnehmen

Ich sagte einen dummen Satz und dachte danach, jetzt hätte ich es verdient, tags darauf mit dem Flugzeug abzustürzen

Verzweiflung: der Zwang, in einem solchen Zustand etwas »geschehen zu lassen«: »Es muß etwas geschehen!«; die Unmöglichkeit, sich starr auszuhalten (wenigstens etwas oder sich selber *fallen* lassen)

Frau F. spricht manchmal vor ihrem Mann wie ein Schüler, der vor dem Lehrer einen Merkstoff hersagt, auch wenn sie dabei zu einem Dritten redet: sie spricht nicht von Anfang an schülerhaft, sondern beginnt erst, wenn sie sich verhaspelt hat, mit Blick auf ihren Mann, einen Text aufzusagen, einen fremden, den ihr Mann sie gleichsam abfragt

26. Mai

Jemand meinte: »An Hypothesen stirbt man nicht« – und wollte damit sagen, daß wir wieder Überzeugungen brauchen (für die sich zu sterben lohnt)

Überlebenslust im Wasser

Endlich einmal zwei Linienbusfahrer, die aneinander vorbeifahren, ohne zu grüßen

Hier (in Südfrankreich) zum ersten Mal seit langem wieder in dem Gesicht eines jungen Mädchens alle Lebensalter zusammengesehen: Schönheitserlebnis

Der Kartenkontrolleur, der den Jungen aus dem Bus verscheucht: Vorstellung, daß auch so jemand wie er einmal eine schmeichelnde Todesanzeige bekommen wird

Etwas zum Hassen: religiöse Buchhandlungen (»La Librairie de l'Église«)

Der Mund von Frauen, die sofort zurückreden, wenn man sie anspricht (aber diese hier fühlte sich dann von einem Pfiff weit weg doch nicht gemeint; sie drehte sich nicht sogleich um, wie erwartet, und ich merkte, daß ich ihr Unrecht getan hatte); und wenn sie längere Zeit nicht angeredet werden, zucken sie verächtlich mit den Mundwinkeln über die Langweiler ringsum (Nachgefühl, als seien sie berechtigt dazu)

Auch bei Kunstgegenständen, von denen man meinte, es sei gerade ihre Qualität, daß sie einen vom hysterischen Parteinehmenmüssen befreien, stellt sich dann bald heraus, daß sogar sie schon ihre hysterischen Parteigänger gekriegt haben (»Im Lauf der Zeit«)

27. Mai

Ich bemerkte, wie ich, vor allem im Gespräch mit Fremden, oft schnell von einem Gegenstand zum nächsten springen will, während andre doch viel beharrlicher bei einer Sache bleiben

Manchmal passiert mir immer noch jenes Lachen in fremder Gesellschaft, bei dem die Wangen ein gefühlloses Niemandsland werden

Ein Fernsehjournalist: »Wir möchten von Ihnen eine Stellungnahme zu dieser Diskussion.« – »Ich habe aber weder den Film gesehen noch das Buch gelesen.« – »Das macht nichts. Wir brauchen nur ein paar Sätze.«

Einer sprach unaufhörlich auf mich ein, mit höchster Intensität und Traurigkeit, blieb aber, auch auf Aufforderung, immer so leise, daß ich kein Wort verstand

Daß sogar Kinder schon so still und stumpf auf dem Bauch im Sand in der Sonne liegen können!

Das Kind, sonst bewegungslos dasitzend, wird noch von Schauern durchlaufen vom Weinen gerade

Entweder die schwabbelnden Körper oder diese harten, trainierten, an dem die Besitzer selber dauernd herunterschauen – etwas anderes, bitte!

Jede Art Körperform erscheint mir lächerlich; im Unbestimmbaren aufgehen

Doderer: Er verfügt über so viele Wörter für die Erfahrungen, daß davon manchmal die Erfahrungen zugedeckt werden (»geometrischer Ort zusammenfallender innerer und äußerer Topographien«); Grundgefahr beim Schreiben: das Literatenhafte

Und doch: Doderer lesen und denken: Ach, diese ideale Welt! (Ein Seufzer der Sehnsucht)

Wenn man mich, beim Reden, vom »Als ob« abschnitte: traurige, erstickende Mitteilungsunfähigkeit (und doch der Versuch, beim Schreiben, fast ohne das »Als ob« auszukommen; – *außer hier*)

Im Wasser schwimmend, gelingt es dem fremden Mann und mir, einander einfach anzulächeln, für nichts und wieder nichts

Die scheckige Taube, die plötzlich da im Sand vor dem Meer steht wie der Überrest eines Schiffbruchs

Als bekäme man in der Verzweiflung wenigstens eine Form, die man im bloßen Mißmut nicht hat – das ist dessen Entbehrung

28. Mai

Als sich im bösen Schlaf die Wörter wie auf Zehntelsekundenzeigern oder auf umspringenden Flugzeuganzeigetafeln immerfort umbildeten und die Dinge sich ebenso rasend veränderten, bis schließlich kein Wort und kein Ding mehr wahrnehmbar war, nur die unaufhörliche Verwandlung aller Wörter und Dinge, hatte ich Angst, jetzt stünde der Tod bevor, bei dem aus allen möglichen Wörtern ein einziges Kauderwelsch und aus allen Dingen ein einziges Unding würde (keine Klarheit, wie man sonst behauptet, im Moment des Todes, sondern das übelkeiterregende Durcheinander des Wahnsinns)

Meine Träume: die Gegenstände sind deutlicher und ungenauer: deutlicher in ihrer Ungenauigkeit

»Man kann *nicht* mit jedem Problem zu mir kommen«

Jemand, der sich nur deswegen in Gesellschaft begibt, um das Alleinsein zu lernen (»Ich lasse mir keine Demütigung bieten – schließlich habe ich lange genug allein gelebt!«)

Mit sich allein, wurde er großäugig: im Denken, Fühlen, Bei-Sich-Sein

29. Mai

Er zog sich an, damit ihn eine furchtbare Nachricht wenigstens angezogen erreichte

Sie sprach in einem Ton, als würde man, was sie sagte, ohnedies nur als Konversation auffassen; erst allmählich, als sie merkte, daß ich ihr neugierig zuhörte, begann sie ihre Stimme zu ändern

Samstagnachmittag, und drei Leute sitzen im beginnenden warmen Regen, wo das Pflaster schon ein bißchen dunkler naß, der Sand unter den Bäumen aber noch hell und trocken ist, auf einer Bank unter einer Platane, zwei ältere Männer, dazwischen eine jüngere Frau, und sie sitzen da, ein Tuch in Erwartung des stärkeren Regens unter sich auf die Bank gebreitet, und essen gemeinsam aus einer braunen Tüte Schokoladekekse

Er sagte, von einer Frau erzählend, mit der er geschäftlich zu tun hatte: »Ich muß natürlich vorsichtig sein, weil sie mich liebt«

Er ist so leicht erschöpft, weil er für jede Handlung die gleich große Energie anwendet, und wenn die Handlung das nicht erfordert, tritt sofort die Erschöpfung ein (sein dauernder Schweiß)

Harmlosigkeit eines Schriftstellers: Ausdruck einer (verheimlichten) Schuld

In der Angst, es könnte das Äußerste geschehen sein, die trostlose Gewißheit, nicht einmal mehr Selbstmord begehen zu können; Anblick der abendlichen Wolken, der grünen Viehweiden, und man selber darin versteinert; die Leuchtreklamen flimmerten schon im Vorabend, und wieder, wie damals, als ich durch die besiedelte Landschaft mit Rauch aus den Kaminen auf das Haus mit dem Leichnam der Mutter zufuhr, hatte ich das Gefühl der Belanglosigkeit meines Schicksals, ohne daß mir das freilich ein Trost war

30. Mai

Jemand, der im Lauf des Tages oft stehenbleibt und um sich schaut, als ob ihm während seines üblichen Tageslaufs ein ganz andrer Tageslauf entgehe

Der Himmel im Flugzeug über den letzten Wolkensträhnen und auch die ganz stillstehenden Wolkenlinien erscheinen in einer wie für immer »entwehten« Ruhe

Die Bangnis: kein Durchatmen ist mehr möglich; das flache Nachtatmen setzt ein, am hellen Tag

Meine oft gigantische Redeunlust, auch wenn es sich um eine einfachmögliche Mitteilung handelt, zu der gerade die beste Gelegenheit ist

Was manche als Komik bezeichnen: doch nur Sich-Gehenlassen, während man ernst bleiben sollte

Leute, die nur wahrnehmen können, wenn sie in Gesellschaft

154

sind (einer macht den andern dann unablässig auf etwas aufmerksam)

Jemand muß mir denken helfen! (Heute)

Eine Gefahr bei mir: daß ich sehr lange brauche, um kleine
Abneigungen, auch vor mir selber, zu äußern; aber wenn ich
sie dann äußere, ersetzen sie gleich die ganze Person, die mir
dann für immer entrückt wird

Als sei Einsamkeit überhaupt nicht mehr darstellbar – es
sei denn, ganz klein im Bild an einer äußersten unteren
Ecke

Der Großvater fiel mir ein, wie er einmal eine Schlange mit
dem gespaltenen Stecken aufspießte und den Stecken mit der
Schlange in die Erde bohrte: Wie die Erde sein Element war,
und wie nichts mein Element ist, von Anfang an (und manchmal doch alles)

Es wurde so plötzlich dunkel – als ob die Welt beleidigt
sei

»Haben Sie sich überwinden müssen, das zu tun?« – »Nein.
Ich hatte es ja beschlossen.«

Noch nicht ganz Nacht: der Himmel hat noch seine schöne
Ungleichmäßigkeit

Die Pausenzeichen des Fernsehens aus den Häusern: wie
kann es da gleichzeitig Tote geben?

Die Leute kommen vor ihren Haustüren an nach langer
Feiertagsfahrt; sie stehen da und kratzen sich die Köpfe nach
dem mühseligen Unterwegssein, und die Plastiksäcke rascheln
ziemlich leer in der milden Abendluft, während die Kinder
noch laute Stimmen haben. Überall stehen die Kofferräume
offen, schlagen die Autotüren

31. Mai

Alle Weingläser sind während der Mietzeit zerbrochen – jetzt ist es wirklich Zeit zum Umziehen

Mit jemandem nicht gern in der Wohnung, fing ich an, um ihn herum Ordnung zu machen

Die Hochhäuser und der Kinderspielplatz: man kann darüber nichts mehr denken, auch nichts »Kritisches«

Beim Vorbeigehen an einem düsteren Café wieder hinter der Theke einen Moment lang meinen Doppelgänger gesehen: es ist ein Erschrecken, zu fein, als daß man stutzen würde; ein Stutzen, zu unwirklich, daß es äußerlich würde – man geht weiter

Sie plappert nicht vor sich hin, sie seiert. Plappernd hätte sie wenigstens manchmal den Zauber einer Selbstvergessenen – so aber wirkt ihr Gerede wie das, was wir von im Selbstgespräch Murmelnden im Vorbeigehen auf der Straße aufschnappen: Es ist manchmal sogar an uns, gegen uns gerichtet, aber ob wir es hören, zählt gar nicht. Es ergibt sich bei ihr nie ein schönes Schweigen: Wenn sie nichts sagt, bedeutet das, daß sie griesgrämig ist oder beleidigt, vergrault; und wenn's vorbei ist, geht wieder das kleinliche, seelenlose Geseire los, klatschspaltenhaft, leuteausrichtend, tonlos wie Wasser ohne Druck (wobei mir gerade einfiel, daß heute wirklich einmal Druck in der Wasserleitung war, vielleicht weil wegen der Feiertage so wenig Leute in der Stadt geblieben sind)

Dieser Nachmittag hier an dem Bahndamm mit dem hohen, glänzenden Gras, und das Licht, das durch das Caféterrassendach schimmert – plötzlich habe ich aufgeschaut und bin endlich wieder die Welt geworden

»Bereitschaft des Sich-Offen-Haltens für die Ankunft oder das Ausbleiben des Gottes. Auch die Erfahrung dieses Ausbleibens ist nicht nichts, sondern eine Befreiung des Menschen von der Verfallenheit an das Seiende.« (Heidegger)

Manchmal die Vorstellung, daß die vielpropagierte Kenntnis der Geschichte nichts als falsche Erwartungen erzeugt

Doderer: Es ist vielleicht ganz gut, wenn jemand beim Schreiben nicht mehr viel Sehnsucht spürt, sondern nur die Erinnerung daran als Energie für seine Figuren verwendet

Mein gegenwärtig immerwiederkehrender Alptraum: daß ich nichts für die Naturgeschichtestunde gelernt habe

Die panische Physiognomie eines Ich – dagegen die selbstabgesicherten der Nicht-Ichs

Die Alltäglichkeit aushalten (und z. B. keinen Gestaporegenmantel tragen wollen)

G.: »Vor dem Selbstmord hat mich das Weinen gerettet«

»Hoffentlich hast du nichts hier vergessen.« – »Wenn ich etwas vergessen habe, ist das ein Zeichen, daß ich wiederkommen möchte.« – »Es gibt keine Zeichen.«

G. setzt sich immer auf was drauf, das man dann unter ihm wegziehen muß

Die eckige Schulter eines schlafenden Kindes

Er las den Brief, der ihn vernichten sollte, und sagte, er wolle bald nach Amerika, für immer

G. springt oft so schnell von einem Gegenstand zum andern, daß man schwindlig wird, und in dieser Schwindligkeit auch unempfindlich für die Person G.

1. Juni

Der gestellte Ton, als ich A. am Morgen die Müdigkeit aussprechen wollte; bloße Teilnahmetechnik; und erst nach einem Ruck in der Stimme fing ich an, ernsthaft zu reden; aber auch danach immer wieder ruckhafte Tonveränderungen, weil ich bemerkte, daß ich ins Repertoirehafte zurückzufallen drohte

Sie arbeitet im Büro, das sie nichts angeht – aber sie hat da »ihre Telefonanrufe«

Als Antwort die Luft, mit der man eigentlich die Worte bilden wollte, durch die Nase ausstoßen

Ein Kind wurde nach seiner Augenfarbe gefragt, und es benannte diese genau. Woher es das wüßte? Es habe sich im Spiegel betrachtet, antwortete es. »Kokette!« sagte der Erwachsene

2. Juni

Übereinstimmung ihres Gangs und ihrer Sprechart: sie geht immer mit dem vorderen Teil ihrer Füße und spricht nur ganz vorn im Mund

Am Glaskasten mit dem Speiseeis vorbei: am Morgen waren noch nicht diese tiefen Gruben darin (sichtbares Zeitvergehen)

Ein französisches Abendessen: die Weinflaschen, obwohl fast schon leer, wurden zugestöpselt und weggetragen; Sohn und Tochter wohnten mit ganz gesenkten Augen, denen man nicht ansah, ob es Unlust, Müdigkeit oder Aufmerksamkeit war, dem Reden des Vaters bei; der Sohn sah mit den gesenkten Lidern tot aus

Eine tuschelnde Frau: Tuscheln als Existenzform (für alles, was der Fall ist, ein Tuscheln bereit haben); Vorstellung, daß so jemand, vertraulich murmelnd und Geheimnisse nuschelnd, auch einschläft, mit der Standardformel jeweils: »Weißt du schon, daß . . .«, »Hat man dir schon erzählt, daß . . .?«

Wir sagten uns so schnell so vieles, daß wir dann nur noch stumm dasaßen und Schluckgeräusche machten

3. Juni

Ich habe zu lange warten müssen mit der Verwirklichung meines Gefühls: jetzt ist daraus eine gefühllose Idee geworden

»Meine Freundin ist so schön, daß ihre Schönheit mich manchmal nur noch starren läßt«

Oft beziehe ich mein Gefühl der Freiheit aus der Unfreiheit eines andern

Ich schlug die Zeitung auf, und schon wieder fing die Zerstreutheit an

Der Mann neben mir, der auch schreibt, schaut plötzlich argwöhnisch auf, als könnte ich ihm seine Geschäftsnotizen abschreiben

4. Juni

Die Wiese in der Abendsonne: die Erscheinungen von den Wörtern abgegrast, nicht wahrnehmbar (ein einziger »weißer Fleck« vor den Augen)

Endlich, am Nachmittag, fiel ihm wieder ein, wer er war; es gelang ihm, diesen Moment lang, sich mit sich identisch zu fühlen, und er dachte endlich nicht mehr so schlecht von sich wie die ganze Zeit vorher

Warum immer noch die Sucht, in seiner Vorgeschichte eine Begründung, Erklärung, sogar Entschuldigung für all die Empfindlichkeiten, Ansprüche, Sehnsüchte zu finden – als bedürften diese einer Begründung oder Entschuldigung?

Wieder einmal trat ich in das im Lauf der Jahre so oft betretene Haus, mit dem alten, etwas schwülen Lavendelgeruch (Badekabinengeruch), und wie da die Vorstellung sofort stark wurde, eines Tages würde ich in denselben Geruch treten, und das Haus wäre inzwischen ein Totenhaus geworden

Die Stimme eines Kindes in einem sonst immer nur von Erwachsenen bewohnten Gebäude

5. Juni

In der Nacht immer wieder auf Leute gezielt; aufgewacht wie mit sich schälender Haut

Als Kind habe ich doch manchmal Hüpfschritte gemacht: so schlimm kann die Kindheit also nicht gewesen sein

»Ich bin nicht müde. Ich bin nicht müde.« – »Ich bin auch müde.«

Das Wort »Mutwille«, das manchmal auf mich zutrifft

6. Juni

Ohne Selbstbewußtsein in den Schuhen stehen, so daß die Füße kalt werden

Allein, und nicht allein: im eigenen Dunstkreis

Immer wieder das Bedürfnis, als Schriftsteller Mythen zu erfinden, zu finden, die mit den alten abendländischen Mythen gar nichts mehr zu tun haben: als bräuchte ich neue Mythen, unschuldige, aus meinem täglichen Leben gewonnene: mit denen ich mich neu anfangen kann

Er redete voll Trauer, und ich hörte ihm ohne Teilnahme zu: Wer war der Schuldige?

Jeder von uns, nach dem langen Tag miteinander, hatte plötzlich, und fast gleichzeitig, das Gefühl, nicht mit den richtigen zusammen zu sein (nur ich dann nciht mehr: als ich mir das klargemacht hatte)

Ein Rad dreht sich unter der stillen Erdoberfläche, und dieses sich drehende blanke Rad bricht plötzlich im Halbschlaf an einer Stelle durch die Erdkruste

7. Juni

»Nie kann ich allein sein – immer stört mich jemand andrer: meine Hand, mein Nasenrücken, mein Schweiß, meine kalten Füße . . .«

Sich mit Freunden treffen, um sich an ihrer Geduld ein Beispiel zu nehmen

Ich: jemand ohne Geschichte aus einer Familie ohne Geschichte (kein Stolz dieser Art ist möglich – gut so)

Ich war so müde, daß ich nicht mehr unterscheiden konnte, ob die Stimme im Radio sprach oder sang

8. Juni

Lieber gar keine Gedanken als dieses (häufige) bloße Deklamieren von Gedanken im Kopf

Die tristen Klaviere in den Wohnungen, wie Zeichen für eine Sackgasse

Lustigkeit: alle reden, ohne vom andern was zu erwarten; Heiterkeit wäre Eingehen, Offenheit füreinander – in der bloßen Lustigkeit erscheinen alle verschlossen

Wunsch: einmal, aus dem Fenster schauend, plötzlich »den Zusammenhang« begreifen, wie in einem Kriminalroman

Wohlige Empfindung, wenn mich mein Gefühl betrogen hat

9. Juni

Ich sah sie, schön wie sie war, und schaute mit meiner Sehnsucht woandershin

Sie wurde in der Dämmerung allmählich schön, d. h. unpersönlich

Das Lächerliche an der Sexualität: Techniken zu benutzen

Nach einem Dinosaurier-Film mit den Kindern auf der Straße gehend: bei einem Geräusch aus einem offenen Fenster glaubte A., die Stimme der Dinosaurier wiederzuhören – während tatsächlich nur aus einem Holztrog nasser Beton geschabt wurde (aber es war das Geräusch)

Fortschritt: mehreren gleichzeitig zuhören können, ohne daß das wie eine Leistung erscheint (jedes Dazwischenreden von Kindern selbstverständlich beantworten können)

10. Juni

Vor den ägyptischen Särgen ein bißchen das Grauen vor dem Totsein verloren: Trost, ein Ornament innerhalb andrer Ornamente zu sein – die Sarkophage sind auch so groß, daß man sich darin verlieren kann

Rette dich nicht ins Denken angesichts des Goldwagens Tutench-Amons, ins Denken z. B. über das Hämmern des Golds, über die Zeit seit dem Hämmern – das Betrachten ist schwieriger

Ich lache zu viel

All die Pflichten brauchen bei mir immer noch eine Anstrengung, ein Entschließen – statt daß ich sie verrichte wie andre

Sie sagte, auch die Frauen müßten ihre Vergangenheit vergessen, nach deren Regeln sie sich immer noch auf den Straßen bewegten

Vollkommenes Selbstbewußtsein: ich kann den Brennpunkt meiner Augen sofort verändern, auf jeden neuen, auch überraschenden Gegenstand

Eine Frau, die bei meinem Anblick das Gesicht verzieht, fragen, warum sie mich denn nicht anschauen könne – sie würde sogleich vor Vertrauen erstrahlen

Sie wurde plötzlich schüchtern, was die Einzelheiten in ihrem an sich schönen Gesicht deutlich machte: unschön

In der Nachbarwohnung läuft der Fernseher so leise, daß die Stimmen daraus auf einmal wirklich, körperlich klingen

Die Nacht wurde kühl, nur mit dem Duft der Strauchblüten kam noch, als Duft, eine letzte Tageswärme hergeweht

Die allgemeine Griesgrämigkeit, auf die ich in diesem Miethaus schließe, ohne daß ich etwas anderes kenne von den Leuten als die Geräusche, die sie machen, hauptsächlich beim Öffnen und Schließen der Fensterläden

11. Juni

Die Hand auf den Kopf des schlafenden Kindes legend, verlor ich das Gefühl der Verdorbenheit, der Verlorenheit, der Überflüssigkeit, der Überzähligkeit, wie es sich so oft im Moment des Aufwachens einstellt

Tage, durchschossen von unklaren Traumerinnerungen, die die Erscheinungen kurz überwischen (weder Traumerinnerungen noch Außenwelt werden faßbar)

Unterschiede zwischen den Klischees beim Schreiben und beim Filmen: beim Schreiben unterlaufen sie, beim Filmen muß man sie als Klischees erst mühsam herstellen – da sind sie also eine Arbeit (auch), und also achtbarer

Meine Verlegenheit vor jemandem, der wirklich an Gott

glaubt und von seinem Glauben durchdrungen ist

Der Schmerz, als er eintrat, war ganz selbstverständlich, und ich wunderte mich, daß er nicht schon viel früher eingetreten war, als das Naturgemäße

Ich, der ich von der Hitze draußen kam, und die Verkäuferin im Souterrain des Warenhauses: ihre kalte Hand, als sie das Wechselgeld in meine warme Hand gab

Schwerer Kopf in der lauen Nacht

Ich sitze so still im nächtlichen Garten wie ein Rabe; – und wie freundschaftlich plötzlich, wie lebendig, wie »treu« die Pflanzen neben mir im Dunkeln stehen; die Lampenschirme im fahlen Zimmer wie die Köpfe von Aasgeiern

12. Juni

Mein Behagen, in einer fremden Wohnung eine Zeitlang in einem Raum alleingelassen zu werden

Harmonie des Schlafs: »singendes Kind«; desillusionierendes Erwachen: das Kind schreit

Zufrieden über meine Unvollkommenheit

Was andre über mich sagen, dulde ich, ohne daß es mich betrifft

Er hat Glück: man sieht ihm seine Einsamkeit an

Der große Schauspieler: er macht entweder gar keine Bewegung oder eine große, vollständige; er blickt entweder überhaupt nicht oder ganz lange ... (keine vielen kleinen Bewegungen, sondern eine umfassende)

Verlegenheit, Uneigentlichkeit: mein Gesichtskreis ist unterbrochen

Jetzt hat er mir seine ganze Geschichte erzählt – was wird er denn nun bis zum Abend mit sich anfangen? (Halbschlafvorstellung)

13. Juni

Noch ist die Sonne nicht da, und die Bienen sind schon in den Blüten, die, von den Bewegungen der Bienen losgerissen, hell zu Boden schießen, in Schwärmen manchmal; dann lange gar keine

»In heitern Seelen gibts keinen Witz« (Novalis)

Melodie im Sprechen: wie Lebensvortäuschung; etwas vorweg in Anspruch nehmen, das einem erst mit der Zeit zusteht

»Alles Schöne ist ein selbsterleuchtetes, vollendetes Individuum« (N.) – (Daher erscheint das Schöne so ruhig)

Eine Zeitlang das, was einem auffällt, absichtlich vergessen

Herr F. sagt: »der Zaunmensch«, »der Dachmensch«, »der Ofenmensch« und meint damit die Hersteller von Zaun, Dach und Ofen

Sonntagabend: wenn irgendwo im Haus das Telefon läutet, wird es sofort abgehoben

Sonntagabendgeräusche: das Klirren von Besteck, in losen, bedächtigen Abständen; das Knarren des Fußbodens unter den langsamen Schritten von Leuten, die sich anschicken, ins Bett zu gehen; Teller, die sacht aufeinandergeschlichtet werden (das Wort »schlichten«); der wiederholte Ruf eines Kindes: »Bonsoir, maman!« (es will gehört werden, will eine Antwort, nur heute einmal); und dann, nachdem man schon alle am Einschlafen geglaubt hat, plötzlich eine ganz wache, wenn auch sehr ruhige Stimme . . .; eine Klosettspülung; ein Lichtschalterknacken; eine Tür, die, endlich einmal in der schönen Müdigkeit, achtsam geschlossen wird (Achtsamkeit des Müden gegen sich selber), statt blindlings wie tags- und wochenüber (eine Fledermaus tauchte gerade vorbei); jetzt nur noch Frauenstimmen; mein Weineinschüttgeräusch; Vorhänge, die mit *einer* Bewegung zugezogen werden – Einzelgeräusche noch, ganz kurz, in langen Abständen, wie das Zu-Boden-Fallen von Gegenständen; das Umsetzen meiner Füße im Kies; jemand sagt: »Auf morgen!«, und Hunde weit weg fangen zu bellen an (man hört endlich etwas weiter weg); ich, Privatdetektiv, der auf nichts Bestimmtes aufmerksam sein muß, sondern auf alles aufmerksam sein darf, auf das Starten der letzten Autos, Reden der Hausbewohner nur noch wie im Schlaf, und jetzt schläft wirklich das ganze Haus . . .

C. wird verrückt, weil sie nicht reich wird (Problem nur der französischen Frauen?)

. . . und man hört endlich im Strauch ein paar Blätter sich leise bewegen; dann wieder Stimmen von Leuten, die schon lange Zeit stumm waren und nun sozusagen aus dem Stand reden können; das Geräusch eines reißenden Klebebands; punktartige Geräusche in den Gartenmauerranken – und dann fangen plötzlich alle Wachgeräusche, Werktagsgeräusche wieder an, als sei die Geräuschharmonie vorher nur meine Erfindung gewesen – doch dieser Tagesanfang mitten in der Nacht war eine Täuschung, denn jetzt wird es wieder ganz ruhig, und auch das kurze Räuspern zuvor war wohl das eines im Bett allein Lesenden; nun sind alle Geräusche, auch die auf den Straßen, weit weg, Haushaltsgeräusche (zusammen mit dem Klingen des neben mir Schreibendem auf der Blechtischplatte zitternden Weinglases): wie rasch die Autos jetzt anspringen!; – und jetzt höre ich es ganz leise in den Mauerranken knacken, wie Käfer in den Blüten, oder wie die Blüten selber; das Blatt eines Buches, ein Stockwerk über mir, wird umgewendet; das Aufjaulen einer Katze; das Geräusch der sich verschiebenden Münzen in meiner Hosentasche; das leise Schnarchen des Kindes im offenen Zimmer; ein ganz feines Knacken der fallenden Blüten im Gebüsch, von denen eine meine Schläfe streifte; das Öffnen eines Fensters so jäh wie ein Steinwurf dagegen; eine Blüte fiel mir auf den Fuß, wie eine Eigenempfindung der Haut, so sanft war die Berührung, so freundlich – »es ist gar nicht mein Ziel, eins mit der Welt zu sein, aufzugehen, zu verschwinden in der Welt: kein Ziel haben!«; eine Blüte streifte mein Ohr, als hinge ein Ring daran; einen Moment lang kältere Luft wie eine neue Farbe; eine fieberhafte Stille, aus Brandnestern, die immer neu aufflackern können; das Blütenfallen in der jetzt ganz stillen Nacht in einem Geräusch wie manchmal die Augenlider, verklebt, sich öffnen – und erst nachdem die Blüten in Schwärmen gefallen sind, spüre ich den verursachenden Windhauch, in dem nichts mehr fällt; und die Haare nun auf der Stirn wie Spinnweben, die kitzeln

»Ich denke an dich, um mich von dir im guten zu trennen«

14. Juni

Gedanken, die einen sanft skalpieren

15. Juni

»Jung geblieben vom In-den-Spiegel-Schauen«

Im Traum meinen Rücken gesehen

A. weinte über ihre abgeschnittenen Haare wie über ein verlorenes Haustier

Kinder, die mit ganz verschiedenen Worten zu erzählen anfangen, durcheinanderredend, was sie gemeinsam erlebt haben – und als sie an den Schluß der Erzählung kommen, diese gleichzeitig und mit den gleichen Worten beenden

A. »stellt« ihre Stimme ganz anders, wenn sie französisch redet: »Sonst würde ich ganz schlecht sprechen«

Meine Befürchtungen, die Leute mit meiner zuzeiten leidenschaftlichen Redelust so zu überrennen, zu überzeugen, daß sie mich für ideal halten könnten, für einige Zeit, und dann, aus

Aversion gegen alles Ideale, sich automatisch gegen mich richten könnten und gegen das Reden überhaupt, als Idee; peinliche Vorstellung, durch das Reden als Inhaber des Wesentlichen zu erscheinen, was mir zu leicht passiert (wie in dem Gespräch heute abend, wo ich, beschämt von meiner Überzeugungskraft, mich unterbrach und auf die Kinder wies, die, im Laternenschein auf dem Platz, riesige Zeitungen vor sich hielten, auf einer Bank im Halbdunkel großmächtig nebeneinandersitzend)

Die Patronin des Restaurants, welche die lauten Kinder zurechtweisen wollte, statt das uns zu überlassen: ich hätte sie töten können; nicht töten, sondern beseitigen. (In dieses »malerische« Restaurant sind bis jetzt so wenig Kinder gekommen, daß die Inhaber-Frauen nicht einmal die Geschlechter auseinanderhalten können)

Das Knacken eines Nägelklippers aus dem nächtlichen Haus: gestern hat die Bewohnerin mit ihren Freundinnen melodiös über das Aussehen von Politikern geredet; heute, allein, kappt sie sich rhythmisch die Nägel

Einen Seufzer aus einem der Fenster fasse ich sofort als einen Seufzer der Beschwernis auf in diesem Haus, nicht als Erleichterung, geschweige denn als Seufzer der Lust (unvorstellbar)

Der Stoff der Hose entspannte sich am Schienbein von selber, plötzlich, wie ein Tier; »wie eine Schlange«, habe ich gedacht, ohne eine gefühlt zu haben (deswegen war ich auch nicht erschrocken)

Ein Kind, lauthals weinend, hustet und beruhigt sich dadurch

Als ob niemand hier im Haus es wahrhaben will, daß er doch eigentlich in Hinterzimmern wohnt

Fensterflügel, die in der Nachthitze mit einem solchen Schwung aufgestoßen werden, daß sie noch lange nachzittern

16. Juni

Der mit seinem vollen Reisesack auf der Straße hin und her treibende junge Maler, der sich dann entschloß, in die Richtung zu gehen, in die ihn der Sack zog: er brauchte solche symbolischen Hinweise für jede seiner täglichen Weiterbewegungen. Die Narbe auf seiner Stirn hatte, seinem Glauben nach, dieselbe Form, die in Indien, auf dem Weg dahin er sich die Wunde zugezogen hatte, sein Symbol geworden war. Die Flinkheit, mit der er seine Symbole in jeder neuen Umgebung gleich wiederfand! Wie langweilig erschien er in seinem Zwang, immerfort die Welt sich sogleich zu übersetzen – und ich wünschte in seiner Gegenwart, nichts als bescheidene, unsymbolische Alltäglichkeit zu erleben. Er litt auch nicht unter Beziehungswahn, hantierte nur mit routiniertem Symboltand

Ich ging an der Frau vorbei, sie grüßend, aber das dazugehörige Lächeln gelang mir erst, als wir aneinander vorbei waren

Ihr Weinen besteht einfach aus einem lauteren Atmen

Ich vertiefe mich in das, was ich im Augenblick fühle, um es vor der drohenden Bedeutungslosigkeit zu retten, ihm eine Bedeutung zu geben, die niemand andern, keine andre Instanz nötig hätte als mich allein, jetzt im Garten in der Dämmerung, während über mir sich eine Frau räuspert und mir vom Überlegen die Füße auf eine schöne Weise warm werden

Vorstellung, daß die meisten Leute, wenn sie zu reden oder zu schreiben anfangen, die andern und sich selber entwürdigen (Reden und Schreiben als Verrat in doppelter Bedeutung)

Ein ergriffenes Kind

17. Juni

Mein Appetit auf alle Welt, wenn ich manchmal von anderen Kontinenten lese, wie z. B. jetzt gerade nur die zwei Wörter: »kalifornisch verschroben«

Schon die Wörter »Wirklichkeit«, »Realität« sind Euphemismen; sie zu gebrauchen, auch um sie zu kritisieren (»das Diktat der Realität«) hieße schon, dieser obskuren »Realität« eine Vorgabe zu schenken, die sie nicht verdient

Gefährliches Wohlgefühl, in dem das Unglück andrer wohl denkbar, aber nicht mehr nachvollziehbar ist; Unmut über dieses Wohlgefühl in der Meeresufersonne dieses luftigen Tages

Tag, an dem selbst die Arbeitsgeräusche Bestandteile der allgemeinen Friedlichkeit sind

Ich merkte, daß ich, obwohl ich gern mit dem Freund zusammen war, ihn los sein wollte, damit ich endlich, meine Notizen formulierend, über den Tag nachdenken konnte

Versuch, den Freund im nächtlichen Garten zum leiseren Reden zu bewegen, indem ich selber ganz leise sprach: und doch Erleichterung, als er meine Andeutung gar nicht bemerkte

G. weiß gar nicht, wann er sich unbehaglich fühlt; er nimmt das Leiden nur noch zur Kenntnis, fühlt es nicht (und kratzt sich dabei in verschiedenen Verrenkungen gleichzeitig am Kopf und am Schienbein)

Ihr meinen Körper zu kosten geben

Weil ich nichts Bestimmtes bin, kann ich über mich hinausdenken

18. Juni

Eine Nacht, so geladen von Träumen, schwirrend, dröhnend, durchjagt, schließlich aufgezehrt, aufgesaugt, daß keinen Moment nebenbei, wie doch sonst immer, das Gefühl des Schlafens sich einstellte

Wie schon ein Film genügt (»Taxi Driver«), und es entsteht

zwischen »guten Bekannten« ein Gespräch, in dem sie plötzlich merken, was sie schon am Anfang ihrer Bekanntschaft eigentlich fühlten, ohne davon wissen zu wollen: daß sie nichts gemein haben und einander auf immer fremd, ja feind bleiben werden

Ich führte meinen Schuldnern einen neuen Anzug vor, den ich mir gekauft hatte, und dachte dabei, sie könnten auf diese Weise das schlechte Gewissen darüber verlieren, daß sie mir das geliehene Geld nicht zurückzahlten

Ein sehr junges Mädchen mit nackten Schultern stieg in die Métro; zuerst blickten die andern Frauen befremdet – dann, in der Betrachtung, als ihnen das Mädchen zu gefallen begann, schienen sie jünger zu werden

Die Sommerzeitung, von der Sonne durchschienen: als ob nichts Ernsthaftes, Bedrohliches in dieser Zeit passieren könnte

Immer wieder auf die paar Momente am Tag hindenken, wo die schmerzhaft sprachlose, stammelnde Welt spruchreif wird

Er kann keine sonnengebräunten Menschen ertragen, weil seine Mutter, die an Leberkrebs starb, auch so gebräunt aussah vor ihrem Tod

Zweige, die sich in der Nacht so unnatürlich auf und ab bewegen wie wiederkäuende Tiere

Das meiste vom vergangenen Tag, das ich mir mit großer Anstrengung jetzt durch den Kopf gehen lasse, hat nur das Muster leerer Bienenwaben

Als sei die *ausgesprochene* Dummheit doch immerhin ein Existenznachweis: sie zeigt im unverstellten Mangel ein Bedürfnis an, zu erscheinen, eine Gestalt zu werden, dabeizusein, mitzuspielen; Dummheit als Ausdruck einer noch unbekümmerten Seelennot – man müßte sie vielleicht nur leicht wegscheuchen von dem Betreffenden, und es würde die Offenbarung eines langen Kummers daraus

19. Juni

Mir gelingen heute keine Halbschlafbilder: das ist, als bestünde ich eine Prüfung nicht

Der Garten wie entzündet von Vogelschreien

»Vor meinem Dingsbums bewegte sich irgend etwas irgendwie.« (Manchmal beschreibt das genau mein Weltgefühl)

Falsche Halbschlafbilder: die ich *herstelle,* statt sie geschehen zu lassen

Ich verwandle mich im Halbschlaf mit meinen angewinkelten Gliedmaßen in ein Gestell in einem gekachelten Operationssaal

Auf der Fahrt ans Meer: die Landschaft liegt wirklich »unter dem Himmel«, eingebettet in das Firmament; man kann sagen: »unterhalb von«, »jenseits von« (Gefühl der Einheit von Himmel und Erde)

Die alte Langeweile im Hotelzimmer am Meer – die sich dann im Gehen, Schauen usw. auflösen wird – und doch die Vorstellung, daß diese Langeweile eines Tages bleiben, sich nicht mehr lösen wird

Schon seit Stunden bewegen sich zwei ganz junge Paare (14, 15 Jahre) im Sand auf einer Stelle, und all ihre Bewegungen (Sich-Umarmen, Sich-Schlagen, Sich-dem-andern-an-den-Hals-Hängen) werden immer nur als Finten vorgeführt, als schnelle Andeutungen, ohne Momente von Dauer; sie verbringen ihren ganzen Tag, auch in ihren Schreien, Reden, Blicken, nur mit solch kleinen andeutenden Ritualen, in einer fremdartigen Montage aus Karatefilmen, Pornos, Abenteuerfilmen: Piraten, die Frauen auf die Arme nehmen; eine Frau, die den Fuß auf den Nacken des Mannes setzt; ein Mann geht auf dem Bauch des andern; einer, der tot spielt, wird mit Ohrfeigen wieder zum Leben erweckt; – während die Mädchen meist dabeistehen (aber auch das Dabeistehen spielen), höchstens mit den Fingerspitzen eingreifen oder sich vor den Brüllauten der Burschen »lasziv« zurückbiegen (oder kurz spielerisch an den Körpern der Burschen hinuntergleiten). Wenn dieser immer schnell wechselnde Ablauf (schnell wie bei einer Akrobatentruppe) einmal kindlich-zärtlich, normal zu werden droht, zieht sofort einer der Jungen ein gräßliches Gesicht, stößt einen Karate-Schrei aus (eher ein Fauchen) und verwandelt die »drohende Zärtlichkeit« sogleich in eine Finte der Gewalt oder der Versklavung (oder er spielt selber den Sklaven, mit den Gesten von äußerster Ergebenheit). Eine seltsame Stille in diesen wechselnden Bildern tritt nur ein, wenn einer sich den Sand aus den Augen reiben muß – auch eine seltsame Schönheit –, aber dann fällt er schon wieder auf die Knie, legt den Kopf zurück und brüllt mit gebleckten Zähnen; oder beutelt ein Mädchen am Nacken hin und her; oder schleift das Mädchen am Oberarm durch den Sand; oder die Frauen kommen »gelaufen«, »die kämpfenden Männer zu trennen«, worauf schließlich einer der Burschen sich von einem Mädchen einen »Dorn ziehen« läßt

Die Frau war in der Abendsonne allein am Strand, streifte sich die Kleider ab und lief ins Meer, einmal die eine Schulter senkend, dann die andre: ich empfand Sehnsucht, als ich ihr zusah, und weil diese Frau nicht meine Sehnsucht sein konnte, empfand ich die Sehnsucht als Schmerz

Herzklopfen, wenn ich schneller denke und fühle als mein Zeitmaß – und als wäre dieses Zeitmaß das Maß von Ebbe und Flut, der Wolken am Himmel, der langsamen Dämmerung, der herankommenden Wellen, des einen Schimmer von Wasser über den Sand ziehenden Windes und als könnte ich das erreichen, indem ich, mich atmend, meine Schuhe anschauend, wartend, immer weniger atmend, in diese Ereignisse hineinstellte

Herr F. hatte für seine Frau eine warme Waffel gekauft und trug diese, die mit Staubzucker und Marmelade bedeckt war, sorgsam ins Hotel; mit dem Blick auf das Gebäck sagte er, seine Frau meinend: »Sie ist ja so eine treue Seele!«

Ich erlebte gerade, wie A. sich aus ganzem Herzen glücklich fühlte, allein in dem sehr großen Hotelzimmer, in der Dämmerung lesend, bei Musik und dem Geräusch des Meeres, etwas zum Trinken neben dem Bett auf dem Nachttisch – und ich hatte das Gefühl ihrer Seligkeit

In der Nacht, bei Ebbe, ist das Meer wie erstarrt; so gleichmäßig, wie eine Tonschleife, ist auch sein Rauschen. (Zwischendurch in Gesellschaft einfach aufhören zu atmen, warten, um nicht in der Gesellschaft aufzugehen, besinnungslos.) Der Abendstern: als ob er unterhalb der Nachtwolken schwebte. Rückwärts gehen vor Wohlgefühl. Kleine Auspuffwolken am Himmel: Freude, sie ohne sprachversiegte Hoffnungslosigkeit sehen zu können, diesen Abend lang, kaum atmend in dem Nachtwind, der ganz stetig weht, wie ein Fahrtwind. Lust, den Moment abzuwarten, wo man sagen kann: Jetzt ist wirklich rundum Nacht! (In den Schlickpfützen ist noch immer der Himmel zu sehen.) Die Wolken sind noch ein wenig hell, mit der Farbe eines zerkochten Fisches. Die lichten Stellen werden nicht einfach kleiner, sondern verändern ihre Form dabei. Mitternacht: die Flecken verbleichen und glänzen zugleich auf im nun fast einheitlichen Nachthimmel. Nach Mitternacht: jetzt werden die Meereswellen das Helle

20. Juni

In der Kindheit das Mangelgefühl, daß Österreich nicht am Meer liegt (und heute nacht das mächtige Brausen im Zimmer)

Frau F., auch bei einer nur ganz geringen Entfernung vom andern, beginnt sofort zu winken

Wieder einmal, nach Stunden der Selbsteingeschlossenheit, erscheint die Welt für einen kurzen Moment vor einem als Befreiung (in der Form von Häusern, Wolken, Sandschwaden über dem Strand); dann wieder die Sperre

Herr F. sagt (weil in Spanien Wahlen sind): »Heute ist ein geschichtlicher Tag!« Mein Ekel vor geschichtlichen Tagen

Weil es doch keinen lückenlosen Luxus gibt, erlebe ich jeden Luxus zuletzt als eine bittere Enttäuschung

Das Grün eines Feldes, so stark, daß es sogleich »mein« Grün wurde: die grüne Landschaft fing vor meinen Augen erst zu grünen an

Die prompte, professionelle Kommunikationsbereitschaft von Herrn und Frau F.: sie erscheint als eine ständige Einmischung in andre

Eine elegante Frau, die mir sanft unter das Hemd fährt – so würde ich jetzt den Lebensdruck wiederkriegen

Ich bin nur kritisierbar innerhalb der Idee, die ich von mir selber habe

»Kratz dich doch einmal in einer andern Richtung!«

21. Juni

Aus der Wohnung ausgezogen, ohne Spuren zu hinterlassen: das Gefühl, als ob ich wieder einmal entkommen sei. (Auch beim letzten Lichtausknipsen hat mich nicht der immer gefürchtete elektrische Schlag getroffen)

Meine immer wieder aussetzende Indentifikation mit mir, mit meiner Erscheinung, mit meinem Leben – und trotzdem beharre ich auf dieser periodischen Unfähigkeit, mich mit mir zu identifizieren: mein notwendiges Künstlerpech

Ich bewege mich heute wie im Halbschlaf, im unangenehmen, ängstlichen Halbschlaf, wo die allzunahe Welt wie feinsäuberlich gestaffelt und ausgestellt erscheint (und doch habe ich gerade zum ersten Mal seit Jahrzehnten auf der Straße gehend Eis geleckt)

Ein schlagendes, schweres, kleines Untier der Wut in mir, gestern auf der Rückfahrt vom Meer, in der Verkehrsstauung

175

Die Witwe des Freundes: sie ist arbeitslos und immer sehr pünktlich! Die Hoffnungslosigkeit, mit der sie jeweils kommt, schwitzt, weint, redet, geht – und ich, unentschieden wieder einmal über meine Gefühle, ziehe verschiedene Mienen der falschen Anteilnahme, bevor ich die richtige finde . . . Die Würde ihrer Ausweglosigkeit – und wie sie sagte, daß sie sich nicht fühle allein, nicht mehr wisse, wie sie sei

Jetzt eine Zeitlang keine Gesichter mehr anschauen, um nicht zu schnell wieder etwas von ihnen zu denken

Die im Bus in die Kurve gewiegt werden: Todesopfer-Vorstellung

Ein einziges Mal sich beherrschen am Tag, das zieht für die folgenden Hindernisse eine Geduld nach sich, die, zumindest für einige Zeit, keine Beherrschung mehr nötig hat

Der Marokkaner, der mich auf der Straße anredete und von meinen Büchern sprach, sagte, ich ginge mit der Sprache um wie mit einem Volk (»peuple«) – und das freute mich (königlich)

Sexualität als letztmögliche Feindseligkeit

Der Mann der Frau, die im Sterben liegt, ging mit seinem kleinen Sohn auf der Straße; er hielt das Kind an der Hand, aber nicht so, wie man sonst sich mit Kindern auf der Straße bewegt: er hielt ihm die Hand gehend zugleich in die Höhe, hielt sie zu sich heraufgezogen

Allein sein; mit Kindern sein; mit Erwachsenen sein: bei mir geht leider so wenig eine Situation in die andre über (dagegen die schöne Selbstverständlichkeit mancher Frauen)

Im Spielpark: eine Mutter rief ihrem Sohn, der gebannt bei den seilspringenden Mädchen stand, zu, er solle woandershin gehen, sie könne es nicht ertragen, daß er bei einer Mädchengruppe stehe

Der Parkwächter hält den Schlüsselbund von sich gestreckt wie eine Waffe (der »starrende« Schlüsselbund)

Die Krebskranke: der Mund schief geworden von Schmerzen

Die Kinder, die einen Pfad durch das Gestrüpp gefunden haben: »C'est notre nouveau monde«

Während ich in den sich bewegenden Grashalmen aufgehe, scheinen diese umgekehrt erst zu entstehen und zu wachsen mit mir

23. Juni

Wenn A. auf Leute Wut hat, hat sie Lust, ihnen etwas zu rauben

Die Mutter aus der Schule, die ihr Kind, das im Auto etwas verschüttet hatte, beschimpfte und dann plötzlich, am Lenkrad kauernd, laut zu schluchzen anfing

Vorstellung, der Mann der sterbenden Frau würde mich am Schuljahresende um meine Adresse bitten, um mir die Todesanzeige der Frau in die Ferien nachschicken zu können

Ein großer Schauspieler: er wäre fähig, ein Gefühl, das er für sich, im stillen, gehabt hat, für andre noch einmal zu haben

A., zum letzten Mal in ihrer Schule, weinte sehr. »Wo ist denn der Schmerz?« – »Überall.«

Sich nackt auszuziehen, um nachzudenken

»Wenn wir für Sie eine Ausnahme machen, müssen wir beim nächsten wieder eine Ausnahme machen, usw.« – »Wenn Sie in diesem Fall nur die Regel befolgen, werden Sie auch in einem andern Fall sofort eine Regel suchen – und schließlich werden Sie nur noch Regeln unterliegen und daran sterben.«

»Ich habe die Regel nicht gemacht und mag sie auch nicht. Aber wenn wir für Sie eine Ausnahme machen, müssen wir für den nächsten auch eine machen.« – »Das wäre doch schön – so müßte es schließlich die Regel nicht mehr geben, die Sie nicht gemacht haben und auch nicht mögen.«

Sie sagte: »Du stehst ja so tief im Leben, und deswegen kann ich dir alles sagen.« (Auch das hat mich stolz gemacht)

Vorstellung eines unwirschen Beamten, der plötzlich freundlich wird, als er merkt, daß ich den gleichen Kugelschreiber habe wie er (als ob wir aus demselben Ort stammten oder in derselben Waffengattung gedient hätten)

Meine Art kleiner Routine: in der Drehtür eines Luxushotels einfach weiterreden

In meiner Wut über die sanftkalten Flughafenschalterfrauen mit ihren nicht ruhigen, nur toten Stimmen wollte ich sie umbringen; nein, nicht umbringen, nur in etwas anderes Gräßliches sie auf der Stelle verwandelt sehen, in die brutalen Unnaturen, die sie ja waren (eine Wut, deren gleichzeitige Kälte mich erfreute)

G., als er, zur Strafe mit seinem Bett auf den Flur gestellt, erstmals onanierte, empfand dabei »gotthafte Schärfe«: sein Selbsterlebnis

»Du bist ja ganz realistisch.« – »Das kommt vom Autofahren.«

Frau F. sagt: »der Waschmaschinenfritz«, »der Installationsmax«, »der Garagenotto«

Fröhlich bereit zu jeder Selbstblamage, ging ich im weißen Anzug und frisch gekämmt aus dem Hotelzimmer (Traurigkeit und Müdigkeit nicht verstecken, trotz eines weißen Anzugs)

178

»Ein Mann und eine Frau« gehen aus dem Restaurant: Vorstellung von zwei »ewig Gestrigen«

Das eintönige Pfeifen der Polizeiwagen »in der Luft« (Italien)

Am Abend mit anklebenden Kleidern und verklebten Augen in eine heiße, steinerne italienische Stadt kommen, die dann genauso verklebt erscheint

Es dürfte keine Entschuldigung geben für die Gleichgültigkeit jemandes einem anderen gegenüber, etwa der Art, daß der Betreffende ja nur ein Angestellter sei und von seinen Vorgesetzten ähnlich behandelt werde, wie er es mit den Leuten treibt, die mit ihm zu tun haben: es müßte die Verantwortung für sich selber geben, ohne Ursachenschwindel

In einem Hochhaus am anderen Ende des Platzes wird mitten in der Nacht ein Fensterflügel zugemacht: Vorstellung, daß Nosferatu oder ein Fledermausmensch den Mantel um sich schlägt

25. Juni

Nein, nicht Vorstellungen sich verbieten, sondern sie zugleich mit ihrem Entstehen belächeln

Ein Hemd, dessen Kragen mir am späten Abend in der Müdigkeit besonders schmutzig vorgekommen ist, erschien mir am nächsten Morgen wieder recht sauber

Die Autos unten auf der Piazza rollen langsam, aber stetig, laut, sonor, wie in den Krieg

Wer ein Gefühl, das er, wenn auch nur für einen Moment, still für sich gehabt hat, vor andern wiederholen kann (s.o.), ist nicht nur ein guter Schauspieler, sondern wäre auch ein idealer Mensch

Zum ersten Mal habe ich mir gerade, den Vormittag über nur

Hemden faltend, Socken umstülpend, Nägel schneidend, Bad und Dusche nehmend, ab und zu auf dem Balkon am Tee nippend, das alles als eine, sehr kurzfristige, Lebensart vorstellen können

Dieser Koch mit seinem gewaltigen Schnurrbart hat das gesammelte, strenge, leidenschaftslos-leidenschaftliche Gesicht eines Mannes, der seine Arbeit ernst nimmt (so selten bei jüngeren Gesichtern)

Für A., die plötzlich ein abwesendes, konzentriertes Gesicht bekam, heißt Denken, eine Zeitlang an nichts zu denken

»Kannst du mit den Augen lachen?«

26. Juni

Das Leben vor dem Tod: die Erinnerung, trotz allem (beim Anblick der Walnüsse im Restaurant deren von der Gegenwart befreiende Verdoppelung – in der Erinnerung an einen bestimmten Weg, an einen bestimmten Baum)

Mein Unsterblichkeitsgefühl: ich werde nicht unsterblich sein, ich *war* ab und zu unsterblich

27. Juni

Am Markusplatz sitzend das Gefühl, die da Vorbeigehenden seien alle Bekannte, Freunde, Nachbarn aus den verschiedenen Zeiten meines Lebens

28. Juni

Wie ist die Monumentalität im Sich-Ausdrücken zu schaffen, die doch die großen Schreiber erreicht haben? Indem man, zeitweise, ohne Halt lebt

180

29. Juni

»Schlaf mit mir, gleich jetzt. Das ist vielleicht langweilig, aber wenigstens unvergeßlich«

30. Juni

Seit ich wieder allein bin, habe ich angefangen, all meine Verrichtungen zu zählen, sogar die Atemzüge

A. sagte zu mir: »Du redest so italienisch, wie ich schwimme«

Die schmutzige Einigkeit überall! Endlich wieder allein mit der Klimaanlage

1. Juli

Die Frau, deren Hand in die Waggontür geklemmt wurde, schrie so, daß ich sie zuerst für ein Kind hielt

Ein Bauer redet weitab auf einem Feld, mit einer Stimme, wie man nur zu Tieren sprechen kann

Wie oft am Tag das Gefühl des endgültigen Fehlschlags, nur durch das Verstummen aller – als wollte jeder einzelne woanders sein

2. Juli

Als müßte man sich höchstpersönlich in diese alten Kirchen hineinwühlen, sie zerstören – nicht um ihr Geheimnis herauszukriegen, sondern um ihnen eins wiederzugeben

Beim Anblick des Mannes, unfähig zu jedem freundlichen Blick, flüchtete ich mich in die Beobachtung: ich beobachtete ihn

Der Vorhang flattert im langen Tunnel ununterbrochen,

trostlos und unwirsch (ich)

Apulien: in den Jahrhunderten »ohne Geschichte« sei es »in
triste Monotonie zurückgefallen«. (Dieselben Leute kritisieren
wahrscheinlich Schlagertexte)

Am offenen Fenster fuhr ein andrer Zug vorbei, von dem die
Wärme hereinstrahlte in mein Abteil

Abwesenheit von einem geliebten Menschen: jede kleine All-
tagshandlung wird oft gleichsam eine heidnische Weihezere-
monie für sein Wohlergehen: selbst das Lächerlichste wie gerade das Treten des Wasserhebels im Zugklosett als eine tiefin-
nige Gebetsverrichtung

Ein Tag, an dem die Erscheinungen nur Dinge geblieben sind,
die Dinge nur Namen, die Namen unsicher – alles ist ungut
geworden, selbst der Sonnenuntergang

Ich stelle mir bei jedem Bild zu früh die Frage, wo es da nun
um Leben und Tod gehe (Schwierigkeiten mit der Malerei)

Wenn ich einmal wahnsinnig geworden bin, werde ich unbe-
wohnt von mir existieren, ohne Worte, ohne Bewegung

Fremdes Hotelzimmer, Klosettspülung nebenan: »Auch zu
dieser Lebensäußerung seid ihr zu blöde!«

Ich schaltete die Lampe aus, um mich sexuellen Vorstellungen zu überlassen; im Dunkel umfing mich Zärtlichkeit, und
ich schlief gleich ein

1. September

Was für ein schöner Satz: »Ich weiß nicht mehr!«

Die ausgesetzten Frauen überall, die sich bewegen müssen

Ein Tag allein, ohne Tätigkeit – und wieder das große Nichtigkeitsgefühl: irgendwann einmal werde ich nur noch dasitzen und vor mich hin Gesichter schneiden. »Aus Unglück, nicht mit Menschen sein zu können, kam er den Dingen näher (der Tischplatte im Café); erst beim Anblick der Tischplatte stellte sich allmählich das Selbstbewußtsein wieder ein«

2. September

Auf Wohnungssuche: ich existiere nicht mehr; und am Horizont überall am Morgen schon Rauch, eine verstörende Hitze, die einen kreuz und quer gehen läßt und dann verschwinden, aber wohin?; eine Frau, seit vielen Jahren vergraben in einem Zeitungsstand, wo sie nichts mehr findet: ein Opfer, dachte ich; sie opfert sich, für nichts, aber sie opfert sich

Wenn ich die Banalität der Geschichten sehe und höre, die ringsum alle, jedenfalls dem ersten Anschein ihrer Sprache und ihrer Gesten nach, erlebt haben, verstehe ich kurz, wie einer Politiker werden kann – weil er wenigstens seine eigene Person vor dieser sprachlosen Gleichförmigkeit der Privatgeschichten retten will

Als ich mit der Agenturangestellten aus dem Büro wegging, um die nächste Wohnung anzuschauen, hatte ich das Gefühl, mit einer Hure weg ins Séparée zu gehen

Wieder eine Selbstmörderwohnung zu vermieten: eine Wohnung mit nichts als Schrankkammern voll Wäsche (auf die Einbauschränke scheinen alle besonders stolz zu sein; sie werden überall sofort geöffnet)

Den ganzen Tag mit Raffzähnen (Maklern, Besitzern usw.) zusammen: endlich im Kino, fühle ich mich wieder kompetent

F., der jedesmal, wenn ich etwas sagte, seine Freundin von der Seite anschaute, als hätte er ihr schon vorher vorausgesagt, wie ich sein würde und was ich sagen würde; bei jedem seiner Seitenblicke erfüllte ich eine seiner Voraussagen

Der Hausbesitzer, der sich tagsüber nur in den Fluren seiner verschiedenen Häuser herumtreibt

Hindernis für Menschenwürdigkeit: sich leicht zu ärgern

F. ahmte meine Art zu lachen nach; ein schadenfrohes Lachen, das ich schon an meinem Vater haßte

3. September

Eine Phase, wo alle sich in einem elementaren Überdruß nur noch von einer Seite auf die andre wälzen wollen, die Köpfe hin und her werfen, die Augen zudrücken, die Zähne blecken, sich die Haare über das Gesicht schütteln

Der Wunsch, statt des lächerlichen Namens eine Nummer zu haben

Der Ballon, der über die Baumwipfel zog: ich dachte für Momente, daß das jetzt also das Sterben sei

Der warme Hinterkopf eines Säuglings

Die Frau, die mit mir bleiben wollte, sprach listig von meinem »trostlosen Gesicht«; ihre Hand lag ganz still auf meinem Rücken, wohltuend warm; ich wollte, daß sie wegging

4. September

Er beugte sich in seinem vornehmen Anzug vorsichtig zu dem daliegenden Kind, sich ganz des Anzugs bewußt, wie Mütter im Abendkleid sich in älteren Erzählungen über ihre schon ins Bett gebrachten Kinder beugen

Neues Gefühl der Abgehobenheit, Unverbundenheit, des *erstarrten* Außersichseins

Im Wohnraum saß die Mutter des toten Kindes, schluchzend,

und ich ging wieder hinaus in den Korridor, mit meinen lauten Schuhen

Der Himmel weit weg gegen den flachen Horizont mit den gestaffelten Wolken wie eine große Maschinerie mit verschiedenen komplizierten Geräten

Endlich konnte ich wieder einmal zugreifen bei der körperlichen Arbeit, ohne Vorbereitung und Anstaltentreffen, und hielt auch danach die vom Anfassen ausgetrockneten Hände nicht mehr so von mir gestreckt wie in der Zwischenzeit der Stadtmenschenhaftigkeit

Eine scheußlich gegenstandslos gewordene Landschaft, dadurch, daß jede Einzelheit ihren Namen abgekriegt hat, den man auch noch überall angeschlagen lesen muß

Das Wohlgefühl setzte ein, als ob das lastende Viereck Welt sich zur Seite neigte und sich auf die Kante stellte, auf diese Weise sich endlich sehen lassend

5. September

Einen Tag verbringen, ohne daß man sich berührt, anfaßt, sich an sich selber kurzschließt

Ich bin zwar manchmal tätig, aber das tätige Leben ist mir nicht selbstverständlich: es gelingt mir nur manchmal, tätig zu werden

Das entstellte, idiotische Gesicht eines Kindes, dem gerade die Liebe verweigert wurde

Als bewegte ich mich in den letzten Tagen nur noch schemenhaft, »nach meinem Tod«, durch die Landschaft: ein friedliches Gefühl

Einen Apfel entkernen, mit dem Messer, und es kommt der Teufel heraus, grinsend auf der Messerspitze

Arbeit in völliger Stille: und trotzdem geht die Tätigkeit, die man verrichtet, als Wärme auf den Unruhigen im Nebenzimmer über

Der Abendhorizont mit den leuchtenden Wolkenrändern weit weg hinter dem sonst ganz bedeckten Himmel: als ob sich dort, im kleinen, noch ein zweiter Himmel gebildet hätte

6. September

Wieder einmal ist mir die Geschichte lebendig geworden – aber wieder einmal nur im Traum vom Krieg

Ein Traum, in dem beim unablässigen Gehen alle Lebensbereiche erschienen; das Gehen erweiterte sich zu einer Wanderung; die Wanderung erweiterte sich zu einer Weltdurchquerung (sich einmal so weit in die Träume verirren, daß man nie mehr zurückkann: schöner Wahnsinn)

Durch den müden Kopf schwirrte meine Existenz durcheinander wie Fledermäuse in der Dämmerung: tragisch und kläglich

7. September

Ein Ehepaar, das immer »wir« sagt; dieses »wir« auch bei Urteilen nicht aufgibt: »Das hat uns nicht gefallen!« Die besondere Herzlosigkeit dieses »wir«

8. September

»Das Wetter ändert sich doch, das Licht wechselt, die Bewegungen – es kann keine unveränderlich hoffnungslosen Menschen geben!«

Undenkbar, in der »Öffentlichkeit« eine sehnsüchtige Frau zu sehen (und alsbald sah ich eine)

186

Die Menschenfreundlichkeit der vor mir automatisch aufge-
henden Tür

Die Maklerfrau, völlig erbarmungsloses Stück, und daneben
ganz Liebenswürdigkeit, wenn der Ausgefragte ihr z. B. einen
Kugelschreiber reicht

Sehnsucht nach einem leeren, nackt entmenschten, nicht wie
Frankreich pittoresk entmenschten Land

Widerwärtige Natur: die Bäume erscheinen wie Kraut

9. September

Der Schraubenschlüssel, der vom Gerüst aufs Pflaster fiel,
läutete als Türklingel; ich erwachte

Die Natur erst sehen in den Menschen (A.'s Haare, wo ich
den Saum eines Laubwaldes erlebte)

Der wie ein Hochofen lohende Himmel am Horizont, und ein
unwillkürlicher Aufschrei bei diesem Anblick

D. hat beim Dahingehen (sie trampelt eher) manchmal die
Vorstellung, eine Hand würde sich zum Streicheln auf ihren
Kopf legen, wann immer sie ein Streicheln brauche

10. September

Auf der Straße eine Frau, die sich von einem schönen jungen
Mann verabschiedete, der schnell und gleichgültig wegging,
während sie dann die Straße allein überquerte, in einer anderen
Richtung: ihre trostlose, blamierte Wangenlinie

Einmal am Tag brauche ich die Natur

Einer der ödesten Momente: wenn mitten in einem Gespräch
über ein grammatikalisches Problem diskutiert wird

187

Ein besonders gefährlicher Eigentümer: der mit seinem Nicht-wissen der Eigentumsrechte kokettiert (der Hausbesitzer)

»Ich habe endlich ein Ideal: die Vorstadt!«

11. September

Der bedeckte Regenhimmel bewegt sich als Ganzes in eine Richtung, sehr schnell: eine unablässige Bewegung vor dem Fenster, obwohl der Himmel einförmig grau ist

Sonst so oft die kalte Empfindung, in eine andere Welt zu schauen, in die man aber trotzdem eingesperrt war – jetzt aber, den Kopf in die Hand gestützt, das wärmende Bewußtsein, mit dem schnell und schräg fallenden Regen seine eigene Welt zu sehen

»Ein Volk, das keine Geschichte hat, hat auch keine Zukunft. Hier besteht ein Bedürfnis nach Identifikation.« (Meine Iden-tifikation mit den geschichtslos ziehenden Wolken)

Ein Tag ganz allein mit einem Kind genügt, und ich komme mir dicklich vor in der »Fremdbestimmtheit«; gehe wie ein verlorener Forscher in der Wohnung hin und her

Ich verliere immer mehr das so oft Gemeinsamkeit stiftende, traute Gefühl der Gleichzeitigkeit vieler andrer Leben und Geschehnisse, während ich z. B. allein in einem Raum bin; immer mehr herausgeschnitten und nur auf mich gestellt

Die Pelargonienblüten rucken, vom Wind bewegt, in ihren Beeten auf dem Balkon wie Kasperltheaterfiguren

Lieber die Angst aushalten als die Gesellschaft?

Vor den schwankenden Pappelgipfeln rasch knapp über die Dächer treibende, sehr helle Nachtwolken, sich stauend, stockend, und heftig weitertreibend: Kriegsstimmung

Die Technik, wie man ein Kind an der Hand hält

12. September

Neben einem Krebskranken eng im Taxi sitzend das Gefühl, daß er ansteckend sei

Gestern ohne Nachrichten aus der weiten Welt eingeschlafen: die Vorstellung, um mich Ahnungslosen herum sei schon alles geflüchtet und die letzte Katastrophe im Gang – so unhörbar waren die Vorgänge draußen geworden, außer dem Windsausen und dem Vorübergehen einer ebenso ahnungslosen oder unbekümmerten Lederjackengestalt

»Nach langer Bewußtlosigkeit fand er sich an einem sonnigen Herbstmorgen wieder, mit weißem Himmel am Horizont und sich öffnenden und schließenden Zweigen davor«

Zwei Kinder unterhalten sich vor dem Fernseher über einen Film mit Jean Gabin: »Er will tot werden.« – »Jetzt ist er ganz allein.« – »Jetzt hat er nichts mehr.« – »Er wird nie mehr ein Wort mit ihr sprechen.«

13. September

Eroberte Gleichgültigkeit gegenüber der mechanischen Achtlosigkeit und Verachtung eines Schalterbeamten; mit einem Quietschen riß er sofort nach dem Kassieren das Fenster zu, schaute mich gar nicht an, und ich konnte ganz gleichgültig bleiben gegenüber dem allem, sogar gegenüber dem Schlag des Schiebefensters vor meiner Nase

Beispiel eines zu den politischen Systemen sich sklavisch verhaltenden Menschen: »Als ich ›La Nausée‹ schrieb, war ich Anarchist, ohne es zu wissen« (Sartre)

Im Bus: die junge Frau mit dem vor Beherrschtheit affenartigen Gesicht

Er saß unter den Leuten im Café mit einem finsteren Gesicht, als gehöre er zu den Kellnern

Die Wolkenkatastrophe: um die Haufenwolke war ein Ring, und eine andre Wolke näherte sich ihr zum Zusammenstoß – plötzlich, in dem Vorgang der Zerstörung, nahm der Himmel Gestalt an, es gingen Ereignisse vor sich (und kurz darauf wieder die unermeßliche Formlosigkeit; unvorstellbar eine Geschichte der Wolken am Himmel)

Eine Frau, die erst aufblüht, als sie ißt

Die Sprache verstehen müssen, die in Betrachtung von Schaufenstern gesprochen wird: diese Schmutzigkeit des Bekannten!

14. September

»Ich muß jetzt bald wieder mit jemandem schlafen – sonst gehe ich noch ganz verloren und weiß nicht mehr, wer ich bin«

Der Journalist am Telefon: sofort so kokettierend und schmeichelnd, daß es ganz schwierig wurde mit der Antwort: es war keine Antwort möglich, die dann von ihm nicht auch als »kokett« hätte bezeichnet werden können (nicht einmal das Schweigen war möglich; die Falle war wieder einmal vollständig: also einen Journalisten gar nicht zum Reden kommen lassen, sich auf kein Wort mit ihm einlassen – aber das wäre für seinesgleichen natürlich auch nichts als Koketterie)

Ein Mann mit mitleidlosen Augen, ohne Ausdruck; er muß den Leuten immer wieder zuzwinkern, um einen Ausdruck wenigstens vorzutäuschen

Liebe: die Formen sind das Angemessene, Natürliche, in dem das Gefühl erst ruhig und stark wird; ohne die Formen Verlust des Gefühls und plötzliche Kälte

Kunst: das Leben wurde majestätisch

Meine größte Errungenschaft der letzten Zeit: daß zu den Dummheiten, die ich manchmal in Panik sage, fast gleichzeitig in mir eine Art Beiseitelächeln darüber eintritt, welches die Panik sofort verwandelt in eine diebisch-traurige Heiterkeit

Ersticken an ungeweinten Tränen; Halsschmerzen

Angst vor dem Ernst, die zum Witzigsein führt; als müßte man den Ernst aushalten, bis er Humor wird (s. o.)

»Das widerwärtige Gefühl der Zuversicht breitete sich wieder einmal in ihm aus«

Die herabsetzende Art, in der von einer Schauspielerin gesagt wird, sie sei schön und sonst nichts: als ob nicht eine solche Art Schönheit eine große Leistung wäre – eigentlich das Allerbeste, was jemand von sich zeigen kann

In meiner Weltgerührtheit bin ich andrerseits unfähig, jemandem spontan zu helfen

Ich habe jetzt ein starkes, sicheres Gefühl und brauche nicht mehr zu sprechen

Als ob hier viele junge Frauen nur noch versierte Agenturangestellte wären: man kann sich mit ihnen nichts andres mehr vorstellen als harte Verkaufsgespräche

Die Geschichte zweier Freunde, die über Jahre hinweg aneinander die große Ruhe bewundert haben: und dann stellt sich heraus, daß einer den andern nachgeahmt hat

Beim Anblick von Wolken, Feldern und den Leuten in der Landschaft: plötzlich wieder atemberaubend deutlich die Geschichte, die hinter der offiziell dräuenden Geschichte durch die Jahrhunderte sich ereignete als Passionsgeschichte dieser Leute, im Tod, im Kleingemachtwerden, die eigentliche Geschichte, meine Geschichte, meine Arbeit

Nicht vernachlässigen: die Rührung über einen von jemand

anderm angenähten Knopf; Entdeckung des von fremder Hand unauffällig angenähten Knopfes – das Gefühl, ich wollte ewig dankbar sein

15. September

Das Kind als schöne Linie am Morgen im Bett

Traum, daß ich starb: das Todesgefühl war das Vorgefühl der Kälte im Leichenhaus

Erinnerung an mich von früher und die Idee, ich sei damals gar keiner Gesellschaft gewachsen gewesen – und jetzt fast jeder, zumindest jeder vorstellbaren

Vorstellung, wie, wenn ich nicht schriebe, das Leben von mir wegrutschen würde

In dem Moment, in dem ich sie lieb haben will, erfüllt mich, dadurch daß ich mich hinneige, auch schon wirklich die Liebe

Ich begann ganz formal zu reden und merkte auf einmal, daß ich es ja ernst meinte; so räusperte ich mich und fing den Satz von vorne an

All die Telefonnummern in all den Telefonbüchern: wo findet da noch ein Leben statt?

Er geht ins Kino, um sich den Stumpfsinn aus dem Gesicht zu treiben

Wolken im tiefen, bedeckten Himmel wie vage Gegenstände unter Eis

Gehend, geriet er in ein sich allmächtig fühlendes, wildes Denken, dessen Ergebnisse er, als er stehenblieb, sofort vergaß

Ich dachte, daß jeder mir den Tod wünschte, und so wünschte ich mir auch den Tod

Der Neid: Zustand der Entsinnlichung; alle Gefühlskräfte sind weggezogen; unangenehme körperliche Leichtigkeit bei gleichzeitigem Druck in der Mitte der Brust; Wahrnehmungs- und Aufnahmsunfähigkeit, Zerstreutheit; Vorstellung der Lächerlichkeit und des Schlechtangezogenseins, der Formlosigkeit und zugleich Erstarrung; des Beleidigtseins ohne Beleidiger, des Kindischseins; der umfassenden Blick- und Tonlosigkeit; der Verschlossenheit und Maskenhaftigkeit

Ein Kind, das einen großen Überdruß vor den Erwachsenen davon hat, daß es so oft vor der Toilette warten muß, bis die Erwachsenen fertig sind, und dann in seiner Not noch die von den Erwachsenen stinkende Toilette aufsuchen muß

Auf dem Weg quer durch die Stadt: in den von den Automassen freigelassenen Lücken sind noch ein paar vereinzelte Leute übrig, ganz bleich oder mit geröteten Wangen, in unvereinbaren Zuständen, und haben sich doch ergeben in die Politik, in die allgemeine Geschichte, und posieren in dem technischen Getöse herum wie Figuren auf Bauzeichnungen zu Füßen riesiger Gebäude, die die Hauptsachen sind, und sie die Nebenerscheinungen; sich durch diese Katastrophe bewegen wie durch eine unterirdische Halle und mit den Augen alles aufatmen wollen, das Verlassene der Leute in sich behüten wollen

Ein Essen wurde ihm so aufgetischt, als sei es schon des öfteren vergeblich anderen Leuten angeboten worden

Die Musik in einem Flughafenrestaurant, die noch die letzten Illusionen nimmt in ihrer toten, aufgicksenden Munterkeit; die vereinzelt sitzenden Gäste schauen in gewissen Abständen, immer zu verschiedenen Zeiten, zum andern hin und verachten ihn, und so geht das hin und her, in einer unfrohen Verewigung; Leute mit Gesichtern, offensichtlich ihrer Geschichte, besser gesagt: ihres Abenteuers, für das sie bestimmt schienen, beraubt, hängen trostlos herum neben ihren schwarzen Aktenkoffern, während draußen die Regentropfen an den Scheiben zittern, und rühren in beherrschtem Ekel den Kaffee um:

nichts mehr ist ihnen gegenüber hier möglich als Aus-dem-Weg-Gehen

Die große Stadt liegt in der Landschaft wie die in einer zufälligen Ordnung in die Wälder hineingeschossenen Trümmer einer gigantischen Katastrophe, und ein Dunst steigt davon auf, als sei das alles noch nicht so lange her

17. September

Sie sagte zu mir: »Du mußt noch lange leben!«, und ich freute mich darüber. Die Nacht war hell, rein, freundlich, durch und durch vernünftig

Bei dem Vortrag ließ auf einmal die stillschöne Frau, nachdem sie sich durch einen Blick mit jemandem verständigt hatte, eine pflichtschuldige Grimasse in ihrem Gesicht sehen, eine verzerrte Heiterkeit, die ihr Gesicht zerstörte – ich ekelte mich sofort und wie für immer vor ihr (was ich später freilich bald vergaß; es gab kein »für immer«)

Einer trat so nahe an mich heran, daß ich ihn nicht erkannte

18. September

Es gelang mir, nicht nach ihrem Namen zu fragen

Eine Frau, die mich nicht anlacht, sondern bei meinem Anblick in sich hineinlächelt

Müdigkeit: eine Häufung von déjà-vu-Erlebnissen

19. September

Als wir einander anschauten und sie plötzlich wegblickte, erlebte ich einen Kälteschock

In der Müdigkeit wurden alle Stimmen die von Bekannten

20. September

Die Handumklammerungen des ersten Schultages; die Mutter sagte zu dem weinenden Kind: »Mach mir keine Schande. Allons, en route!«

Sie nimmt, nach einer »Bett-Affäre«, ihr gewohntes Leben wieder auf: »Ich habe meinen Rhythmus wiedergefunden«

Die aus den noch schattigen Bäumen fallenden Blätter leuchten auf im Sonnenlicht: meine Geborgenheit in der Geschichte der Jahreszeiten

Motorradfahrer, die vorbeiheulten, und meine Vorstellung, sie von ihren Maschinen herunterzuschießen: darüber war ich dann so zufrieden, daß ich den nächstbesten Schurken mit einer ihn selber überraschenden Zutraulichkeit anschauen konnte

A., die verfärbt unter den Augen ist, weil sie sich dort so gerieben hat, um am ersten Schultag nicht zu weinen

Zwischen die Musik im Radio seufzt die Sprecherin schnell die Zeitansage

Jemand, der alles nur wahrnimmt mit dem Gefühl der Gestörtheit davon

21. September

A. sagte aus tiefstem Herzen, in stillen Weinkrämpfen an meiner Hüfte: »Ich will in überhaupt keine Schule«

Fingernägel, hell schimmernd im tiefstehenden Herbstlicht

Eine Vorort-Gegend, außerhalb von allem Betrieb, wo es aber noch immer kalte Menschen, Absteigehotels fürs Wochenende, Immobilienmakler und Masseure gibt: bauchlastige Trostlosigkeit

Wie lang die frischgefallenen Kastanien kalt bleiben in der Hand!

A. macht es nichts aus, wenn man sie beschimpft; Reden berühre sie nicht, nur Anfassen, Stoßen etc.

Manchmal ist eine Stimme in mir, die mein sozusagen *unmögliches* »Ich« verkörpert und sich mit ganz klaren, hoffnungslosen, lustlosen Sätzen meldet, wenn sich mein *mögliches* »Ich« gerade noch einer Zukunft gewiß war

22. September

Die Tristheit der momentanen Umgebung (Wohnen im Hotel) führt wieder, wie sehr viel früher, zu vor Wärme und Geborgenheit glühenden Träumen: das unverwüstliche Bewußtsein!

Es müßte mir doch auch hier einer entgegenkommen, der mit mir etwas gemeinsam hat

Die Leute hier sind so feindselig, als ob sie gar kein eigenes Leben hätten; auch keins haben wollten

»Ich habe eine sehr große Knotenaufmachgeduld«

Die vorzeitige Müdigkeit in kleinen Zimmern

A., die etwas haben, gekauft haben will, deutet das seit kurzem (nach vielen Predigten gegen das Habenwollen) nur noch an, indem sie verschämt lacht, dabei jedoch so laut, daß es die andern hören und deuten sollen

Die lange Busfahrt durch die Vorstädte heute, an wie gerade verprügelten Frauen vorbei, die in ihrem Geprügeltsein kurz schön geworden waren und vor allem bereitschaftslos, ohne Abweisungsmienen und die alte Verschlossenheit; erblüht zu Ansprechbaren durch den vorübergehenden Verlust ihrer Bereitschaftsdienstgesichter; der wehrlose Ernst dieser jungen Frauen, die sich gerade, zum ersten Mal geschlagen, darauf gefaßt gemacht haben, daß sie ab jetzt leiden werden, für eine nicht absehbare Zeit

23. September

A.'s Schulschmerz: sie übt schon vorher, den Weinkrampf nicht zu kriegen, indem sie flach atmet, und mein Gefühl der Ohnmacht dabei, das für einen Augenblick zu einer tatsächlichen körperlichen Ohnmacht wurde

Ich verlor mich aus der Zeit in einen Baumwipfel

Am grauen Himmel nichts wahrzunehmen – ich brauche ja gar kein Zeichen, nur etwas zum Wahrnehmen

Das trostlose Kind anschauend: »Mein Fleisch!«

Besitzer einer (1) Erinnerung: er erinnert sich nie mehr für andre

Jetzt, in der Niedergeschlagenheit, bei sich nicht schließenden Augen, die Vorstellung, ein »allgemeines Gesicht« zu haben (doch daß, wenn jemand käme, um dieses allgemeine Gesicht zu sehen, ich unfähig wäre, es ihm zu zeigen, sondern nur dasäße mit meinem nichtssagenden privaten)

Am Restauranttisch sprechen die Frauen über den Tumortod einer Freundin mit der Geschwindigkeit und Geschmeidigkeit von Rundfunksprecherinnen, auch mit ähnlich triumphaler Gewißheit

24. September

Ein Mann marschierte mit gestrecktem Arm, wie zu einem faschistischen Gruß, auf eine Türöffnung zu und stützte den Arm in den Türrahmen, so stehenbleibend, und alles verlor sofort seine Bedeutung und wurde friedlich

Annoncen von Häusern in künstlichen Dörfern (»domaines«): die dazugehörigen Zeichnungen zeigen, wohin es mit den Vorstellungen vom Paradies gekommen ist: ein Kind auf den Schultern des Vaters, der damit, gefletschte Zähne, durch den Garten kurvt; schräggestellte Sonnenschirme; Stühle, die vor dem Haus von schlanken Menschen für eine Geselligkeit zusammengeschoben werden; »Hier leben Sie das ganze Jahr über wie in den Ferien« (auffallend, daß keine Person auf den Modellzeichnungen beide Füße auf dem Erdboden hat – so fröhlich sind sie alle, herumtollend)

Der Haß eines Kindes auf das Draußen, wo es immer hingeschickt wird: in den Garten, in die »frische Luft«: »Draußen ist es so schön, warum spielst du nicht draußen?«

Den ganzen Morgen nur gleichsam ungültige Gedanken, die mir durch den Kopf gehen; keiner, mit dem ich etwas anfangen könnte; nur Vorurteile statt Überraschungen

Kastanien vor dem Fuß in der warmen Sonne: wieder Verdoppelung dieses Vorgangs durch eine Erinnerung, und doch gleichzeitiges Erlebnis der Nicht-Deckung: »damals« erlebte ich diesen Vorgang nicht harmonisch, selbstvergessen wie jetzt, sondern ein bißchen daneben, als Darsteller jemandes, der mit dem Fuß eine Kastanie vor sich herschiebt in der warmen Herbstsonne

Die verschwommenen Fotos von Toten in den Zeitungen

Eine Frau im Café, die lange still in einer Ecke allein sitzt und plötzlich tief und stark zu atmen beginnt

Doppelgängererlebnis: ». . . seine spezifische Art des Denkens

– sein tiefstilles Gegeneinander-Führen des zunächst Widersprechenden, bei zurücktretendem eigenem Lebenshintergrunde, bis zum Einschießen ersten bekannten Fadens in fremdes Geweb« (Die Strudlhofstiege)

Ich dachte an jemanden, der, auf einem geschichtsträchtigen Boden meines Geburtslandes stehend, mich nach meinem Verhältnis zur Geschichte dieses Landes gefragt hatte, und in der Erinnerung an diesen Moment (und an die verschieden zueinanderlaufenden dunstigen Hügel des Landes) fühlte ich mir einen Zellophansack über den Kopf gezogen

D., dessen Mutter Krebs im Endstadium hat, sagte: »Diese Mutterkiste.« Als ich etwas andres hören wollte, sagte er: »Ja, soll ich denn sagen: ›Meine Mutter‹?«

Manchmal, wenn jemand mit mir ist, das Gefühl, daß wir eigentlich wenig miteinander zu tun haben – und so bemühen wir uns besonders intensiv umeinander, wollen noch die letzten Daten voneinander erfahren

A. sagte: »Heute ist ein schöner Abend!«, und suchte dazu eine Begründung darüber hinaus, daß am nächsten Tag keine Schule sein würde: die hellen kleinen Wolken am Himmel; die sah sie, weil sie morgen frei haben wird (das nicht wegzuvernünftelnde Schuldbewußtsein, das Kind täglich in die Schule *abzuschieben*)

Das nächtliche Paris zu unseren Füßen breitet sich mit den Lichtern nicht aus, sondern bleibt wie böse ineinander verschachtelt, verzahnt, verbissen

25. September

Herbstmorgenfrische, mit dunklem Licht und Regenstimmung, der bedeckte Himmel trotzdem wie leuchtend von unten her, eine Zeder davor mit fuchsartigen Ästen

A. war gestern freundlich zu mir; alles von mir gefiel ihr; sie verteidigte mich gegen andere Meinungen

»Beschränkt auf sein Wirklichkeitsgrab«

A.'s Angst vor der Schule als vor der kältesten Fremde (noch schlafend scheint sie zu leiden)

Eine Veränderung: andere über mich denken lassen zu können, »was sie wollen«

Herbstgewitter: Blitze leuchteten, aber nicht oben am Himmel, sondern unten in einer Allee, zwischen den Bäumen, fast ohne Donner, ohne Regen; nur ein stärkeres Bäumerauschen nach den Blitzen, die nicht aufzuckten, sondern eher aufleuchteten, ganz allmählich, nach und nach, verfolgbar

26. September

Heute früh, bei der Wahrnehmung des so selbstverständlich funktionierenden Wasserhahns die Vorstellung, daß alle die tatsächlichen Ängste, Paniken, Lüste der Kreaturen bei mir (uns) nur noch als eine Art Modell, als umgesetzte Darstellung, als Planquadrat bestehen und sich in Gang setzen nur noch in einem ganz kleinen Maßstab zu ihrer wirklichen Größe, im Verhältnis zu den wirklichen Ängsten usw. der *Kreaturen,* was auch immer diese »Kreaturen« sein mögen (das gewaltige System der Ängste, aus der Natur-Umgebung gerissen und eingesetzt in eine begrenzte, um ein Vielfaches verkleinerte Kunstumgebung, wie diese heutige Sonntagmorgenzivilisation mit funktionierenden Wasserhähnen)

Ein idiotisch weltvertrautes Grinsen im braunen Gesicht

Die plötzliche, tiefböse Zurechtweisung von Kindern in den Restaurants – worauf die Erwachsenen, tödlich routiniert, ihre bezaubernde Konversation fortsetzen und das bedrohte Kind nur noch dösend danebensitzt (auf einmal tauchten aus der Konversation Zeigefinger und Fäuste auf, ein gerecktes Kinn, gegen das Kind gerichtet, als allerletzte Warnungen)

200

Als ich dem Blick der blonden Frau begegnete, ereignete sich dort ein Augenaufschlag, aber so reflexhaft, daß er noch ein paarmal hintereinander erfolgte, unaufhaltsam, und dann erst gestoppt werden konnte

Ein junges Mädchen, das schon ganz damenhaft nur mit dem Mund redet, ohne sonstige Bewegung des Gesichts

»Seine Augen voll Teilnahmslosigkeit auf sie fixiert« (Meine frühen Jahre)

Sonntagnachmittag; und meine Wut auf die Zeit; äußerlich Gereiztheit; innen ganz große Heillosigkeit (»das Zeitknirschen«)

Allein in einem Zimmer sitzen und sich allmählich immer schmutziger vorkommen

Ungeheure Reizbarkeit, nachdem ich den ganzen Tag nur die Stimme eines Kindes gehört habe (wie sich ändern?)

Im Abendhimmel Stellen wie Morgenblau, und die Kinder auf der dämmrigen Parkterrasse laufen nur noch stumm, sehr undeutlich dahinwischend, und doch von großer Deutlichkeit

Gerade merkte ich, daß die Sachen auf meinem Tisch, das Blatt mit den Notizen, die Schere, das Wörterbuch, die aufgeschlagene »Strudlhofstiege«, die Briefmarken, eine gewisse Würde haben, die mich begütigt (». . . auch jetzt fühlte sich Melzer wie losgebunden vom Pfahle des eigenen Ich . . .«)

Die Angst für alle Zeit von jemandem wegstreicheln

27. September

»Er brachte fertig, nichts von dem zu denken, was man sich so im allgemeinen denkt; und damit setzte Melzer, freilich ohne es zu ahnen, die zweite erhebliche geistige Leistung seines Lebens«

Der gebeugte Rücken eines Kindes, vor Elend bucklig geworden; das Gähnen anstelle des Schluchzens, das es zurückhält; die kleinen dunklen Wolken treiben wie tote Tiere über den Himmel

Buben vor der Privatschule: und ich dachte: »Da sind schon die zukünftigen Wirtschaftsverbrecher!«

Besänftigung der Zerrissenheit, der Wehrlosigkeit (Schule): angesichts all der Widersprüche im Vorortzug (Lob der Vorortzüge)

Die Unmenschlichkeit in der Müdigkeit

Erinnerung an manche Zustände der Harmonie, wo ich sicher war, daß alle meine Sprache sprächen und ich mich mit allen verständigen könnte; wo man sich auf jede kleine Wahrnehmung freudig gegenseitig aufmerksam machte: »Ah, es regnet!« Das wurden die schönen Gespräche

Ein ungutes, unfreiwilliges Selbstgespräch: am liebsten würde ich mit niemandem reden, auch nicht mit mir selber

Er wollte nicht fernsehen (sah auch nicht fern); und trotzdem war die Vorstellung, daß er jetzt fernsehen *könnte,* ihm zuwider, mehr noch, als sähe er tatsächlich fern

Ich sah den Tellerwäscher in der Hotelküche, von außen in der Regennacht, wie er das Besteck trocknete und es virtuos aus dem Tuch heraus in die richtigen Fächer schnellen ließ, und wieder einmal erschien mir dieses Bild als eines aus meinem fernen künftigen Leben: ich mit einem ebenso schmalen Haarkranz wie dieser alte Küchengehilfe mit seiner blauen Schürze und seiner Virtuosität wenigstens im Abtrocknen

28. September

Der Wind im Fell eines Hundes; die Haare bewegen sich nur obenhin (Frühlingserinnerung)

Leute in Alleen, in der Obhut von Alleen, immer weitergehend, geschützt vor dem Regen, fallende Blätter vor und hinter ihnen; Sonnenschimmer schon an den unteren Baumästen, so schütter ist das Laubwerk geworden

Mein (irgendwie sadistischer) Wunsch, daß A. ihre manchmal von allen abgewandte Verlassenheit nie ganz verlieren möge

Erleichterung: vom Blick auf einen noch so pittoresken, noch so phantastischen Himmel sich nichts mehr zu erwarten, keinen Ausweg, keine Ablenkung

Unbewohnte Zimmer gar nicht erst unheimlich werden lassen

Wie gut ich immer in der Verlassenheit aussehe: wie trainiert, wie geformt! (Ein besserer Mensch).

Im dunklen Raum der Duft einer gerade gelöschten Kerze

Einmal am Tag wenigstens sollte es mir gelingen, gar nichts *sein* zu wollen, so wie es dem Melzer gelang, gar nichts zu *denken* von dem, was man üblicherweise so denkt

29. September

Nach einer schwierigen Nacht die Träume durchgehen und im nachhinein das Gefühl haben, an einer Stelle in tatsächlicher körperlicher Lebensgefahr gewesen zu sein. Donner am Morgen: ein richtiges Fauchen am Schluß, und dann ein Brummen, ganz nah; dann wieder ein Donner, sehr lange, der über den ganzen Himmel geht – und dann wieder zurückkommt, umkehrt!, und nach langer Zeit ganz woanders aufhört

Zufriedenheit: an einer Bushaltestelle in der warmen Sonne mit einem Kind wartend auf einer Stufe gesessen

Beim Kinderfest mit den liebenswürdigen, routinierten, ihr Lebensspiel anscheinend sicher absolvierenden großbürgerlichen Frauen im Garten: das alte Gefühl meiner Beflissenheit in einer solchen Gesellschaft, und doch des immer falschen Handelns, unnötigen Zugreifens, gezwungenen Freundlichseins zu diesen Fremden und ihren mir noch fremderen Kindern, die da z. B. feindselig starr aufeinandersitzen oder ihre Schieß- und Kampfspiele betreiben, wobei wieder mein abgetan geglaubtes Bewußtsein sich einstellt, einer unteren Schicht anzugehören, ein unstatthafter Emporkömmling aus gar keinem Milieu zu sein

Der Lehrer, dessen Kind an Leukämie gestorben ist, hat während der ganzen Jahre der Krankheit, wenn er Unterricht hielt, in den Sprechpausen still gebetet

30. September

Allmähliches Erwachen aus dem harmonischen Schlaf: ein an einer Wand angesaugter Gummipfeil löste sich langsam und fiel dann zu Boden

Jemand sagt in Gesellschaft etwas, was er für sich schon öfter gesagt hat, unterbricht sich plötzlich und spricht: »Eigentlich unsinnig, was ich da behaupte. – Gut, daß man manchmal in Gesellschaft ist!«

Schönheitsschauer auf der öden Straße neben dem Bahndamm – und zugleich Furcht, aus dem Auto, das da entgegenkommt, würde im nächsten Moment auf einen geschossen werden

In der Allee fallen mitten in der Nacht, von den Laternen bestrahlt, langsam die hell glänzenden Blätter; Bild von den nachts in der Allee oft still stehenden Leuten, die alle entstellte, stiere Gesichter zeigen wie Gewalttäter; tote, brutale Gesichter in dieser säuberlichen, vornehmen Allee, deutlicher und erschreckender als in der Métro, vor allem durch die Vereinzelung unter den Bäumen, deren Kronen oben geschlossen sind, durch das stille Verharren neben den Bäumen, verbrechergaleriehaft; Bilder »des Bösen«, immer im Profil

1. Oktober

Ich suchte Hilfsvorstellungen für das schmerzhaft klopfende Herz und dachte an Frauen; das Klopfen blieb, der Schmerz verschwand (eine unbekümmerte Nacht)

Die braunhaarige, starke, lebensvolle Frau in der Métro: alle andern Gesichter wurden künstlich – und während sie noch am Aussteigen war, dachte ich, sie ansehend, schon an sie als an jemand für immer Verlorenen

Die schöne Verschlossenheit von uns allen, die wir uns durch die Métrogänge bewegen; eine denkbare Lebensform

Vorsicht vor Leuten, die immer wieder sagen, daß sie mit Geld nicht umgehen könnten, daß ihnen dieser Bereich ganz fremd sei: vielleicht stimmt das sogar – aber gerade dann werden sie, überraschender und brutaler in ihrer schlechten Nachahmung dessen, was sie für den üblichen Umgang mit Geld und Geschäften halten, dich, ohne es vielleicht selber sich bewußt machen zu können, noch viel vernichtender, verletzender drankriegen als die sog. routinierten Geldmenschen

Daß ich so gar kein Gefühl aufbringen kann für die still und starr im Café an der Bar hockenden oder geknickt stehenden Nachmittagsfiguren; ich dachte an Edward Hopper dagegen, der solchen Leuten in seinen Bildern vielleicht wenigstens eine traurige Vergangenheit gegeben hätte – ich konnte mir nicht vorstellen, sie zu zeichnen; sah nur Visagen

Der triste algerische Busfahrer, der seinen Job aufgab, weil er immer öfter weinen mußte, wenn ihm die Fahrgäste ihre Scheine hinhielten, mit denen sie vorher in ihren Zähnen gestochert hatten

Als würde bei manchen nicht einmal die Tatsache, daß sie einem das Leben retten, mich dazu bringen, über sie stutzig zu werden

Jemand, der wohl kluge Sätze sagt, deren Zusammenhang

mit ihm man aber sofort vergißt – er wirkt dumm bei all seinen Klugheiten

Ein verlegener, verwirrter Eigentümer (kurz danach sah ich einen entschlossenen Besitzlosen)

2. Oktober

Wiedereinschlafen nach langem Wachsein: ein Punkt auf dem Rücken, dessen ich mir gerade noch bewußt war, spielte einen Moment später schon in einem Traum mit, während der übrige Körper noch wach war; an diesem Punkt begann der Schlaf und erfaßte allmählich sanft den ganzen Körper

Der Busfahrer erzählte von seiner Depression wie von einem üblichen Lebensvorgang: »J'ai fait ma dépression là-bas à M.-La-Forêt.« (»There was a house in New Orleans«)

Die Ankunft des Vorortzugs in der Metropole am Samstagnachmittag: abenteuerlich blickende junge Frauen, dazwischen ein Mann mit geschwollener Nase, neben ihm ein Mädchen mit Hautabschürfungen an der gleichen Stelle

Vorstellung, daß Leute, die nicht lesen, gar nicht wissen, was sie tun; daß sie auch gar nicht erreichbar sind

Der Wald (vor allem Laubwald) in der Nähe großer Städte: die ödeste, höllischste, menschenfresserischste europäische Allerwelt (mit Reiterzeichen an den Bäumen); nur noch Mundfürze ausstoßen statt reden, sich auf den Bauch werfen und blöken, während wieder einmal Buben mit Platzpatronen durch die Gegend knallen und ein paar griesgrämige Familienspaziergänger mit niedergeschlagenen Augen einander kreuzen; tropfnasse Glitschigkeit, Hundedreck auf den Baumwurzeln, stachlige Maronenfruchtkugeln, Schwärze vor den Augen – und doch erscheint immer wieder in dieser unüberbietbaren Ödnis, dieser höhnischen Hinter-dem-Haus-Gegend die Idee von einem Wald, der sich vor einem ausdehnen wird und das sein wird, »was der Name gesagt hat«

Nach den Träumen dieser Nacht: ich glaube, seit langem wieder einmal, an Träume – nicht in dem Sinn, daß sie etwas aussagen, bedeuten oder mitteilen, sondern daß sie eine erhabene andere Welt zeigen, die sich über die Wachwelt spannt und in der das Personal der Wachwelt wiedererscheint, doch endlich ohne das Gängelband seiner Geschichte, an dem es wie alter Kot verkümmert, vielmehr hineingeholt in einen phantastischen, ewigkeitsdurchschauerten Weltraum, in den die Leute gestoßen sind wie zu ihrem ersten und letzten Leben, wo in der dunkelsten Nacht alles voll sein kann von friedlich Wandelnden oder der hellste Tag ganz totenstill, mit einer einzigen Gestalt in der Ferne, die noch eine kleine Vorgabe hat vor dem Atomblitz, der nun wie eine Staubwolke über die Landschaft rollt und den Laufenden auslöscht und wenig später auch uns, die wir zuschauen. (Trotzdem die banalen Wahrnehmungen des Wachseins weiter festhalten)

Höflichkeitsgespräch über Literatur mit einem Fremden, der gar nichts wissen will, sondern nur so dahinfragt: beide spielten wir mit den Händen in den Taschen vor Zwang, und er schaute beim Reden immer ganz kurz zur Seite zu seiner Frau, die im Hintergrund immer wieder stehenblieb, um zuzuhören und teilzunehmen, während auch ich immer wieder ganz kurz zur Seite schaute, wo aber niemand war, eigentlich bereit, das Gespräch jederzeit sofort abzubrechen, und doch immer weiterredend und -erklärend, und dann immer wieder einer dem andern eilfertig zustimmend und rechtgebend, bis der unbeteiligte Körper nur noch schwer und kalt am enggewordenen Kehlkopf hing, weggesackt von einem, und man wollte lieber dieser weggesackte kalte Körper sein als diese teilnahmslos räsonierende Stimme ohne Klangraum

Gespräch mit einem Mathematiker: den »esprit mathematique« erklärt er als die Fähigkeit, von jeder Erscheinung die Umkehrmöglichkeit zu sehen: warum sagt man: »Das Glas steht auf dem Tisch« und nicht: »Der Tisch steht unter dem Glas?«; und zweitens als die Fähigkeit, jede Folge von Operationen zu minimalisieren, also zu versuchen, welche Operation in einer Reihe wegfallen kann und welche noch, um immer dasselbe Ergebnis zu erreichen (schon sein kleiner Sohn habe diesen esprit: »Warum kann der Tisch nicht auf drei Beinen stehen; warum nicht auf zwei . . .?«)

Ein Bild im Gehen am Abend: das kleine schmale Haus unter andern an der Hauptstraße, mit zwei niedrigen Stockwerken: im ersten steht ein Bursche im beleuchteten offenen Fenster; im zweiten, genau darüber, aber hinter einer Jalousie, steht noch eine Gestalt, rauchend: große Traurigkeit des Sonntagabends

Das Kind im Restaurant hält sich die Hände nicht vors Gesicht, sondern an den Kopf, als die Mutter sich nach wiederholten Drohungen ihm nähert; als es dann wieder gegen das Verbot im Raum umherirrt, mahnt es der Vater: »Das ist kein Sportplatz hier!«, und als es dann Erdnüsse haben will, sagt der Vater: »Das ist kein Kino hier!« (Große Traurigkeit des Sonntagabends)

Weintrinkend: *plötzlich habe ich Zeit*

»Im Taumel der Fremdheit«

4. Oktober

Wie ich schon den ersten Moment des Wachseins benütze, kreuz und quer in mir herumzuforschen

Die Pupillen des Mathematikers, in der Unkonzentriertheit, schnellen manchmal im Auge auf und ab und kreuz und quer, wie die weißen Punkte in den Tennisautomaten in den Cafés

Nur nicht ergriffen, mitgerissen werden von dem, was man sagt: so kann man ruhig schlafen

Spät in der Nacht, mitten im Gespräch, plötzlich ein leises, tiefes Stöhnen im Haus; wir hielten alle inne und dachten, es sei ein Kind; dabei waren es die Bremsen eines fernen Lastwagens

5. Oktober

Für Augenblicke, während sie mir zuhörten, wurden die Hausleute gestern abend ganz andächtig, als erführen sie gerade wirklich, was ein Dichter sei, und das waren sehr peinliche Momente, wo ich mir und ihnen nur helfen konnte, indem ich sofort ablenkte (auf Blue Jeans z. B.)

Der Vorortzug, der wartend im Bahnhof steht – und wie immer noch jemand die Treppe heraufhetzt und vor Aufregung beim Einsteigen ungeschickt den Schritt wechselt, und wie dann noch einer ganz geruhsam die Treppe heraufkommt, als hätte er mit diesem Zug nichts zu tun, am Bahnsteig entlangschlendert und plötzlich doch noch, in einem schnellen Entschluß, auf den Zug zurennt; und wie dann drinnen alle im endlich losfahrenden Zug sich über die starr gewordenen Gesichter streichen

Vorstellung, daß mein bisheriges Leben ein Schatz ist und daß, indem ich gehe, mich bewege, auf jede kleinste Regung gefaßt bin, ich immer wieder Kleinigkeiten von diesem Schatz gewinnen kann

Die singend zu ihren Enkelkindern sprechenden Großmütter

Sexualität in der Luft wie eine Mordstimmung

Das Mädchen singt beim Bügeln ganz genau ein Lied mit, das aus dem Radio kommt (»You're sixteen, you're beautiful and you're mine«); dazwischen das Schleifen und Klicken des Bügeleisens und der Geruch der bügelwarmen Wäsche, der durch das Haus zieht

Der Mythos von Narziß: Ob nicht vielleicht gerade das lange, forschende Anschauen des eigenen Spiegelbilds (und im weiteren Sinn: der von einem verfertigten Sachen) die Kraft und Offenheit zu langem, unverwandtem, sich vertiefendem Anschauen andrer geben kann? (Der sterile, neuartige Narzißmus scheint mir die umgekehrte Haltung zu sein: das unverwandte, hysterisch a priori Teilnahme behauptende Anstarren der andern ohne Erfahrung seiner selbst, unter Verleugnung des eigenen Ich)

»Ich bin im Moment so glücklich, daß ich nicht lesen kann«

Als ob ich hier, in einem andern Land, eine Würde hätte, die ich in Österreich nicht habe (ich bin hier nicht der Gefangene einer Umgebung)

Ein Kind, das auch im entspannten, im Ruhezustand, helle weiße Knöchel hat

8-mm-Filme des Mathematikers aus seinem Arbeitsland, dem Senegal: immer nur Leute in Badekleidung am Wasser, im Wasser, auf dem Wasser, oder »der Markt« (von Dakar), der »so lebendig ist«, nicht so »steril wie hier«, oder Wasservögel: als sei nur Freizeit in diesen Filmereien, ödeste Freizeit, und als würde diese Freizeit völlig in Freizeitgebieten vor sich gehen, ablaufen, bis zum Verenden

6. Oktober

Die Kinder in den meisten Amateurfilmen: als ob sie ihre Persönlichkeit verlören und nur noch »Kinder in Amateurfilmen« darstellten – nichts als sogenannte Kinderbeschäftigungen mehr verrichteten (sie müssen, für den Film, spielen, baden, Wasser spritzen, radfahren . . .)

Fortschritt: ein Schimpfen und einen Streit hörend auf der Straße, ging ich ohne Blickverschwendung weiter

Und doch macht die Zeit manchmal am Tag unvermutete Sprünge, wie wenn man eingenickt wäre

Erfahrung, heute in der Hausdämmerung, im öden Zwielicht, in der Funktionslosigkeit, daß ich unter der Zeit tatsächlich »leide«; lächerlich – ich hielt den Atem an und spürte richtig ein Leiden in mir ziehen, nicht Schmerzen, sondern eine gleichmäßig scheußliche innere Krankheit – und ich konnte zum ersten Mal das Wort »leiden« auf mich anwenden, wobei ich dachte, daß doch alle, denen ich davon zu erzählen versuchen würde, nur sagen könnten: »Wie bitte?« (Die Empfindung einer alten Nähmaschine, die sich langsam in meiner Brust bewegte.) Es war ein Augenblick, da ich entdeckte, daß die Anfälle von Unbehagen bis jetzt Zeichen beständigen Leidens gewesen sind: als bloße Unbehaglichkeiten erlebt, weil man sich das Leiden verheimlichen wollte; es war so, wie wenn man sich eines Tages sagt: Jetzt bin ich also wirklich krank! (Absolute Sprechunfähigkeit) – Und dann A., die, die Hände auf dem Rücken, herbeikommt und sagt: »Ich freu mich, daß ich lebe. Ich freu mich auf irgendwas, aber ich weiß nicht, auf was. Es wäre schon schlimm, wenn ich nicht leben würde.«

7. Oktober

Wie mir immer wieder ein Zusammensein, das schon ganz offen, frei und selbstverständlich, und weil das so überraschend war, auch warm wurde, plötzlich, »schlagartig« abreißt, aufhört, nur weil ich die Antwort auf eine ganz einfache Bemerkung nicht mehr über die Lippen kriege und dann panisch nach Antwortmöglichkeiten suche – worauf das Zusammensein wieder auseinanderflüchtet in ein entmenschtes Ritual von Bewegungen, Wörtern usw.; nach der großen Harmonie wieder die Ruckhaftigkeit der Augäpfel, der Köpfe, aller Gliedmaßen, auch der Sprache

Im Streit und Kampf eines Kindes mit einem stärkeren Kind: schließlich bleibt nur noch ein gellender, wiederholter Schrei, bei ganz unbewegtem Gesicht, als Waffe – worauf das andere Kind auch wirklich die Flucht ergreift

Jemand, der von klein auf keinen freien Ausblick, keinen freien Auslauf in eine Umgebung hatte, wo alles feindselig nahe und immer noch näher kam, würde den einzigen Ausblick an sich selber entdecken, an seinem Körper, und dies wäre eine (sehr leichtfertige) Begründung für die Selbstverschränkung einer solchen Person: das eigene Subjekt als Weltgegend – was vielleicht ganz ähnliche Ergebnisse brächte wie eine tatsächliche Erdumseglung; und eins der größten Abenteuer dieser Person wäre die *Ent*schränkung ihres Körpers in einer späten Phase ihrer Geschichte, die Entflechtung der immer übereinandergeschlagenen Beine, der Hände, die zwanghaft sich immer irgendwo am Rumpf festhalten, am Kopf anklammern, zugleich diesen abstützend, so daß schließlich am Körper jeder Teil für sich, ohne Berührung mit einem andern Teil bliebe, in völliger Gelassenheit, auch ohne Gespreiztheit (nur ja die Nicht-Berührung zu erreichen), worauf eine Berührung der Teile untereinander auch wieder möglich wäre, aber nicht mehr als Anklammern, sondern als beiläufige, vernachlässigbare Nebenhandlung, als ein Nebengeschehen, als flüchtige Begleiterscheinung in der freien Bewegung oder Ruhe

Generalstreiktag: immer wieder offene Geschäfte, fahrende Busse etc., und doch ein Gefühl, als bestünde zwischen den einzelnen Tätigkeiten und Bewegungen keine Verbindung mehr; es herrscht ein loses, abgerissenes Nacheinander, ein zaghaftes Klopfen da, ein kleines Anfahrrauschen an einer Ampel dann, und die nichtarbeitenden Leute wandeln wie verloren, ratlos die Kinder oder Hunde ausführend; es ist laut auf den Boulevards, und doch ein bißchen leiser als sonst, so daß leichte Halluzinationen anfangen und man vielleicht gleich in ein Auto rennt (und dann wunderte ich mich, daß aus der seltsam entleiblichten Stadt der Eiffelturm ragte: die Vorstellung, auch er müßte an diesem Generalstreiktag verschwunden sein, wie die meisten anderen Stadtphänomene)

Plötzlich wieder, wie jetzt gegen Abend, von der Zeit freigelassen; mildes, seliges Freiheitsgefühl, wie nach einer tragischen Erfahrung, die man überstanden hat

Einem Kind die Angst ausreden wollen, die man selber hat: »Schau, es gibt so viel Angst in der Welt. Da ist unsere Angst gar nicht mehr nötig. Hören wir doch auf mit unserer Angst. Es gibt viel wichtigere Angst.« So redet man ziemlich angstvoll dahin, und immerhin tritt dabei eine schöne, kurze Liebe ein

Nacht; ein Handwerker raschelt und bohrt im Haus: welche Sicherheit! (»Wenn man arbeitet, stört man niemanden«)

8. Oktober

Sich zwingen wollen, an etwas anderes zu denken: ein taumeliges Schmerzgefühl – dann lieber die Dummheiten weiterdenken, bis sich von selber was anderes ergibt

Welke Blätter, die hinter einem hertreiben, als verfolgten sie einen; Tage von so klarer, tiefer Schönheit, daß man meint, es könnte jetzt nichts Böses von jemandem begangen werden; Schönheit, die wirklich *jeden*, der sie erlebt, überwältigen muß, wer er auch sei, was er auch vorhat; Frieden durch Schönheit, und ein altes Bild steigt auf: die Luft hat Schwingen

»Sie ging, um wahnsinnig zu werden, in einem weiten Kleid auf die Straße hinaus«

»Daheim im Supermarkt«

Eine im Unglück unter vielen ganz Gleichgültigen: das Atmen wird zum Klagen

Wie manchmal die Redeunlust bei mir zu Mordlust wird

Lange Zeit ohne Angst: das Schuldgefühl der Wesenlosigkeit

Stimmen im Fernseher: diese dünnen und doch lauthalsen, naseweisen Stimmen: eine Theaterübertragung

9. Oktober

A.'s unbeherrschtes Schlafen: Körper und Gesicht völlig dem Schlafen hingegeben; die Lippen öffnen sich jeweils leicht beim Ausatmen, so daß dann die Zähne aufglänzen, zugleich bildet sich eine kleine Speichelblase zwischen den Zähnen, die, je näher es dem Aufwachen zu kommen scheint, desto öfter

213

platzt, und die Lippen, dick im Schlaf, öffnen sich immer mehr, während die Augenbrauen zucken und die Wimpern zittern

Als ob für viele die Sexualität die einzige Erfahrungsmöglichkeit wäre, die einzige Weltberührungsmöglichkeit

Nach jedem langen Schlaf den Selbstberührungszwang verlieren; es vergehen immer wieder Stunden, bis vielleicht gegen Mittag wieder zwanghaft die Selbstanklammerungen einsetzen: diese Stunden immer weiter ausdehnen (eine Schlafkur machen, um endgültig von sich loszukommen)

Trübe Angst – die Augen dürfen sie gleich erst nicht zulassen, dürfen nicht selber gleichsam noch zur Verfinsterung und Eintrübung beitragen; mit ganz offenen Augen genau schauen – so wird das Licht nicht eingetrübt von der Angst (Vorsätze . . ., beim Anblick eines gelben Stuhls, im Garten von der Sonne leuchtend)

Den ersten Abend allein in dem Haus, bewege ich mich viel vor den Fenstern, um einem Außenstehenden mehrere Bewohner vorzugaukeln

10. Oktober

Die Nacht muß mein Element werden!

» . . . doch da ihre Art zur Zufriedenheit und ihr Wesen zum Glücklichsein neigte . . .« (Jane Austen)

A., nachdem sie den ganzen Tag nur mit mir zusammen gewesen ist, wird gegen Abend, als endlich ein Kind kommt, sehr fahrig und ratlos; nachher sagte sie, sie wüßte schon gar nicht mehr, wie Spielen gehe, hätte das Spielen verlernt

Ein Auto, das in der stillen Nacht an dem Haus vorbeifährt: kurz ein Wohlgefühl, als würde man geerdet

Ein Buch, das vor fast 200 Jahren geschrieben wurde, aufschlagen, einen Satz lesen und plötzlich meinen, man selber habe ihn geschrieben (»Schweigend gingen sie weiter – beide tief in Gedanken versunken«)

11. Oktober

Nach Monaten immer in Gesellschaft oder, wenn allein, dann immer unterwegs: wieder, wie üblich, vergessen, wie nervös, gelinde gesagt, das Alleinsein macht: ein Gefühl der Schwerhörigkeit bei Tag, ein Gefühl der Hellhörigkeit bei Nacht; Gespenstseherei Tag und Nacht – und das Schuldgefühl des Alleinseins: trotz Lesens, Schauens, Arbeitens, Musikhörens eine Anwandlung wie damals in der Studentenzeit: nichts zu erleben, müßig, dumm und faul außerhalb des Laufes der Dinge zu vegetieren

Dunkler, windiger, tröstlicher Morgen: im Abstand fallen die Haus- und Gartentüren zu, wenn die Leute weg zur Arbeit gehen; ein Topf wird vor der Haustür ausgekratzt; ein Mann, auf dem Weg zum Auto, blättert in der Brieftasche, den Mantel im schnellen Weggehen über den Arm gelegt; ein voller Plastiksack wird in die Mülltonne geleert und zum Wiedergebrauch in das Haus getragen; ein Pensionist tritt in offener Strickweste aus dem Gartentor, schaut nach links und rechts und geht wieder hinein (sperrt das Gartentor zweimal ab); ein junges Mädchen bewegt sich mit den Armen rudernd voran, als sei sie schon eine ältere Frau; Keuschnig mit seinem schwarzen Köfferchen, einen hellen Wirbel im dunklen Haar, den freien Arm schwingend beim Geradeausgehen, schreitet festauftretend unbeirrbar vorwärts; die Mutter tritt auf, im Popelinemantel, und läuft zwischendurch mit schwerfälligem Hinterteil ein paar Schritte, die Handtasche in der Ellbogenbeuge, eine große Einkaufstasche in der andern Hand – und allmählich geht mir auf, daß alle Personen aus meiner erfundenen und tatsächlichen Vergangenheit, je mehr ich mich vertiefe, da am frühen Morgen unten auf der Vorstadtstraße vorbeigehen, und ich selber, das Gesicht dicht an der Fensterscheibe, komme mir vor wie der Idiot des Hauses, der so den ganzen Tag, das Gesicht an das Glas gepreßt, hinausstarrt, etwa auf die Frau jetzt, die mit schwerem Unterleib zu laufen versucht, aber immer nur mit Armen und Schultern Laufbewegungen macht, indes von den laufensollenden Beinen doch jeweils, wie beim Gehen, eines auf dem Boden bleibt; – am Rand heller, sonst fahldunkler Himmel

Manche sagen statt »Mode«: »das historisch Richtige«; später bezeichnen sie ihr »historisch Richtiges« als Mode (historische Denker)

Das Gesicht einer jungen Frau, die am Montagmorgen ein Warenhaus betritt: »eigentlich erstaunlich unversehrt«

12. Oktober

Vier Stunden Schlaflosigkeit – Ausbeute: zwei kurze Sätze; danach wohlige, schwarze Müdigkeit (als würden in der Schlaflosigkeit alle aktuellen Bedrückungen gleichsam um und um gewendet, bis jede von ihnen sozusagen »durchmüdet« einen stillen neuen Platz im Bewußtsein gefunden hat: heilsame Schlaflosigkeit)

Jemand am Telefon: sich verabschiedend, entfernt er sich mit dem Mund auch schon wirklich vom Telefon, vergleichbar dem »fade-out« bei Schallplatten (brutaler Effekt)

Wunsch nach einer Gegend, wo man laufen kann, ohne daß sogleich von allen Seiten die Hunde jaulend gegen die Gitter springen

Die Mutter vor der Schule, die endlich ihr Kind sieht, das auf sie zuläuft: im Mundaufreißen geschieht eine scheußliche Grimasse der gespielten »freudigen Überraschung«

Wir trennten uns auf der Straße, und jeder ging seines Weges: als finge nun unser eigentliches, anonymes Leben wieder an

Rückschritt: In der neuen Umgebung fange ich wieder zu laufen an, wenn das Telefon läutet (in der alten Wohnung war ich schon so weit, daß ich nur ruhig hinging)

Fortschritt: Wenn L. früher ihre unklaren lyrischen Bemerkungen hören ließ, verzog ich mindestens das Gesicht; jetzt hebe ich gerade noch die Augenbrauen

In der Küche Umrührbewegungen in einer Pfanne vollführen: die Lähmung, die mich erfaßt, als ich so wieder einmal die trostlosen Bewegungen einer Toten verdopple; die Vorstellung, das Gesicht in die Pfanne stecken zu müssen

13. Oktober

Davon aufgewacht, daß ich A. ganz vergessen hatte; Empfindung einer bloßen Hülle, die da lag

Es ist wie üblich: sie kommt hierher, benützt für ein winziges Gericht alle Töpfe der Küche; läßt die Butter anbrennen, dann auch das Gericht, so daß das ganze Haus bis zum Dachboden stinkt (wohin ich mich auch zurückziehen mag), und muß dann schnell wieder weg zu einer ihrer »Sitzungen«, so daß ich die angebrannten Töpfe, verrußten Pfannen etc. langwierig (eine Stunde lang) reinigen muß sowie das in der ganzen Küche verspritzte Fett aufwischen (endlich, beim Schreiben, gelingt es mir, diese wiederkehrenden Situationen komisch zu finden)

Erlebnis einer Hausfrau: in der Küche über dem Waschbecken den angesaugten Schwamm einmal weniger oft als sonst ausdrückend, dafür aber stärker und langsamer, erlebt sie in ihrem Kopf dazu plötzlich Musik (musikalische Vorstellungen; Harmonie – wenn die täglichen Bewegungen verlangsamt werden)

»J. war ehrlich überzeugt, ebensoviel zu sprechen wie immer. Doch war ihr Gemüt so sehr beschäftigt, daß sie nicht immer wußte, daß sie schwieg.« (J. Austen)

In der Beklommenheit erscheinen sogar die Fliegen als liebe Haustiere

D. lachte heute morgen dauernd am Telefon; als ich sie fragte warum, antwortete sie: »Ich habe nämlich schon zu arbeiten angefangen.« Sie hatte also beim Reden immer wieder gelacht, weil sie sich gestört fühlte

»Mein erster Lauf an diesem Tag«

14. Oktober

Die Vorstellung von einem, der vor den durch den Vorstadt-bahnhof schießenden Fernzug läuft und den Todesschrei verweigert

Heute auf der Straße das Gefühl, viele Leute wüßten, »wer ich bin«, aber sie gingen weiter, ohne den Hintergedanken, mich zu verraten, gäben mir sogar noch jenen kurzen Blick, der mich beruhigen soll

Die dicht am Boden dahinjagenden Blätter: der Eindruck einer Kavalkade, vor allem, wenn man, über Stufen zu dem Niveau eines Parks, wo die Blätter treiben, erst hinaufsteigend, den Blätterschwall oben dahintreiben sieht; und an einer Stelle stiebt das Laub von einem Mittelpunkt aus gleichzeitig in alle möglichen Richtungen auseinander und läßt mitten im Park einen ganz leeren, sauberen Kreis zurück

Wieviel domestizierter ich immer noch bin, wenn ich mit jemandem zusammen den Mund aufmache als zu den Zeiten, da ich mich allein durch die Umwelt bewege! (Vorstellung, die andern, auch allzu Bekannten, Friedlichen, heimlich zu beobachten, wie sie mit wilden, kühnen Gesichtern, fast unkenntlich geworden im abenteuerlichen Alleinsein, an den Häusern der Weltstädte vorbeistürmen)

Gegen Mitternacht fangen wieder einmal die Gegenstände, aus den Augenwinkeln gesehen, zu krauchen an

15. Oktober

So wie ich oft etwas nur geistesabwesend tue, so *denke* ich manchmal geistesabwesend (meine Anstrengung seit einem Jahr, in jedem Augenblick auf das zu achten, was mir durch den Kopf geht)

Als ich ihm den Vorwurf machte, lächelte er sogleich abwehrend, als hätte er es mit diesem Vorwurf schon oft zu tun gehabt, aber nicht von Seiten andrer, sondern von sich selber

Die sonnenbeschienene Steinmauer am Morgen: sie nur beiläufig aufnehmen wollen, damit das nicht so ein »schöner Moment« wird, wonach dann vieles andere sich besonders kalt und feindlich zeigt

Frauen, die zum stehenden Zug liefen, hielten dabei eine Hand wie wohlerzogen von sich gestreckt, Daumen und Zeigefinger zusammengelegt, den kleinen Finger abstehend, als hielten sie eine Tasse Tee (ich saß lesend am Bahnsteig, und der vorbeirasende Zug blätterte mir das Buch um)

»Silent Movie«: Vorstellung, mich in der Tat einmal gesund (und stark) gelacht zu haben

Die Journalistin zog auf das, was ich sagte, immer sofort zustimmend den Atem ein; antwortete »Oui« jeweils nur mit dem Einatmen

King Kongs Tod: Nun fing sein Herz zu bluten an

Jemand, der mitten im Beischlaf aufhören und ehrlicherweise sagen würde: »Ich weiß nicht mehr weiter«

16. Oktober

Die Frau hockte mit dickem Hinterteil meditierend im Wohnraum, so daß die Kinder nur noch zu flüstern wagten, und der Mann wusch in der Küche das Geschirr ab

17. Oktober

Frau F.'s echter Schmerzensschrei, als ich den von ihr liebevoll gebügelten Hemdenstapel einfach in eine Lücke der Plastiktragetasche stopfte; ihr Lamento über das Mottenloch im Handschuh, bis es wirklich nichts Tragischeres zu geben schien; ihre Wortaussprechschwierigkeiten, wobei am Ende oft ein völlig verballhorntes Wort herauskommt (wie bei mir übrigens auch manchmal)

Ich bemerkte, beim Schachspielen, daß ich von der Stelle, die ich bedrohte, extra woandershin schaute

Am folgenden Tag: die Frau hockt wieder in schnaufender Meditation auf dem Boden, das Kind spielt daneben mit Münzenhaufen, der Mann wäscht im Badezimmer die Socken des Kindes (Fortsetzung folgt)

Allein am Tisch sitzend und aus dem Fenster blickend, die schon verlorengeglaubte Energie zur Zuneigung wiedergewonnen (die Blätter glänzen an den Bäumen, als ob es wirklich die letzten wären); Gedanke: würde ich jetzt sterben, wäre ich ganz verschwunden, weil ich nicht darauf gefaßt bin

18. Oktober

Als ob mich auch die Träume nicht mehr überraschen könnten

Wie seltsam das Schachspiel anfing: keiner von uns beiden wollte eigentlich spielen, wir nahmen nur die Figuren in die Hand, wogen sie so, die besonders schwer waren, probierten einen Eröffnungszug mit dem Bauern, der andre probierte eine Erwiderung, und schon zogen wir weiter, schon spielten wir, zwei Stunden lang, in der beiläufigen, unbequemen Haltung, in der wir uns zu dem auf dem Boden stehenden Brett hingehockt hatten

Auf einem Plastiksitz des Vorortzuges, mit Kugelschreiber geschrieben: »J'ai lu *barcarolles* de Pablo Neruda coll. Gallimard/Lisez-le, je vous en prie. C'est trop beau.« (Und ich schaute in demselben Zug eine Frau an, die ich früher einmal gekannt hatte, und dachte bei ihrem Anblick: »Was für eine Schande!«)

Eine genaue, gefühlvolle Geschichte: das Gefühl liegt in der Genauigkeit des Erzählten, nicht in dem Beschreiben von Gefühlen

Ich wies das Kind zurecht mit Worten, mit denen ich aber vor allem den verantwortlichen Erwachsenen meinte (Feigheit, es diesem direkt zu sagen)

19. Oktober

Wenn ich, wie manchmal, das mir eigene Lebensgefühl verliere, erscheint mir die Lebensführung andrer wie eine Drohung; die frechen Definitionen der Realität kriegen ihre erpresserische Kraft zurück

Mit Herrn F. in der Bäckerei zum Kuchenkaufen; er sagte: »Den Kuchen bezahle ich, Sie geben ja den Tee.« (Diese immerwährenden Revanchen, bis zur Lächerlichkeit, zwischen Leuten, die doch nicht ganz befreundet sind)

Immer wieder im Verlauf des Tages das Vergessen dessen, was ich tue; ich denke etwas, es gleichzeitig schon für immer vergessend – und halte doch manchmal wenigstens inne und verfolge mich zurück, bis ich mich eingeholt habe und davon stark werde

Tischgesprächen zuhören, wie z. B. jetzt über Norwegen und »die Norweger«: erneute Vorstellung, nie mehr etwas zu sagen, vor allem, weil mir in mancher Gefühlsverlegenheit ähnliche Sätze passieren und mich nachher auf einige Zeit existenzunfähig machen

Selten zu beobachten: jemand, der durch Essen erweckt scheint statt stumpfgemacht und auf triste Weise sinnlich

(geistlose Sinnlichkeit als bloßer »Drang«)

Ein alter Mensch mit rotem Gesicht, triefender Nase, blauer Arbeitshose rief einem Nordafrikaner, der mit Besen und Eimer auf der anderen Seite der Gleise ging, zu, wie es ihm gehe. Der andre fragte das gleiche zurück, und der Alte, während sich schon ein Zug rumpelnd näherte und sich zwischen die beiden schob, schrie hinüber: »Ich werde bald krepieren!« Dann zog er ein rot-schwarz kariertes Taschentuch heraus und schneuzte sich, daß ihm die tränenden Augen noch mehr hervortraten

Wenn in einem Film ein Mann, von dem man nichts weiß, bei einer Frau stehenbleibt und sie einfach anschaut, breitet sich sofort die Trivialität des déjà vu aus – und daß der Mann die Frau vielleicht aus Verlassenheit anschaut, wird kaum mehr glaubhaft werden: der Film hat in solchen Momenten die banalen Augen einer banalen Frau

Gesichter von Frauen in der Eisenbahn: es fehlt nur noch der Geschlechtsakt zu ihrer Schönheit

Jemand will hier im Haus schreiben und sucht überall nach einem Stuhl, der auch ja nicht knarrt: meine Wut bei der Vorstellung dessen, was er dann so schreiben wird nach der langen, wichtigtuerischen Suche nach dem nichtknarrenden Stuhl (ähnlich der Abscheu vor Jahren, als sich jemand bei mir an einer Erzählung versuchen wollte und vorher gravitätisch meinen ganzen Schreibtisch mit Zetteln auslegte, auf denen je eine Notiz hingemalt war)

Kurzes Wärmegefühl tagsüber, wenn ich weiß, daß am Abend ein seltener Film im Fernsehen sein wird oder ein Fußballspiel (auch wenn ich den Fernseher, wie üblich, gar nicht anschalten werde)

Beim Kinderfernsehen der Wunsch, jetzt möge endlich das Reklamefernsehen folgen

A., die, wenn man sie anfährt oder wenn sonst eine Feindseligkeit auf sie eindringt, sich sofort, und zwar schon reflexhaft, zu einem Buch flüchtet, wie ich »zu meiner Zeit« (statt in ein anderes Zimmer zu gehen oder wenigstens in eine Ecke)

Das laszive Gesicht einer kaugummikauenden Blinden (das Laszive waren die Augen)

Noch eine fixe Idee: ich könnte ohne meinen Willen, gegen ihn, in Geschäften etwas stehlen; heute hätte ich im Restaurant beinahe nach einem Schirm gegriffen und ihn mitgehen lassen. (»Jemand, dem alles körperlich schon wehtat, was nicht sein Eigentum war; andrerseits verachtete er jedes Eigentum«)

Im »Spiegel« das Wort »tot«: als ob das in diesem Blatt ein unerhörtes Wort sei; ein Fehlgriff, ein Stilbruch

Zeitweises Existieren, wo einem zwar alle möglichen Katastrophen bewußt sind, einen aber nichts mehr beschwert: Empfindung der Wurstigkeit, die auch unheimlich ist; Momente der Frechheit gegenüber dem Tod

20. Oktober

Schöne Zeit des Erwachens, wo man noch selber zwischen dem Gerümpel und Durcheinander der Träume flegelt, ein Teil davon, behaglich, und das Gehirn sich noch nicht davon abgesondert hat, um darüber nachzudenken, als ein bloßer kalter Punkt von außen, als Wach-Ich, ganz unvollkommen die Stelle des gerade noch empfundenen, warmen, ins Durcheinander aufgegangenen Traum-Ichs einnehmend (die Fensterflügel aufmachen, und die Geschehnisse der Nacht fliegen hinaus in Gestalt einer kleinen Fliege)

Meine »Angstvitalität«

Obwohl ich, mich einer Gesellschaft nähernd, nicht vorhatte, auch nur ein Wort zu sagen, räusperte ich mich vorher unwillkürlich

Ein Kind wurde schon so oft von Erwachsenen wichtigtuerisch gerufen: »Komm einmal her!«, ohne daß dann etwas Bemerkenswertes geschah, daß es auf einen solchen Ruf gar nicht mehr reagiert

Papier suchend, um einer Freundin zu schreiben, fiel mir, während ich suchte, ein: sie ist ja gar nicht meine Freundin

Wie Panik beschreiben? Nach außenhin: alle Unarten »jagen einander« – am Handrücken schnüffeln, sich kratzen, die Haare ausreißen, sich in einem fort nach Stäubchen auf dem Boden bücken, sich unablässig bewegen; innerlich: Vorstellung der Entfernungen in der auf einmal ungeheuer großen Stadt, wo man nicht zu Hilfe kommen kann; Gefühl der tiefsten Nacht, obwohl erst früher Abend ist; Schadenfreude sich selber gegenüber: »Geschieht dir recht!«; »Gefühl« der Schande und der Schuld, ohne Anspruch auf Tragik – (die Panik ist gefühllos, nur eine große, wunde Leere in der Brust, und die gar nicht traurige, einfach nur fühllose Gewißheit, daß einem nicht einmal Wahnsinn oder Selbstmord offenstehen, sondern daß man, nach der Katastrophe, einfach fassungslos weiterleben wird müssen, bei vollem Bewußtsein auf unabsehbare Zeit); – vor kurzem das Gesicht eines Mannes, der eine Frau anzusprechen versuchte, es war ähnlich in Panik und durcheinander wie ich heute, mit einem völlig verzerrten, hoffnungslosen Lächeln schon im Moment des Ansprechens

Sie hat keine Gefühle; was sie dafür ausgibt, sind immer nur Ideen, die sie davon hat, wie Gefühle sein sollten: sie ist voll von Ideen von Gefühlen (nonnenhaft)

Der Herzschlag wiegt mich, wie einen Irren oder einen Säugling

21. Oktober

Die Politiker, die ich bis jetzt erlebt habe (in Fleisch und Blut) erschienen mir fleischlos und blutleer, im Brustton gespielter Überzeugung quäkende Puppen; in immerwährender, gestikulierender, lippenbewegender Kommunikation befangen wie Debile, der Mund und die Augen vom permanenten Vortäuschen von Aufmerksamkeit für immer zu schiefen Parallelogrammen verkrüppelt, von Leibwächtern grundiert, deren stumpflauernde Teilnahmslosigkeit eher an Irrenwärter denken ließ, während die von ihnen Beaufsichtigten weiterhin der frechen Beteuerung ihrer wohlwollenden Offenheit nachkamen, vom Selbstmord so unendlich weit entfernt wie vom Leben

Leute, die am frühen Morgen auf der Straße noch wie in Hausschuhen gehen

Gestern in der Panik die Vorstellung, daß ich etwas opfern müßte, etwas zerreißen, wegwerfen müßte, um das Unheil abzuwehren; oder mir die Haare schneiden: »I almost cut my hair« – immer wieder die Vorstellung, die Haare abzuschneiden, die eitlen Haare (und jetzt fiel mir ein, daß ich panisch überall die Heizung abstellte, in einer Vorstellungsverbindung von Wärme und Verwesung – und dabei der Gedanke: aus mir wird nie ein ordentlicher Sozialist)

Der mürrische alte »Faschist« geht unten vorbei, während ich die Fenster putze; nun sieht er, daß ich nützliche Arbeit verrichte – aber ist im Kopf eines solchen Mannes das Fensterputzen eine nützliche Arbeit? (Als ich ihn grüßte, lächelte er plötzlich revolutionär: immer wieder das Unrecht des ersten Augenscheins)

Wie die andern Leute wohl ihre tägliche Schuld, ihr tägliches Versagen aushalten? Beherrschte Gesichter jedenfalls überall

Aufatmen früher oft erst, wenn ich ins Freie trat; hier atme ich auf, wenn ich manchmal durch das Haus gehe

Mein Blick zur Seite ins Leere, jener Blick Ben's aus »Look homeward, Angel«, der, dem Unsinn andrer zuhörend, damit sagen wollte: »Nun hör dir das an!« – Ich freilich meine mit diesem Blicke eher, »mein Engel« solle sich anhören, was ich selber gerade, in einer Gesellschaft redend, da von mir gebe:

dieser Blick zur Seite, wo niemand ist, als eine Art Ansuchen um Absolution

Dieser Tag heute ist so schön, daß man mit niemandem reden, niemanden kennenlernen möchte (paradiesische Vorstellung von einem mathematisch waltenden, ohne Verwalter und Regierer funktionierenden Weltstadtstaat, während die Herbstsonne in einen Bus hineinscheint, wo wir alle zusammen sind, ohne voneinander wissen zu wollen oder zu sollen); »Laß mich doch heute unbeschwert sein – morgen habe ich ohnedies wieder kalte Füße!«

Sie wollte mich herumkriegen: »Du hast so eine traurige Stimme.« Dabei war ich nur teilnahmslos

Endlich: Wohltuende Taubheit gegenüber allen möglichen Eindrücken

Die lieblichen kleinen Mädchen auf dem Schulhof, und die Männer, von denen sie später zerstört werden

Die Zahnärztin konnte keinen Satz an A. richten, ohne ein Kosewort dazuzusetzen, zur Voraus-Beschwichtigung

Die schüchterne Vertreterin in der Apotheke, die, nachdem sie sich lange im Hintergrund gehalten hatte (als sei sie zuvor schon wieder zu lange Hausfrau gewesen), zum eleganten Apotheker (immer im schwarzen gestreiften Anzug und mit gefärbtem Schnurrbart) endlich sagte: »Ich glaubte Sie beschäftigt und habe Sie deswegen nicht angeredet!« Der A., welcher untätig, einzig mit seiner Haltung in seinem Laden beschäftigt, schon eine Zeitlang dastand, gab sich einen Ruck, aber einen Ruck von der Frau weg, und sagte: »Ich *bin* auch beschäftigt!« Es war, außer der Vertreterin und dem A., niemand im Geschäft, und ich war schon abgefertigt. Beim Hinausgehen grüßte mich der A. freundlich wie noch nie, fast inbrüstig, als wollte er der Vertreterin den Unterschied zwischen ihr und einem Kunden vorführen

Schwierig: im Zorn trotzdem die Beherrschung nicht verlieren (als sei das nur in alten Romanen möglich gewesen)

Kaum schläft das Kind ein, werden seine kalten Füße warm (und unten auf der Straße der im Nachtwind trocknende Gehsteig)

22. Oktober

In Ekstase nach Stunden Hausarbeit (vielleicht vom Dampf der Wäsche unter dem Bügeleisen)

Die Umgangssprache, die bis jetzt immer mein Arbeitsmaterial war, kommt mir inzwischen oft so schlagend wahr vor, daß sie zugleich jede Änderung der von ihr ertappten Menschen unmöglich erscheinen läßt; meine Vorstellung, daß es immer wieder eine andere, sich ändernde Umgangssprache geben sollte (ich meine nicht den Jargon), keine einzige, ewig wahre, sozusagen biblische; aber diese immer wieder neue Umgangssprache kann ein einzelner wahrscheinlich nicht zusammenfinden

Ein Mann mit einem blauen Blazer geht mit einem Kind spazieren, als sei er ein frisch Arbeitsloser: so ungewohnt scheint ihm am Werktag das Gehen mit einem Kind; er bewegt sich leicht nach hinten geneigt, wie unbehaglich, als leiste ihm diese Welt noch einen Widerstand und sei nicht sein Element

Angebettelt, schaute ich in Verlegenheit auf andre Leute; in noch größerer Verlegenheit, daß ich mich zu andern geflüchtet hatte, schaute ich auf die Uhr; usw.

Langweiliges Pissoir: keine Aufschriften an den Wänden

Ein Polizist, der sich plötzlich nach etwas bückt, das einem Passanten zu Boden gefallen ist: sofort die Vorstellung, der Polizist sei dabei, jemanden zu überwältigen und abzuführen – nur wegen der überraschenden, für einen Polizisten unordentlichen Bewegung

Mittag, und eine Bürodame (»Ladenmädchen« stimmt ja nicht mehr) nach der andern tritt blinzelnd, mit zitternden Wangen und eingekniffenem Hintern, kurzen Schrittes, auf die Straße – und erst allmählich, wenn das angestrebte Café nicht zu nah ist, schwingt der ganze Körper wieder frei aus (bei der ersten freilich mit einem andern Ausdruck, mit überhaupt einem Ausdruck, weiß ich, daß ich *allen* Unrecht getan habe)

Vorstellung eines paradiesischen Gesprächs, bei dem all das, was man in verschiedenen Selbstgesprächen durcheinandergedacht hat, endlich nacheinander harmonisch zueinanderkommt und durch das Sich-Zusammenschließen sonst entlegener Denk-Fragmente dem andern verlebendigt werden kann, und vergegenwärtigt auch einem selber, der plötzlich »sprechen kann«, mit der Aufgeregtheit des Wiederfindens von Verlorengeglaubtem

Ich mit Geldscheinen in der Hand: wieder einmal die Vorstellung, ich hätte sie gestohlen

Immer öfter erscheint der Staatspräsident im Fernsehen, jetzt schon am hellichten Tag in den Schaufenstern der Elektrogeschäfte, ein kämpferisches Gesicht schneidend – und je häufiger er so erscheint, desto gespenstischer wirkt er, desto weniger vorhanden, nur noch eine Attrappenfigur der Elektrogeschäfte

Marionettenhafte Bewegungen in der Panik (gesehen an Hitchcock's »Blackmail«); und nachher setzen sich zwei Frauen im Zug mir gegenüber mit Bewegungen wie Roboter oder wie als Frauen verkleidete Polizisten

Freitagabend in der »Agglomération« Weltstadt: An allen Ecken wartet, in die Luft starrend, einer, der mich gleich um Geld ansprechen wird / und jeder daneben könnte sein Komplize sein / der Bus nimmt eine andere Route, weil die übliche Fahrstrecke blockiert ist / die Ausweichroute ist gerade eine Baustelle geworden / im Bus seufzen selbst die an alles Gewöhnten und wollen vorzeitig aussteigen (vergebens: der Ausgang ist gesperrt) / allseits schüttelt einer den Kopf über den andern / beim Versuch, die Straße zu überqueren, suchte eine alte Frau meinen Blick, als brauchte sie wenigstens für diese Sekunde einen Verbündeten / den bekam sie, und das Chaos erschien vor dem gelben Himmel wenigstens monumental

Ein kleines Hupen im Wochenendgedröhn: gerührt, daß überhaupt noch jemand ein Zeichen gibt

23. Oktober

Wie peinlich war es mir, als Frau F. das Zimmer hier im Haus, wo ein Schreibtisch steht, als »Arbeitszimmer« bezeichnete; ich sagte sofort, der anschließende Raum sei das »Bügelzimmer«

Frau F. sagte: »Ich bin nicht schön; dazu bin ich zu wild.« A. antwortete: »Ich möchte auch nicht sanft sein, sondern lieber wild«, und sie zeigte ihre Zahnlücken

Klopfzeichen aus dem Rumpf einer gesunkenen Fähre erweisen sich als die Geräusche von den im Schiffsinnern herumtreibenden Leichen

Sie sagte: »Ich bin allen Männern, die ich einmal geliebt habe, Freund geblieben!«, und ich dachte sogleich: »Nun, mit mir soll es diese Schweinerei nicht geben!«

Die blanken Gesichter der Faschisten; und als ob alle ein Toupet trügen, auch die ganz jungen; Ausdruckslosigkeit, die als Stolz erscheinen möchte (Stolz über die Fähigkeit, ohne Ausdruck zu sein): sie können nicht hoffen, sich nichts vorstellen; nicht einmal *wartend* kann man sie sich denken

G.: Sie hat eine so große Distanz zu sich, daß sie es leicht hat, dauernd in sich verliebt zu sein: das Distanznehmen fällt ihr so leicht, daß sie nie streng und genau mit sich umgehen wird können

Zwei Kinder im stehenden Zug: »Quelle heure est-il?« –

»Cinq heures.« – »L'heure de la mort.«

24. Oktober

Das klare, dunkle Tageslicht gestern, bei dem alle Häuser »im Freien standen« (Karl Valentin)

Der Einkaufsnachmittag: die Straßen waren so voll, daß die Kinder sich schrittweise bewegen mußten wie Erwachsene; wenn eins zu einem kleinen Hüpfen ansetzte, wurde es zurechtgeschrien

Am frühen Abend fiel mir ein, daß noch Leute kommen würden, »um mit mir zu reden«: tiefe Küchendepression, wie vor dem Antritt einer Gefängnisstrafe; und dann kamen sie – und binnen zwei Stunden waren zwischen uns alle im Moment gebräuchlichen Gemeinplätze abgefahren. (Mein Talismann war der kleine Apfel in der Hosentasche, nach dem zwischendurch immer wieder meine Hand roch.) Nachher Zeitungslektüre, und dabei die Empfindung, all die Sätze da auf dem Papier seien so entstanden, wie durch das Hineinhauchen von Besoffenen in den Testsack sich dieser dunkel färbt. (Der Tod: »Et in arcadia ego« – Panofsky: »Was eine Bedrohung war, ist zu einer Erinnerung geworden.« – Was eine Erinnerung geworden war, ist wieder Bedrohung)

Im stehenden Zug aus dem Fenster schauend, war ich in Gedanken schon vorausgefahren; dann fuhr auch der Zug ab und hatte mich bald sozusagen eingeholt: seltsamer Moment der Verdoppelung, als meine Gedankenfahrt und die Zugfahrt sich kurz deckten, wie aufleuchtend, und dann nur noch der Zug weiterfuhr

Wie ich manchmal immer noch, hinter ganz fremden Leuten einen Kinosaal betretend, die Vorstellung habe, hinter älteren Angehörigen herzutrotten (eine Vorstellung, aus der freilich keine konkrete Erinnerung wird)

Plötzlich und erstmals der Wunsch, ewig zu leben, und auch

das Zutrauen, das auszuhalten (in dem Moment, als aus dem Nieseln plötzlich ein Regen wurde und es überall auf dem Platz den Leuten einen Ruck gab in ihren Bewegungen)

Die Menge am Sonntagabend, wie ins künstliche Licht der Boulevards geflüchtet und dort in verrenkten Haltungen sich tot stellend; Genreszenen, nachgestellt mit Puppen, indes an den Rändern die Zivilisation schon abgestürzt ist; im Mittelpunkt die austauschbare Figur eines Feuerschluckers; und keiner zu sehen, dem man noch trauen kann

» . . . das Gefühl eines belebenden Friedens, welches mir der ungeschickte Führer durch seine Gelehrsamkeit verkümmerte, umständlich erzählend, wie Hannibal hier vormals eine Schlacht geliefert . . . Unfreundlich verwies ich ihm das falsche Hervorrufen solcher abgeschiedenen Gespenster . . . Man solle wenigstens die Einbildungskraft nicht mit solchem Nachgetümmel aus ihrem friedlichen Traume aufschrecken . . . Ich konnte ihm freilich nicht deutlich machen, wie mir bei einer solchen Vermischung des Vergangenen und des Gegenwärtigen zumute sei.« (4. April 1787)

Eigentlich denke ich von morgens bis abends an den Tod, fast ohne Unterbrechung, und meist sehr leichtsinnig, unernst und obenhin, wie in einer unablässig erneuerten frivolen Wette mit mir selber

Feinde: kein Impuls mehr, sie zu beschimpfen, zu bekämpfen, zu vernichten – nur noch die Befürchtung, sie könnten mich überleben: die schändlichste Niederlage

25. Oktober

Der Sternenhimmel mit allen Bildern war in der Nacht ganz klar, doch ohne Gegenwärtigkeit, abwesend, geheimnislos; als ob die Erde stärker, kräftiger wäre als der wie schwankende Sternenhimmel: dieser als eine bloße, flüchtige Erscheinung der Erde, eine vorüberziehende Wolkenformation

»Verstehst du mich nicht?« – »Ich verstehe dich. Aber zugleich ekelt es mich, dich zu verstehen.«

Die stillen Wolken am Himmel, von denen nur noch ein paar plötzlich schnell ziehen: Vorstellung von letzten Kämpfen

»Zufällig schaute er aus dem Fenster und sah . . .« (Das könnte man in der Regel auch von mir sagen)

Er nahm einen Anlauf weit zurück ins Alleinsein, um zur Gesellschaft fähig zu sein

So sorglos die Leute anschauen können, daß sie sich zugleich in einem selber bewegen (bei den meisten das Gefühl, sie seien »zu früh geheilt« und würden so nie erleben, was es heißt, »entlassen zu werden«)

Etwas Schlimmeres als die Angst vor Unbekanntem: die Angst, unversehens, vor jemand Bekanntem

26. Oktober

Von jemandem, der sich entschlossen hatte, einmal eine Zeitlang allein zu leben, wurde gesagt: »Warum versteckt er sich denn?«

Meine Manier, manchmal mit Ratschlägen und Anfeuerung in die Zukunft andrer einzugreifen: als wollte ich mir Stellvertreter verschaffen für etwas, was ich in mir selber nicht entwickeln kann

Während ich die Fenster putzte, hörte ich von der Straße Beifallklatschen; es waren aber nur in Sandalen vorbeilaufende Kinder (die Notwendigkeit schöner Sinnestäuschungen wenigstens einmal am Tag, damit sich das öde Neben- und Nacheinander ein bißchen *ineinander* schiebt)

Als ich gelobt wurde, hatte ich die Vorstellung, allen das Profil zeigen zu müssen

Die vielen Fahrschulautos in den stillen Vorstädten

Nach einem bedrückten, wie tauben Tag, wo auch am Abend nichts offener wird: auch wenn ich jetzt die Erleuchtung hätte – nichts könnte diesem Tag mehr aufhelfen (»Wo ist heute meine Seele?« – Und: »Das können ja schöne Träume werden!«)

Leuten verbieten, vor mir Wörter wie »Mehlschwitze« zu verwenden

27. Oktober

Die schwächliche Melancholie des Alleinseins hinüberretten als Kraft ins Zusammensein (»Starkstromleitung, fall herunter auf mich!«: aus meiner täglichen rhetorischen Litanei)

Regentage, wo man nicht weiß, ob die Tropfen unter den Augen alter Frauen von den tränenden Augen kommen oder vom Regen; und ein Kind, das, den Finger tief im Mund, aus dem Haus tritt, wie gerade ausgescholten

Ich beschloß, das Ziel aufzugeben, das mich nur noch funktionieren ließ, und fühlte mich endlich, zum erstenmal an diesem Tag, existieren; eine wie herzliche Phantasie fing an, mich auf der Stelle zu beflügeln – und auch die Welt: da war wieder kein Unterschied mehr; »die Lichter gingen an, die Musik setzte ein«: die Reihen der in den Bahnhof Gehenden, aus dem Bahnhof Kommenden hörten auf, Reihen zu sein; im Postamt waren mögliche Freunde und warteten friedlich auf ihre Ferngespräche: ich hatte meine Stimme wiedergefunden, in der Dämmerung, in der Menge (»Phantasie durch Ziellosigkeit«, dachte ich)

»So sein, wie ich bin«: so wie ich mich schon immer habe gehen lassen

Errungenschaft: ich kann inzwischen meist unbekümmert aus einem Raum gehen, ohne die Blicke der Zurückbleibenden zu spüren

Die Müllabfuhrmänner stellten die geleerten Mülltonnen jeweils nicht vor die Gartentüren zurück, sondern warfen sie davor hin, wie in einer Verachtungsbezeigung für die Bewohner (keine Scham, sondern Erinnerung an Scham)

»Die Realität des Guerillakrieges« (andere Realitäts-Floskeln sammeln)

28. Oktober

Gut, daß manche Fragen nicht mehr gestellt werden (»Haben Sie diesen Film schon gesehen?« usw.), und doch oft blöde Sprachlosigkeit dadurch, daß man bedacht ist, solche Fragen zu vermeiden

Die ganz kurze Verachtung im Gesicht der Mutter, als das Kind nicht mit ihr spielen, nur zuschauen wollte: Verachtung, die sich zeigte in einem Ruck von Maskenhaftigkeit des sonst so beweglichen Gesichts: wie ein Film, der kaum merklich angehalten wurde und dann weiterlief (»Du bist aber ein langweiliges Kind!«)

Böser Blick davon, daß man jemanden immer nur aus den Augenwinkeln anschaut

Die verhaltenen, zaghaften, körperlosen Bewegungen einer Hausfrau, etwa beim Ausschütteln eines Tuchs (diese Tragik wiederherstellen): »Die Realität des Leintuchausschüttelns«

Obwohl seit langem alle Prüfungen vorbei sind, immer noch das Geprüftheitsgefühl bei vielen alltäglichen Handlungen, was wieder zu einem regelrechten Vorbereitungszwang für die selbstverständlichsten Tätigkeiten führt

Ein Kind, das hektisch wurde vor Langeweile; und in der Müdigkeit bewegten sich die Gestalten auf der Fernseherfläche wie in einem sehr tiefen Raum, tiefer als das Zimmer, in dem der Fernseher stand

29. Oktober

Langeweile als Empfindung des falschen Lebens: ein tatsächlich »sitzender« kleiner Schmerz am unteren Ende des Brustkorbs oder eher eine Linie der Empfindlichkeit die Rippenenden entlang – aus dem Nachdenken über die Langeweile eines Kindes entstanden, die allein als Anblick schon fürchterlich ist, wenn man dazu kein Gegenmittel weiß (einem Kind das Gehen vorschlagen? oder das Arbeiten?). Trotzdem die Idee, es könnte einmal gegen diese so rasch wechselnden Diktaturen der Empfindungen einen »Triumph des Willens« geben; versuchen, sich einen Tag lang nicht unterkriegen zu lassen von den wechselnden Gefühlen, sondern eine Gewißheit (eine Gewißheit für sich, ohne Objekt) einfach walten zu lassen

Lernen, bei Arbeiten im Haus immer wieder aus dem Fenster zu schauen

Bei den handwerklichen Tätigkeiten, die ich zu verrichten weiß, könnte ich nicht beschreiben, wie ich im einzelnen dabei vorgehe: es sind unbewußte Bewegungen, die, sobald ich sie mir bewußt zu machen versuche, sofort durcheinandergeraten (kein Taylor-System bei mir möglich, mit dem ich mich selber rationalisieren könnte: jede meiner Verrichtungen mit der Hand ist ein bloßer Versuch, mich irgendwie hinzuwursteln zu einem glücklichen Ende)

Amoklaufphantasie am Nachmittag, auf offener Straße: ich konnte meine Wut nicht auf denjenigen richten, der sie ausgelöst hatte, und so, im Bewußtsein, daß gegen den Auslöser keine Tätlichkeit, nicht einmal eine Äußerung mehr möglich war, entstand die Amokvorstellung, die sich sofort auf die Umwelt richtete: auf eine fremde Frau, der ich ein Messer hineinrennen wollte, auf ein Schaufenster, das ich auf der Stelle eintreten wollte; gleichzeitig jedoch, ausgelöscht durch die so heftig in mir siedenden Phantasien, daß wieder einmal nur ein leichter Schubs zur Verwirklichung fehlte, empfand ich eine völlige Schwächlichkeit, eine den Körper und die Seele ganz entleerende Schwachheit und Ohnmacht; dabei war die einzige Bewegung, die ich dann ausführte, ein Griff an den

Der Fernsehjournalist sagte, er habe »interne Schwierigkeiten«; ich meinte, Schwierigkeiten mit seiner Anstalt – er sprach aber von einer Depression

Stolz, daß mich seit ein paar Jahren überall die Prostituierten anreden, im Gegensatz zu früher (und ich grüße freundlich zurück) – also muß ich mich doch geändert haben (auch die Hunde mögen mich inzwischen lieber)

Wenn unversehens ein Abend mit einem geplanten Gespräch befreiend über das Geplante hinausgeht und es nur noch den Abend und das Gespräch gibt

Sorglos in der Nacht am Fenster sitzen und überall die Lichter ausgehen sehen, den Wind in den Bäumen hören, ohne Nebengeräusche, an der Zimmerdecke immer seltener das Lichtnetz eines draußen vorüberfahrenden Autos . . .

30. Oktober

Ich ertappte mich bei einem Selbstgespräch, wo ich jemandem das Haus beschrieb, in dem ich wohne: »Es ist ein bißchen verschlampt, weißt du, die Eigentümer sind nordafrikanische Juden . . .« (Meine eigene Geschichte, von der ich immer noch so wenig weiß)

Nötige sprachliche Hochstimmung zum (wenn auch trostlosen) Gedicht

Friede: ich bin unter Menschen

Während ich von mir spreche und einen Stolz auf mich fühle, sehe ich die vom Wind gerüttelte kleine Tanne vor dem Fenster im Herbstgrau: sie versachlicht den Stolz und hält zugleich die Rührung von mir ab

Vorstellung, daß auch die Wahnsinnigen immer langweiliger werden

»Nach einem tatsächlich haarsträubend gewordenen Alleinsein, von dem der ganze Körper zitterte und die Stimme versagte, setzte er sich im Zug (er, der sonst keinen Zigarettenrauch vertrug) sofort in ein stinkendes Raucherabteil, wo auch sofort eine Linderung eintrat; kurz zuvor hatte er noch einfach hinfallen und ausbluten wollen«

Ausbruch des Wahnsinns über einen kleinen Schmutzfleck zuviel, wie über ein kleines Wort zuviel

»Ich will erst wieder ein Gedicht schreiben, wenn ich eine neue Lebensauffassung habe«

31. Oktober

Heitere Nacht voll bewußter, ausgehaltener Angst, die dadurch nie in Gefahr war, in Panik umzuspringen; nur im Moment des Sich-Ausziehens Empfindung der Wehrlosigkeit: ich erlebte eine ruckhafte Vorwegnahme des Angriffs

Bei der Vorstellung, ich würde verrückt, gleichzeitig die Vorstellung von den schadenfreudigen Dorfbewohnern

Das Unternehmen, das eine Supermarktkette betreibt mit der Besonderheit, daß dort die Produkte keine Markennamen haben (Slogans: »Hier ist das Öl ›Öl‹« / »Hier ist das Waschpulver ›Waschpulver‹«), befindet sich im Abschwung: die Produkte ohne Namen, obwohl billiger als die Markenartikel, werden weniger gekauft

Nationalfeiertag in der ö. Botschaft: ein Bild von Leuten in dunklen Anzügen, die sich immer wieder, beim völlig geistesabwesenden Reden, in die Haare fuhren: die gespenstische Bewegung der Hände ununterbrochen im Raum, zu den Haaren hinaufruckend, während überall gerade jemand von seinem Heimweh nach Ö. erzählte. – Ein französischer Député prahlte vor mir, daß er keine modernen Schriftsteller lese (nur immer wieder 20 Seiten Balzac, 10 Seiten Proust): jene wüßten nämlich nichts von den Sorgen des Volks, mit denen er es als Abgeordneter täglich zu tun habe (und dann zählte er die den modernen Schriftstellern unbekannten Probleme des Volks auf); vor kurzem habe er sich den Sport gemacht, auszurechnen, wieviel Zeit er in den letzten Jahren durchschnittlich jedem seiner Vorzimmerbesucher gewidmet habe: 20 Minuten pro Exemplar vertretenen Volks – und diese Zeit genüge ihm jeweils, alles über die Sorgen seiner Wähler zu erfahren (dies als Antwort auf meine Frage, ob nicht vielleicht auch moderne Schriftsteller ihm über bis dahin geheime, noch nicht Sprache gewordene Sorgen der Leute etwas mitteilen könnten); mit dieser Bemerkung, welche ihm ein guter Abschluß zu sein schien – er hatte schon beim Reden einen befreundeten Politiker bemerkt und ihm zwischendurch zugewunken –, gab er mir einen Klaps auf die Schulter, als hätte er nun alles verlautbart, was jemandem wie mir zu verlautbaren wäre, lächelte mich mit plötzlich viereckigem Mund an und nahm weiter sein Bad in der Menge (Gesichter, wie zum dauernden Wohlwollen geliftet)

Ich fand meinen Humor wieder, als mir jemand etwas über mich sagte, was ich noch nicht wußte. (Ich selber bin mein Phantomfeind – und dieses Biest muß sterben; Vorstellung, mit manchen Ängsten nur ein Opfer der Boulevardzeitungen zu sein)

Heute abend Stücke aus der Bibel wiedergelesen, danach »Young Mr. Lincoln« wiedergesehen: machtvolle Erhebung aus den täglichen Verlegenheiten, wobei diese aber nicht abgetan, beiseitegeschoben werden, vielmehr erstrahlen als etwas zu Ertragendes und Erträgliches (Hagar, die von ihrem Kind – beide sind in die Wüste geschickt –, als sie meint, es werde verdursten müssen, nicht weggeht, sondern sich weg*setzt*; und Henry Fondas Abraham Lincoln, mit Körperbewegungen, so ruhig und deutlich wie Buchstaben einer anderen Heiligen Schrift); und ich mußte natürlich wieder tief Atem holen, um nicht zu weinen

An der gleichen Stelle, wo gestern am Vorabend der Mond leuchtete, ist jetzt ein Sonnenfleck hinter den Wolken, ohne Strahl, ohne Schein; dunkler, irdischer, gespensterfremder Morgen – bleib so!

Bemerkt, daß ich, um die üblichsten Bilder im Fernsehen (gerade die üblichsten) mitzukriegen, mich konzentrieren muß wie beim Lesen der komplexesten Sätze in einem Buch (anders als da freilich ganz fruchtlos)

Morgens im Bus werden die Melodien des gestrigen Fernsehprogramms nachgepfiffen

Die Natur in der Stadt: sie wuchert wenigstens nicht (Österreich: wuchernde Natur); und die Hauptnatur (und Natur genug) ist hier der Himmel

Frage an die Hausfrau: »Was sehen Sie vor sich bei dem Wort ›Apfelkuchen‹?« – Die Hausfrau: »Brösel auf dem Fußboden.«

Mit welchem extra-maskulinen Schwung Männer oft Tätigkeiten vollführen, die in der Regel von Frauen gemacht werden, Bewegungen in der Küche etwa, beim Wegwerfen von Abfällen: lässiges Vermeiden des Bückens oder In-die-Knie-Gehens, was feminin aussehen könnte (darum verfehlen auch so viele dieser Aktionen ihr Ziel, wie z. B. bei mir gerade, als ich, statt das Geschirrtuch an den Haken zu hängen, es von weitem schwungvoll hinwerfen wollte und danebentraf); oder die Männer verrichten diese Handlungen, um sich zu distanzieren, statt mit den Händen mit den Füßen (z. B. ich)

In einen Wartesaal treten mit der automatischen Wortverbindung »Ungeheizter Wartesaal«

Allmählich die Gewißheit, erfinden zu können (Machtgefühl, »das niemanden unterdrückt«)

Beim Blick einer Frau die Vorstellung, daß, wenn ich schön

239

wäre, ich für immer in Sicherheit wäre

Abend. Draußen. Mit einem Kind. Unten die Stadt, glitzernd. Wieder das zugleich mulmige Gefühl, ein Held zu sein

Die fixen Ideen sind nur noch nicht zu Mythen erzählt: »Unter dem Schutz meines Mythos« – »In der Schutzlosigkeit meiner fixen Idee«

Die sanften Geräusche eines Mitternachtsfilms; die Kreidezeichen eines Erschossenen auf der Straße, und die Herbstblätter treiben plötzlich darüber

Aufpassen, keine Lieblingswendungen zu kriegen

Ich wurde bösartig, weil ich nicht zum Denken kam

»Was machst du denn für ein Gesicht?« – »So schaut man eben drein beim Knöpfezumachen.« Da blickte mich eine Frau aus der Menge zärtlich an

Allmählich bei allen Geräuschen im Haus sofort wissen, woher sie stammen; wenn Besucher aufschrecken, gleich beruhigend den Kopf schütteln

An manchen, seltenen Tagen sich in einer unbegrenzten, allesumfassenden Bewußtheit bewegen: gleichzeitig phantasieren, sich erinnern und in vollkommener Geistesgegenwart in die Umwelt eingreifen können, wobei eine Fähigkeit die Deutlichkeit und Entschiedenheit der andern noch verstärkt

Bei manchen Tätigkeiten die Überzeugung einer derartigen Geschütztheit, daß nicht einmal das *Monster des Universums*, wenn es jetzt einträte, mir etwas anhaben könnte (es auch nicht wollte)

Meine Vergangenheit: wenn es gut war, erinnere ich mich an die Situation; wenn es schlecht war, war das *ich*

Die alte Frau läuft auf den wartenden Zug zu: in der Unfähigkeit, schneller zu sein, beeilt sich panisch das Gesicht, vor
allem der Mund

Heute nacht werde ich gut schlafen – ich habe den ganzen Tag
nur zugehört

Sich umschauen, über die Schulter blicken und trotzdem ein
menschliches Gesicht behalten (ein Kind kann das)

G.: zur Schönheit fehlt ihr die Unauffälligkeit der Kleidung;
man bemerkt sofort, daß sie schöne Sachen anhat

Literatur: die noch nicht vom Sinn besetzten Orte ausfindig
machen

Endlich, am Abend, ergibt sich für das Elend des Tages eine
Vorstellung, und man ist gerettet

Eine Stimme wie eine vollendete Tatsache

Die Blätter fallen heute schneller als in den letzten Tagen (sie
sind trockener und härter geworden)

»Auf der See, 12. Mai 1787«: »Diese wahrhaft seekranken
Betrachtungen eines auf der Woge des Lebens hin und wider
Geschaukelten ließ ich nicht Herrschaft gewinnen.« (Aber *wie*
nicht?)

Drei befreundete Kinder wie ein einziges ideales Kind; auch
mit den Körpern stecken sie manchmal unzertrennlich zusammen, einander nur Geräusche vor- und nachmachend, einander umschlossen haltend, kreischend und schreiend vollkommen zufrieden (auch eine vollkommene Zufriedenheit der
Wahrnehmung erzeugend)

Neben dem Vorortzug fährt eine Weile ein Fernzug her:
hinter dessen bedunsteten Fenstern sitzen Leute, schon lange
unterwegs, die vom Meer kommen

Sich verschlucken in Gegenwart unbekannter Leute; das Absurde: sich plötzlich in einem Salon vorzufinden mit versiert umgangsfreudigen Großbürgersfrauen, die alle »Formen des Nebenbei« vollkommen beherrschen: eine etwa bereitet ein »Œuf à la polonaise«, und als, während ich zuschaue, ein Kind nichtsahnend ins Blickfeld tritt, zieht die Frau das Kind »wie zärtlich« an sich – doch in Wahrheit zur Seite, damit ich weiter die Zubereitung des polnischen Eis verfolgen kann; später, tatsächlich im »Salon«, in mir reglose Heiterkeit bei dem Gedanken, daß gerade ich in eine solche Sippschaft hineingewürfelt werde; eine winzige Alltagstragödie nebst freudlosem Lachen des Beteiligten; Vorstellung, in ihre Gespräche hineinzufurzen; und als ich dann endlich aus dem Haus trete, pinkle ich sofort gegen dessen Sockel

Meine fixen Ideen sind vielleicht Privatsache; aber was unterscheidet die fixen Ideen einzelner eigentlich von den Mythen mehrerer? – Es ist noch keine Sprache bemüht worden, welche die fixen Ideen einzelner als den Mythos vieler übersetzt; die Einzelheiten, zu Indizien für Krankheit entwirklicht, sind noch nicht begriffen als neue Lebensart – und zudem fehlen, zum Mythos-Werden, die Abenteuergeschichten zu den täglichen fixen Ideen (also einmal a) Bemühung einer andern Sprache für die fixen Ideen, und dann b) die Erfindung von Abenteuergeschichten dazu)

Geräusche der fallenden Blätter in der Nacht wie von stumm laufenden, stockenden, dann weiterlaufenden Hunden

Ein Kind erkennt einen Ort, wo es früher ungern, unter Zwang, einmal gewesen ist, an dem Muster am Boden wieder

Mme . . ., in ihrem Salon, geriet ins Erzählen, statt, wie sonst, nur Meinungen vorzubringen: das erschien bei ihr bereits als eine Art, sich gehen zu lassen

Ein Offizier im Zug: ein unkenntliches Wachsgesicht, schon fürs Begräbnis hergerichtet

Jemand, dem beim aufmerksamen Lesen einer Gebrauchsanweisung der Speichel aus dem Mund rinnt

»Ich möchte mit Ihnen ein Tonbandgespräch machen, für den Unterricht.« – »Sind Sie Lehrer?« – »Nein, aber ich würde mich vorher mit Lehrern unterhalten und Ihnen dann ein paar Fragen stellen aus der Perspektive von Schülern.«

»Wo haben Sie Ihren Urlaub verbracht?« – »Ich habe keinen Urlaub genommen, sondern gearbeitet.« – »Oh, auch ich habe den ganzen Urlaub nur gearbeitet.«

Ein Tag ohne Beunruhigung, ohne metaphysische Beschwerden: wie ausgestopft

Ein von der Nachwirkung des Weinens noch sanft geschlossener Mund, ein ruhiges Gesicht

Der Student ging morgens mit einer Grippe zur Universität; dort traf er auf die faschistischen Schläger, vor denen er den Hintereingang nehmen mußte, und am Abend kam er belebt, ohne Grippe, nach Hause zurück

Noch ein Doppelgänger: das Kind gestern auf dem Schulhof mit dem ausladenden Hinterkopf, den kleinen, finsteren Augen und den dicken Wangen, in kurzen Hosen bei der Kälte und Tennisschuhen; ich betrachtete es völlig selbstvergessen, wie es bei einer kleinen Gruppe stand, abwesend und plötzlich doch wieder ganz anwesend, tyrannisch in die Gruppe eingreifend, die Ärmel des Pullovers über die Hände gezogen (Erfüllung und Wärme im Betrachten, »als sei es das jetzt«, und dann war ich verschwunden, allein)

Seit einem Jahr: »Ich brauche keine Rolle mehr zu spielen!«

Träume, in denen man so kleinlich ist wie im Wachsein

Dem Journalisten zuhören: als würde einem das Lebensgefühl ganz und gar durch seine Reden entzogen, bis zur völligen Wesenlosigkeit, gerade dadurch, daß er die ganze Zeit dieses Lebensgefühl im Mund führt

Die unbewegten Gesichter der Lokführer, die den Bahnhof mit ihren Zügen durchrasen; dann aber ein Zug, der verlangsamt und stehenbleibt, mit einem Lokführer vorn, der gähnt (unvorstellbar bei den durchfahrenden)

Ein Arbeiter, der bewegungslos steht und schaut: mich bei der Vorstellung ertappt, er stehe nur so, weil er pisse (als sei schauen allein nicht möglich bei einer solchen Existenz)

Träume als ästhetische Leistung: man könnte sich darauf etwas einbilden wie auf eine Arbeit, eine Anstrengung zu einer Form

Nach einem elend sprachlosen Tag (alles blieb nur flächig vor den starrenden Augäpfeln) fand ich endlich eine Vergleichsmöglichkeit: das nannte ich einen Gedanken (vorher war selbst das Kind nur ein tristes Geräusch gewesen)

Frage der Telefonistin, als ich ein Hotelzimmer reserviere: »Êtes-vous une société?« – »Non, au contraire.« (Dabei schaute ein Amerikaner zum Fenster hinaus und sagte: »What a gloomy weekend.«)

Triumphgefühl, jemand zu sein, der sich etwas ausdenkt und danach lebt und leben wird

Aus dem Fenster schauen und das Erlebnis der Schönheit haben, ohne sagen zu können (und zu wollen), was warum da draußen so schön ist: Schönheit als Erscheinung der Entgrenzung, als Erlebnis der unverhofften Offenheit

Alte Idee, die allmählich zur gefühlten Vorstellung wird: daß ich meinen Mörder, »wenn er die Treppe heraufkäme«, wie einen Freund empfangen würde

Die übliche Geschichte vom »Leben, das in den Sterbensmomenten an einem vorbeizieht« – und der Gedanke, daß mein Leben schon jetzt, nach Belieben, an mir vorbeizieht

Unter den Halbschlafbildern ist nie, wie etwa im Traum, ein

bekanntes, schon einmal tatsächlich gesehenes; vielmehr ein majestätischer Stummfilm aus neu-mythischen Bildern

Im Vorortzug stehend, unter dem Neonlicht im Halbzylinder aus Glas, und den Kopf da hinaufhebend, von diesem Leuchtkörper ergriffen werden, befreit aus der Querlage, in der man sich wieder einmal befindet, in Erwartung des am Ende der Zugfahrt drohenden finsteren Alleinseins – und in dieser Gutaufgehobenheit und Geborgenheit »in Gesellschaft der Neonröhre« die Wunschvorstellung, in das Glas da über einem hineinzubeißen, um diese Heimeligkeit in sich mitzunehmen in die stockdunkle Isolation

Beim Betreten der Küche die Vorstellung, daß mir für meine gesammelten Küchenauftritte alles verziehen würde; schon alles verziehen sei

Schreibend wieder einmal in Sicherheit

Von einem Schriftsteller wird lobend gesagt, er schweige »beharrlich« (statt daß er beharrlich versuchte zu schreiben)

Eine Schauspielerin berichtet in ihren Erinnerungen ganz stolz über ein Gespräch mit den Mächtigen: »Und ich schwöre, sie hörten uns zu«

Meine einzige Idee vom Volk hatte ich bis jetzt auf Landfriedhöfen

Herr F. hat eine so veräußerlichte Kommunikationsart, daß, wenn einmal wirklich ein Angesprochener darauf eingeht, Herrn F. sehr bald die Worte ausgehen und er nur noch rat- und verständnislos den andern über sich ergehen läßt

Eine Frau sagte von einer andern ganz empört: »Sie schaut einen an wie ein Mann«

Zusammengehörig: Langeweile, Angst, Sinnlosigkeit (»Mir ist so langweilig, ich kann nur noch im Kreis gehen«)

»Wie lange bist du denn schon hier?« – »Sooo lange.« (Und das »sooo lange« wird von dem Kind gesungen – so lange ist es also)

Gedanke an einen Tag ohne Aufmerksamkeit für andre: nach einem solchen Tag hätte ich es auch verdient, Angst zu haben

Einen schönen Brief gelesen und den »herzlichen Gruß« danach wirklich *erlebt* als herzlichen Gruß

Unterlegenheitsgefühl dem gegenüber, der sich Illusionen macht – er sieht schön aus dabei

Sie sprach verzweifelt ins Feuer hinein, wobei ich meinte, sie würde sich gleich hineinstürzen, um ihrer Verzweiflung das ewig Rhetorische zu nehmen

Beim Anblick der Sternbilder wieder einmal die Frage, warum man sich an Namen halten soll, die andre ihnen gegeben haben; Namen, die überdies den Anblick verkleinern und zugleich auch abschließen; den Himmel zu einem bloßen Suchbild entwirren (gilt für alle Namengeberei in der Natur)

Frau F.'s Gesicht, boshaft vor Denkunfähigkeit und dem Bedürfnis, trotzdem »es einem zurückzugeben«; als ihr Mann ihr etwas vorhielt, hielt sie ihm, ohne auf seinen Vorwurf einzugehen, sofort etwas anderes vor: auf seinem Schreibtisch sei immer Unordnung (jeden Versuch zu einer Erklärung als Angriff erlebend, verbündet sie sich automatisch mit einem Kind)

Bei einem borniertem Ausspruch von jemandem: als ob man im selben Moment zuhörend ruckhaft Gestalt annähme, stille, überlebensgroße Gestalt, und als grenzten sich auch die Gegenstände ringsum in einem schweigenden Ruck von dem Bornierten ab, der plötzlich ein gestaltloses Etwas, eine bloße vage Fläche in dem unvermittelt gefügten Raum würde, ein »desillusionierendes Loch«

In wievielen Zeitungsfotos von Mördern ich mich wiedererkenne!

246

Ich bin auf dem Weg zu jemandem: als ich dann bei ihm bin, fühle ich mich ihm aber durch das lange Gehen allein so weit voraus, daß wir einander nicht erreichen und nichts mehr zu sagen haben

Jemand ist immer nur neugierig – deswegen weiß er so wenig

Beim Einkauf abends in kleinen Geschäften: eine Erwärmung, auch wenn man nur die Namen von Waren ausgesprochen hat und einander einen guten Abend wünschte

Der Moment am Tag, da die erstarrte Welt sich regt mit den letzten Blättern an den Bäumen und einen in sich einbezieht; für den Rest des Tages kann einem nichts mehr passieren

Die Boulevardszene des Tages: eine Frau baut sich in ihrer Wohnung vor einem auf (man erlebt das sozusagen schon in der Boulevardsprache), fixiert einen mit schillernden Augen und sagt: »Sie müssen wissen, ich bin Kaukasierin.« – »?« – »In Kaukasien wird nämlich der Tee nie durchgeseiht.« Und sie goß mir den Tee mitsamt den Blättern in die Tasse

Einen Tag ganz ohne Angst (und deren Überwindung durch Wegdenken, Ausdenken verbracht) und danach die Idee (nein, die Erfahrung), sich »heute keine ruhige Nacht verdient zu haben«; Erlebnis der so lange abgetanen Angst als gefüllter Schweinsblase in der Brust, auf die von allen Seiten gedrückt wurde

Ein kleiner, schwerer Gegenstand: er ist schön schwer (ein großer, leichter Gegenstand: er ist schön leicht)

Zeichen der Freundschaft: Wenn ich jemanden auch in Gedanken mit dem Vornamen anrede

In der Traurigkeit das Bedürfnis, schön angezogen zu sein

Ein Gefühl durch das Gedränge der Métro ins eigene Zimmer retten

Aus dem Kino kommen – und draußen gehen überall die Falschen

Kein Taxi jetzt! Ein öffentliches Verkehrsmittel brauchen, um nachzudenken

Folge des Alleinseins: zu oft Ergriffenheit, und dann Unlust auf Gesellschaft

Ich bin kein »Pantheist« – aber manchmal gelingt mir ein pantheistischer Atemzug (gegen den Tod)

Im Kino: Ein Mann berührte die nackte Schulter von Raquel Welch, und ich wurde mir meiner kalten Hände bewußt

Gefühllos werden vom vielen Denken an den Tod (Faschisteneigenschaft)

Manchmal das Notwendige, einfach nur schön zu sein

Daß mir manchmal (immer noch) das Reden so zuwider wird, daß ich dazu gleichsam die Schultern heben und mich so anstemmen muß, um einen Satz zu Ende zu bringen

Ein Staatspräsident, der einen Mörder hat hinrichten lassen (während er einen andern begnadigt hat): Gedanke, daß er nun für immer kompromittiert ist – daß wenigstens ich nichts mehr von ihm wissen will, nie mehr

Wir redeten endlich schön, weil es nur noch das Reden war, das sich begab, nicht mehr wir selber als Redende

Der Augenblick, als F. im Reden plötzlich mit ein paar Sätzen sozusagen alle klassischen Symptome der Schizophrenie zeigte (Verfolgungswahn, Beziehungszwang etc.), war ein tragischer Schock, in dem jemand vor meinen Augen zusehends verlorenging, ohne daß es eine Möglichkeit gab, einzugreifen; es war, als hätte sie, von einem Moment zum andern, eine Richtung eingeschlagen, in die ihr niemand folgen konnte und aus der sie nie mehr zurückkehren würde

Mein Kinogehen, das eine Sucht geworden ist: nach fast jedem Film Lethargie und Hoffnungslosigkeit; ein Katzenjammergefühl, daß ich und alle um mich herum nichts als sterbliche Hüllen seien (wir schleichen uns mit hängenden Köpfen weg) – und doch werde ich tags darauf schon wieder unruhig, wenn »meine Kinozeit« naht

Statt der früheren Langeweile erlebe ich seit Jahren etwas leicht Verändertes, Impulsiveres: ziellose Ungeduld

So sehr auf alles gefaßt, daß ich manchmal auf niemanden gefaßt bin

Meine Fähigkeit: äußerste Zerstreutheit, dann äußerste Konzentration

Zwei unablässig redende Frauen mit den kalten Augen von Bischöfen

Ein Kind, dasitzend mit der Ruhe eines Physikers

Jemandem zu erzählen, wie es mir zumute war, erscheint mir als bloße Repertoirevorstellung, da ich es mir selber schon gleich erzählt habe

Rückkehr in Gesellschaftsgestik nach einer langen Expedition des Alleinseins: auf dem Bahnhof neben einem Freund stehend und die gewohnten Anblicke vor Augen, die mich im Alleinsein immer wieder ausrichteten und aufrichteten, kam ich mir von des Freundes Anwesenheit neben mir wie ausgelöscht vor, eine leere Stelle in einer Szenerie, wo einmal ich gewesen war

Ich sagte: »Schaut her, was Poesie ist!«, nahm den Mantel, der über dem Stuhl lag, und zog ein langes Brot aus dessen tiefer Tasche

Das einzige wirkliche Lebendigkeitsgefühl: Teilnahme

Er brach die Onanie ab: plötzlich kam Sehnsucht dazwischen

Im Café, beim ersten Blick des Obers, die Vorstellung, er wüßte nun schon, was für einer ich sei

Eine häßliche Frau strafend anschauen

Das Größte: sein Selbstbewußtsein nicht in der Wut, im Angriff, auch nicht in der Demut usw. zu erreichen, sondern in der Ruhe; das Ziel: Selbstbewußtsein in der Ruhe

Sanftheit: die zu Bewußtheit gewordene Energie

Dezember

Reinstes, stärkstes Gefühl = Todesbewußtsein (mein »Realitätsbewußtsein«: das Bewußtsein vom unmittelbar bevorstehenden Tod)

Selbstmord: die kurze Geschichte meiner Angst

Nach der Depression: wieder neu sprechen lernen

Liebe: Gefühl der Gestalt des andern

Katastrophe des Alleinseins, die akut wird durch einen einzigen fehlenden Knopf am Mantel eines Kindes

Bedürfnis nach Philosophie

Angstvoller, der du immer so dicht am Fenster stehst, daß du die Scheiben bedunstest!

In den letzten Tagen nur mit höchster Anstrengung ein paar Worte hervorgebracht (nicht hervorgebracht, eher *gemacht*); A. merkte es und nahm mich manchmal an der Hand, als bräuchte nicht sie diese Hand, wie sonst üblich, sondern ich die ihre; es hat noch niemand beschrieben, was Alleinsein ist

Die Versuche, sich selber aus dem Sumpf zu ziehen – und als sei doch dieser Sumpf der eigentliche Lebensraum (und manchmal die Wunderwelt) und als sei außerhalb nur die tödliche Mechanik der Meinungen

Wenigstens einige Probleme unbeweglich geschossen

Ich stelle mir meine Augen vor, und es erscheint der Bahnhof – es erscheinen Anblicke

Erstmals in dem Haus das Erlebnis der Furchtlosigkeit, nicht als Abwesenheit der Furcht, sondern als Stärke

G. hat so jähe Bewegungen wie ein Kind, als fast Fünfzigjähriger; wenn man ihn gerade noch vor sich hatte, erschreckt er einen im nächsten Moment, indem er sich hinter einem befindet; seine Stimme ist meist rücksichtslos wie eine Kinderstimme, laut und beanspruchend, dazwischenredend; bei der Onanie stellte er sich niemanden vor als sich selber, wie er geschlagen wurde: das war seine Reizvorstellung

Immer öfter, auch in der völligen Lustlosigkeit, erhebt sich in mir gleichsam eine andre Stimme, die etwas will und etwas andres will und dann sogar laut wird und dieses andere auch einleitet, wie ohne mich, und daraus leite ich auch die Lust auf meine sich (ohne mich Alten) aufbauende andre Existenz ab

Einmal im Moment des Aufwachens sich auf den Tag freuen, ohne sich ihn erst zurechtdenken zu müssen!

Manchmal Freude an allem, sogar an den blödsinnigsten Tätigkeiten wie dem Zähneputzen

Fast jedes Zusammensein mit jemandem empfinde ich inzwischen als eine Art von Prüfung, und so setzt danach sofort ein Zwang zum Vergessen ein, auch wenn es gut gewesen ist, so wie man auch eine Prüfung gleich danach vergißt

Verdoppelungsgefühl in der schweren Müdigkeit, wie ein Weg-Ruck von einem selber (Steckbriefgesicht der Müdigkeit)

Bei dem hier und da aufglühenden Holz im Kamin das Bild

von einem singenden Chor

Sie fing zu reden an, mit ihrer üblichen Munterkeit: ich hörte nur wortlos zu und wartete ab, bis sie, wie üblich, in Tränen ausbrechen würde (was auch geschah)

Gerührtheit heute früh über den fürsorglichen Staat beim Anblick des leer und tapfer verkehrenden Busses in einer entfernten Straße (die Rührung hing auch mit der Entfernung zusammen)

Am belebten Sonntagmorgen, aus einem offenen Geschäft kommend, mich auf das nächste zubewegend, überrascht bemerkt, wie ich innerlich sagte: »Eigentlich bin ich ein glücklicher Mensch!«

Man ersucht jemanden, eine bestimmte Geste zu wiederholen, und er findet dabei sein ganzes vergangenes Leben wieder

Die »kleinen Annoncen« der Vororte lesen (»Briefmarkensammlung zu verkaufen«; »Hausbar abzugeben«) und in die tiefe Niedergeschlagenheit der andern hineingezogen werden

Herr F.: »Meine Frau merkt sofort, wenn ich nicht an sie denke«

Regen auf dem Dach wie Vogelhüpfen

Streit zweier junger Leute: mit den üblen Gesten ihrer Vorfahren

Ein Flugblatt in die Hand kriegen und lesen: »Von breiten Schichten«, »in allen Teilen des Landes«, und völlig hoffnungslos werden

Wieder ein Körper, dachte er, während sie sich auszog

Er war noch unschlüssig, ob sie schön war oder nicht, als eine schöne Frau zur Tür hereintrat

Ein Mann, der mit vielen Frauen nacheinander zusammen ist: er ist vielleicht nur streng *und* optimistisch

Beim Abtasten am Flughafen: »Ist das ein Buch in Ihrer Manteltasche?« – »Ja.« – »Zu Weihnachten liest man schon einmal ein Buch, nicht wahr?«

Wie manchmal im Lauf eines kalten, erstarrten Tages nur eine zufällige Kopfbewegung nach jemandem (in einem Supermarkt) genügt, und alles wird, wenn auch nur für Sekunden, »wieder gut«: als finge es zu schneien an

Snow, keep on falling

1977

Januar

Als ob doch ein, wenn auch minimaler, sportlicher Schwung notwendig zur Erscheinung der Schönheit gehöre

Eingerissene Mundwinkel vom Apfelessen (so große Äpfel)

Lange hinter einer randalierenden Verrückten einhergehen, in einem stummen Akt von Solidarität; würde sie sich einmal nach mir umdrehen, würde sie einen Moment lang verstummen

Der Mann zur Frau: »Ist denn die Sexualität für dich so wichtig?« – Die Frau: »Worte allein begütigen mich nicht genug.«

Die hängenden Schultern und Arme der Laienschauspieler

Amüsiert schaue ich in die gewaltig drohende Dunkelheit hinaus

Geräusch des Regenrauschens wie das Schütteln einer Schachtel Streichhölzer

Ein Tag, an dem man seinen Körper nie wahrnimmt, weder hört, sieht, riecht: kein Mangelgefühl

Vorstellung, daß Brecht damals so mühelos die politischen Nachrichten aufnehmen und sich von ihnen bewegen lassen konnte, weil das Medium, durch das er sie erhielt, das Radio, wirklich nur ein Medium war und noch nicht für sich ein Fetisch für »Wirklichkeit« (immer häufiger die Idee, daß die Nachrichtenwelt – überall gibt es, nach ihrem Diktat, »noch Schlimmeres« – einem das Bewußtsein vom eigenen Leben nimmt)

Ein Denker: er denkt nie über jemand Bestimmten nach

Angst: kein Zustand, sondern ein unablässiges Sich-Ereignen, eine sich ununterbrochen ereignende Unerträglichkeit

Dem Versuch widerstanden, über jemanden etwas zu sagen: nachher Bewußtsein der Stärke und Harmonie

Aus allen Systemen entlassen: in dieser Art Arbeitslosigkeit begänne die Zeit des Bewußtseins (davor war es die – anders gefährliche – Zeit des Seins, nach der man sich trotzdem niemals zurücksehnt)

Die vielen Fußspuren in dem bißchen Schnee, wo man die Flocken einzeln liegen sieht: als ob die Leute gelaufen wären

So mündet allmählich mein persönliches Leben ins allgemeine, mit vom Fernsehen verödeten Wunden ins Bett verschwindend

Vielleicht verwandle ich mich doch allmählich in den Menschen eines neuen Zeitalters, mit ruhigem Wachsein, ruhigem Schlaf und ruhigem Tod

Vorstellung, nur denken zu können, wenn ich gleichzeitig in etwas verwickelt bin

Der Schah im Fernsehen: die Vorstellung, daß das mein

Feind ist, der mich frech überleben will, so daß mein Tod noch dazu meine eigene Schande wäre. Für jemanden wie ihn könnte ich ebensogut tot sein – also müßte ich ihn töten, um mich ihm gegenüber zu behaupten

Kunst heute wie einen Überlebens»würfel« erlebt, der vor dem Fall bewahrt

Als ob ich seit dem letzten Jahr mehrere abgeschlossene, in sich geglückte Leben geführt hätte

Schluß mit der Erinnerung! Ich will, daß es *jetzt* schön ist und nicht erst in der Erinnerung

Auf dem Foto sah ich immer noch aus wie jemand, »der es nicht schafft«

Eine solche Zerstörungskraft der täglichen panischen Phantasien, daß man sich schließlich richtig vorsagen muß: Der Zug verkehrt ja noch, das Haus steht ja noch, das Kind lebt ja noch, der allzu weiche Sessel ist noch nicht ganz über dir zusammengeschlagen

In der Nähe des Bahnhofs: eine Frau in mittleren Jahren, eine Reisetasche in der Hand, ging schwermütigen Blicks sehr langsam vorbei, und ich dachte: So hat also auch die lange Reise nichts genützt

Wie früher von einem Seligen gesagt wurde: »Er durfte den Himmel sehen«, so würde ich mir wünschen, immer die Erde sehen zu dürfen

Die Empfindung (das Gefühl, die Vorstellung, die Idee, die Phantasie, das Bewußtsein, alles mitsammen), daß es heutzutage, wo an Handlungen so viel erlaubt, möglich usw. ist, dabei (jedenfalls bei mir) umso mehr Denkverbote, Denk-Feigheiten usw. gibt (und daß deswegen auch in der Kunst so wenig möglich geworden ist)

Nachts auf die Straße hinunterschauen ohne Angst: Wieviel

näher kommt einem alles vor!

Befreiung: Wenn ich mich nicht mehr stillschweigend aufgefordert fühle, in jedem Anblick sogenannte wissenschaftliche Gesetzmäßigkeiten zu entdecken

G. sagte: »Aufmerksam auf den andern kann man nur sein, wenn man weiß, daß man sexuell auf der Höhe ist.«

Die Wolken vor dem Fenster gingen auf mich über und wurden dabei fremdartige Gebilde. Ich war in einer idealen Landschaft, die zugleich eine unbekannte war, fremder als die arktische, ohne Farben fast, aber ich empfand Farben, und am Himmel zogen statt der Wolken Eisflächen vorbei; um das einem Zweifelnden zu beweisen, griff ich in die Luft und nahm eine der niedrig fliegenden Eisschollen aus dem Zug; die schöne Empfindung des sofort weich werdenden Eises in der Hand

Der Mörder, der seine Tat nicht begriffen hat, will sich nachher rächen am Schicksal (andre Idee der Rache)

Meine Art Macht: ich schließe alle Entgegenkommenden in meinen Lidschlag ein

Philosophie zur Hand nehmen mit dem Gedanken: Einmal sehen, ob der mir die Angst vertreibt

»Das Denken hat die Eigenheit, daß es nächst sich selbst am liebsten über das denkt, worüber es ohne Ende denken kann« (Lucinde)

Ich sagte zu G. beim Abschied: »Grüß deine Kinder und (dabei stellte ich mich auf die Zehenspitzen) deine Frau«

Ganz simple Bemerkungen in Büchern, die einen rühren: ». . . und da man jemanden zum Liebhaben braucht . . .« (Jane Eyre)

Der Euphemismus »Geschichte«; Vorstellung, daß ein Ken-

nenlernen, möglichst lückenlos, der Geschichte von Hiobs-
Reaktionen mich schützend aufnehmen könnte eben in diese
Geschichte: einer nach vielen werden? vor vielen weiteren?

»Es stört mich, dich vor mir was aufschreiben zu sehen.« –
»Hab doch Vertrauen zu mir.«

Intensive, aber ungenaue Erinnerung: also ein Gedicht versuchen!

Der Gipfel der Schönheit: Wenn ich zu mir selber sage, und
zwar unwillkürlich: »Schön war das!«

»Aus der nichtigen Landschaft stieg endlich der erlösende
Geruch von Scheiße auf« (in der unwirklichen Gegend wartete
ich inständig auf den erlösenden Scheißegeruch)

»Der Gedanke des Ichs ist als das innere Licht aller Gedanken zu betrachten«

Das Gesicht des Mannes heute im Zug, wie es, indem ich,
Beobachtungsfeindlicher, Beobachtungsloser, es ganz, ganz
wegrücken ließ, mir allmählich ganz nahe kam und allmählich
das allgemeine Gesicht wurde, wahnsinnig und lebendig,
Mann und Frau zugleich verkörpernd, Gesicht einer Film-
handlung, deren Höhepunkt es gerade darstellte, tief und gren-
zenlos entrückt, während ich es entrückt betrachtete und doch
gleichzeitig noch voll Mißtrauen war – und als ob der Mann
das merkte, setzte er sich um und blickte in eine ganz andere
Richtung (sein Gesicht war das eines großen Schauspielers
gewesen, in Großaufnahme zu sehen auch in der Entfernung)

Er betrachtete sie schweigend so lange, bis sie ihm sein Leben
glaubte

Schachfiguren, allesamt ganz eng, über die Grenzen ihrer
Felder, zusammengerückt in der Mitte des Schachbretts;
menschliches Bild

Auf dem Weg zum Schlafengehen eine kleine, geschälte Mandarine in der Faust, trocken, aber sehr elastisch: erotische Vorstellung von einer zu allem bereiten, kleinen, zierlichen Frau

Die Schlaflosigkeit in der Stille der Nacht: dann endlich ein Geräusch, das mich aber nicht aufschrecken läßt, sondern mir einen Ruck Schlaf gibt, momentlang

Straße in der Nacht, der totalen: wie in Erwartung von Panzern, preisgegeben von allen Bewohnern, Brachland, Brackwasser sozusagen in allen Dachrinnen

Gefühl der Gesundheit seit einigen Tagen; »Januarheiterkeit«

Ein Kind in seinem Mitleid bestärken, auch für King Kong; die Ungerührtheit der meisten Kinder

Daß ich das Denken eines andern (etwa W. Benjamin) nie nachvollziehen kann, sondern höchstens, im Glücksfall, kräftig ahnen (meine Art Denken ist tatsächlich Glückssache)

Der alte Mann heute im Geschäft, der Salz kaufen wollte und für den es das übliche kleine Salzpaket nicht mehr gab; nun mußte er das große kaufen und sagte, schon das kleine habe drei Jahre gereicht – eine seltsame Stille auf einmal im Geschäft bei der öffentlich werdenden Vorstellung, daß der Alte da gerade sein letztes Salzpaket einkaufte

Zusammenhang zwischen Unbeherrschtheit und Ungeschicklichkeit (Nicht-Beherrschung der Dinge)

Was ich aber von Benjamin erfahre: daß man nicht so tun kann, als »dächte man nicht« (daß Poesie sozusagen nicht dem Denken entgeht, jedenfalls fürs erste, so wie die Marianne aus den »Geschichten aus dem Wiener Wald« nicht der Liebe des Schlächters »entgeht«)

Allmählich: der aufgerissene Rachen des Notizbuchs

Flucht vor dem noch unzusammenhängenden Tag in die

bewährten Sexualvorstellungen, wo alles einen Zusammenhang bekam

Die Empfindung, daß ich mich nie mehr langweilen werde (in den letzten Tagen kein Zählzwang der Langeweile mehr)

Erlebnis von Liebe, seit langem wieder einmal, wie ein Schmerz, der einen minderen, gewöhnlichen Schmerz auflöst

Eine Frau auf einem Reklameplakat, strickend: vor ihr das Gefühl, gar nichts können zu müssen, wie eine Befreiung: heute empfinde ich die Tatsache, daß ich so wenig Fertigkeiten beherrsche, nicht mehr als Mangel; ich will gar nichts können

Sie kriegte plötzlich ganz starre Augen, vom unterdrückten Gähnen (»Ich gähne mit den Augen«)

In der Nacht die hintereinander parkenden Autos, mit schwarzen Rückfenstern: wartender Trauerzug (ohne Trauer)

Das Paar geht aus, um miteinander zu reden (zu Hause ist ihm das nicht möglich)

Ich redete gestern zu viel, war mit zu vielen Leuten zusammen und hatte dann in der Nacht nur noch undeutliche, hektische Träume

Der schlimmste Vorwurf, den das junge Mädchen machen kann, ist jener der Ironie; das ironieabweisende Pathos eines jungen Mädchens, das mehr weiß und vor allem mehr will, als es sagen kann

Auch wenn man mich der unsinnigsten Tat, der abscheulichsten Handlung ganz zu Unrecht beschuldigen würde, könnte ich sie nur halbherzig abstreiten – weil sie in meinen Gedanken schon immer möglich gewesen ist

Die von einem abgehackte Vergangenheit, die immer noch, »bei Sonnenuntergang« (nachher bewegen sich die toten Schlangen auch nicht mehr), ihr unmaßgebliches Haupt erhebt, um einen wieder auf ihr Unmaß einzuschüchtern

Verachtung, Übelkeitsgefühl vor allem Flüssigen in der Müdigkeit, Flüssigem, das auch noch genießbar ist

»Es ekelt mich, nach euren Begriffen freundlich zu sein«

Wie Nachbild, so Nachgeräusch (das Ticken des Weckers,
der gar nicht mehr tickt)

Der Kulturjournalist, international: stotternd nicht in Buchstaben, sondern in ganzen Wörtern, ein künstliches Stottern.
Wenn er nicht redete, schnaufte er. Seine Liebenswürdigkeit
und Beflissenheit schienen immer wieder nur Maskerade vor
Hohn, Gehässigkeit, Haß zu sein; seine eifernde Gekränktheit,
als ich mit ihm nicht, wie in seinem Land sonst üblich, auf Du
und Du und mit Vornamen sein konnte – er nannte mich von
da ab nur noch »Sehr geehrter Herr«. Er hielt es nicht aus,
auch nur für kurze Zeit nichts zu sagen; wenn ich vom Tisch
weg mußte, in die Küche z. B., sprach er mir ununterbrochen
hinterher oder kam mir nach, wohin ich auch ging, und redete
weiter. A., die, wie üblich, wenn noch jemand da ist, den sie
zudem nicht kennt, dauernd dazwischenredete, wurde, etwas
ganz Neues, ihrerseits immer wieder von dem Journalisten
unterbrochen. Die Tadel, die ich wegen ihres Zwischenredens
an A. austeilte, meinte ich eigentlich an den Journalisten gerichtet; die Seufzer, die ich gegen A. ausstieß, galten in Wahrheit ihm. Er kannte alle Schriftsteller der Welt, sie waren seine
Schützlinge. (»Beckett sieht jetzt viel besser aus als vor fünf
Jahren.« – »Durch Ionesco bin ich auf den Geschmack von
Austern gekommen.«) Beim Weggehen, nachdem er noch einmal, wie in Mordlust, »Sehr geehrter Herr« gesagt hatte,
schlug er die Gartentür zu. – Ich hatte die Vorstellung, er
würde gleich zurückkommen und ins Haus eindringen, um
»sein Vertrauen zurückzuverlangen«, und schloß sofort hinter
ihm die Tür ab. Er hatte etwas von einem enttäuscht randalierenden Freier; wußte schließlich nicht, ob er »überhaupt über
mich schreiben würde«. Das war seine Drohung. Seine nächste
Drohung war, daß er »in einer deutschen Zeitung über mich
schreiben würde«. Er roch nach den Bonbons, die er, als

ehemaliger Kettenraucher, ununterbrochen lutschte; ein ver-
hätschelter, sich verhätschelnder internationaler Kultur-
Adabei, dessen Haupttrick es war, die Obsessionen seiner
Schreib-Objekte (in diesem Fall also die meinen) für die kurze
Zeit seiner Anwesenheit als die schon seit jeher eigenen auszu-
geben; Bezüge zwischen den Einzelheiten stellte er her mit der
Flinkheit eines Taschendiebs, mit der Hektik eines Betrügers.
(Er sprach mit einer Stimme, die nie zu ihm zu gehören schien;
sie kam fremd und körperlos aus seinem Mund; die wenigen
Momente aber, da sie ernst, schwer, zugehörig wurde, erschien
sie zugleich wieder verstellt, scheinheilig; ebenso fixierten einen plötzlich seine Augen, aber das war eben kein Anschauen
oder gar Betrachten, sondern ein andrer Trick, eine Vortäuschung – und eigentlich erschien er manchmal sogar verloren
und damit liebenswert)

Die Vorstellung von ihr, der Gedanke an sie zog sich für einen
Moment zusammen zu einem Bild der Liebe: das Bild der Linie
ihrer Wangen

»Wie werden Sie denn das Problem lösen?« – »Warum fragen
Sie mich? Wissen Sie einen Rat?«

Gefahr: daß man von jemandem so sehr akzeptiert wird, daß
man auch bei der größten Schurkerei ihm gegenüber sagen
kann: »Du weißt ja, wie ich bin!« (»Du kennst mich ja!«)

Der Kindsmörder, mit dem ich mich auf eine unheimliche
Weise identifiziere, ist nun doch nicht, wie erwartet, zum Tod
verurteilt worden: im ersten Moment der Nachricht Erlebnis
der Enttäuschung, als habe man ihn um seine Geschichte
gebracht

Aus einem alten englischen Roman: »Das Erscheinen eines
Stubenmädchens verhinderte jedes weitere Gespräch«

Es regnet, als würden die Tropfen überall mit Blecheimern
aufgefangen; der Regen, der nicht mehr fällt, sondern gleichsam geworfen wird, erinnert plötzlich an eine Sprache: die
Sprache des Regens

Die Unheimlichkeit eines funktionierenden Hauses in der Nacht

Ein letzter Tropfen Regen nach einiger Zeit, wie ein verspäteter Radrennfahrer; dann merkt man den Regen nur noch am Geräusch der auf der nassen Straße fahrenden Autos: »Es hat geregnet«

Vorstellung von jemandem, der nur noch im Schlaf spricht

Ausdruck für meinen Zustand seit einiger Zeit: »Ich bin heilfroh« (beileibe nicht glücklich oder zufrieden)

Ergebnis einer (langen) Erfahrung: Form

Aus mir herausgehend, ein körperloses Weltwesen werden, virtuelle Welt, entmaterialisiertes, energisches Schwirren

Erstes Anzeichen wiedereinsetzenden Schlafs nach langem Wachsein: ich sehe Aneinandergefügtes vor mir bei geschlossenen Augen, das ich im langen Wachsein allmählich zusammengedacht habe; sanfter Ruck des Sich-Aneinanderfügens

Aus meinem Denken wurde im Halbschlaf plötzlich eine Kaffeekanne

In den lähmend ernsten Momenten immer einen Luftballon bei sich haben, mit dem man sich wegbewegen kann aus der Lähmung

Ich verstehe jemanden nicht – und sage mir, daß er dumm ist; dann verstehe ich noch einen nicht – und schon fürchte ich, die Welt nicht mehr zu verstehen

Insgeheim zu einer Frau, die man bis jetzt nur von hinten gesehen hat, sagen: »Wehe, wenn du nicht schön bist!«

Der Apfel, mit den Händen durch die Mitte gebrochen, roch im ersten Moment ekelerregend: als stieße er diesen Geruch gegen die Gewaltsamkeit aus, mit der man ihn entzweigebrochen hatte

Der Pudel steht in der offenen Tür des Geschäfts mit erhobenem Kopf wie der Besitzer

Die Lieblosigkeit fängt an: man fragt jemanden, »was er so macht«

»Die Wahrnehmbarkeit eine Aufmerksamkeit« (Novalis): Eine Aufmerksamkeit, die von dem wahrnehmbaren Objekt ausgeht; meine Lust, auf die Straße zu gehen, als Experimentierlust (»Man suche nur nichts hinter den Phänomenen; sie selbst sind die Lehre« (G.))

»Denkst du noch manchmal an mich?« – »Ja, bei der Selbstbefriedigung. Danach vergesse ich dich sofort.«

Tauben, die unvermittelt weit weg zwischen den Häusern aufblitzen als Steinsplitter einer Explosion

Der Moment am Tag, wo ich den Überblick verliere

Ein Erlebnis beschrieben finden: das gibt zugleich die Möglichkeit, etwas ganz Ähnliches, aber eben noch nie Beschriebenes zu erleben. (Nichts ist schon beschrieben)

Energisch die Augen weit machen

Im Zentrum von Kindergeschrei stark werden

Mitternacht, und die Leute gehen weit weg auf den Straßen nur noch wie streunende Köter vorbei

Ein albern humoriger Tag: viele Leute waren zu Besuch

»Rufen Sie doch an, wenn es Ihnen schlecht geht.« – »Entschuldigen Sie, aber bei solchen Redensarten höre ich erst gar nicht zu.«

Meine Art zu denken: ich denke eine Zeitlang völlig frei und ziellos dahin, lasse es sozusagen denken; dann stoppe ich mich und überdenke alles, was ich in der bestimmten Zeit dahingedacht habe; überdenke dann das Überdachte noch einmal usw.; dann überlasse ich mich von neuem dem Durcheinander der Vorstellungen, Phantasien, Erinnerungen, Wünsche, fixen Ideen, bis zum nächsten willkürlichen Stop; das mehrmals Überdachte dient dann als Material für das freie, wieder absichtslos gewordene Dahindenken; usw.

In Gegenwart fremder Erwachsener schaue ich oft aus bloßer Verlegenheit die Kinder an

Obwohl ich schon viel mehr als früher mich durch bloße Gesten oder Mienen ausdrücke, meine ich immer noch, Überflüssiges zu äußern, zu viele Gesten und Mienen zu machen statt der zu vielen Worte

Die Hände des schlafenden Kindes riechen nach Schokolade

Leere Straße in der Nacht: sie zeigt endlich Perspektive

Kurz vor dem Einschlafen absichtlich seine Gespenster auslassen, sie sozusagen ausführen wie Hunde (aber heute kam keines heraus)

Die Redensart: »Er kann sich nicht freuen.« Überzeugung, daß jeder sich freuen kann

Schöne Lust, einen Pfeil ins Feuer zu schießen

Die Zeit mit den meisten Leuten empfinde ich als so empfindungslos, empfindungsfressend wie eine Bürozeit

G., der sagt: »Das ist schön!«, noch bevor es schön *geworden* ist

Nacht, Himmel, Sterne, Zäune geben bei Vollmond den Eindruck der Scheinheiligkeit: sie wollen nichts gesehen haben vom Tod; das widerlich Großbürgerliche einer klaren Vollmondnacht

A. zeigte auf eine Schokoladensorte: »Wann kommt denn die einmal in der Reklame? Noch nie war die in der Reklame!«

Ein Schiflieger kam in der Luft aus dem Gleichgewicht. Die Kamera verfolgte ihn noch sehr lange Zeit, wie er versuchte, sich in der Luft drehend, in eine andere als die tödliche Lage zu kommen. Dann verschwand er aus dem Bild und wurde bis heute nicht gefunden

Tag der Lieblosigkeit, und die Nacht ertönt von den Signalen der Gleisarbeiter

Jemand Stumpfsinniger neben mir: ich halte dann meine Aufmerksamkeit für maniriert und fühle mich auch stumpf werden; zugleich halte ich mich für verantwortlich für den Stumpfsinn des andern – das Ergebnis: stumpfsinnigste Höflichkeit, beflissener Stumpfsinn

Mit den Jahren wurde aus meinem Hochmut Stolz

In der Crèmerie: die Frauen sind gerade mit ihren Butterklumpen allein

Gestern großer Sog der Herkunft mit ihrer hoffnungslosen Lethargie: einen Nachmittag lang bewegungsunfähig daliegend, hatte ich den Wunsch, mich selber fernsteuern zu können, um überhaupt noch vom Fleck zu kommen; allmähliche Rekonstruktion meiner Person aus dem scheußlichen Nichts, zu dem ich geworden war, durch Gedanken, durch Herbeidenken von Bildern für meinen Zustand (ein vereister, feindlicher Landblock, in der Brust die Kanten einer fensterlosen Festung, in der ein Häftling eine Rede nichtzusammengehöriger Wörter hielt)

Manchmal gelingt mir wenigstens die Würde eines Versagers

Die Mutter kam mir über den Hügel mit jemandem entgegen.

Von weitem war ihr Gesicht freundlich und gesund. Als wir uns begegneten, fragte ich sie, ob sie nun doch endlich tot sei. Sie bejahte; ihr von weitem freundliches Gesicht erschien von der Nähe wie das glatte Gesicht einer Rächerin. »Warum müßt ihr Toten alle so ein starres Gesicht haben?« schrie ich. Sie betrachtete mich ungerührt, ihr Gesicht nur noch starrer

Der Narzißmus im kalten Winter

Kurze Kraft erlebt, die Gleichgültigkeit auszuhalten; begnadete Gleichgültigkeit (mir selber gegenüber)

Er dachte so lange nach, bis die Sprache »Wirkung zeigte«, bis eine neue Sprache erschien: das erst nannte er Gedanken

Die gnadenlosen Kinder

Orgelmusik: Vorstellung, es müßte doch etwas geben, das der Grund dieses Klanges wäre; diese Musik kann nicht für sich, aus sich entstanden sein; sie erzeugt die Vorstellung eines höheren Wesens, das ich mir sonst nicht denken kann

Meine schöne Gesellschaft: das schlafende Kind

Vorstellung heute, als jemand aus einem stehenden Auto sich zu uns herausbeugte, daß ich, wenn er auf mich zielen sollte, A. nicht wegstoßen, sondern vor mich halten würde (Reflex der Feigheit)

Im Feierabendgedränge der Métro: mitleidlos starren wir einander an; sogar auf die Kinder starrt ein jeder ohne Mitleid

Vorstellung in der Menge, beim Anblick der Menge, daß all diese Köpfe Käfige seien mit vielen verschiedenen, aber darin ähnlich gefangenen Vorstellungen, gestutzten Vorstellungen in diesen Käfigen

Jemand am Telefon: »Komm schnell!« – »Warum?« – »Ich bin gerade so schön«

Allmählich in der Lage, das Soziale auch *denken* zu können

Zwei Feinde finden endlich das erlösende Wort, über das sie sich beide einig sind

Was will ich? Und was ist für mich wirklich? (Zwei Konzentrationsfragen zum Schreiben)

Die Geduld eines Feiglings (aber nicht: die Feigheit eines Geduldigen)

Das Selbstbewußtsein wiedergewonnen haben: sich wieder sehen können

Ich *beschloß*, sorglos zu schlafen; das gelang auch

Aus der Fallebene der Träume wieder in die horizontale Streufläche der Zeitungen und Geschäfte aufwachen; in den Träumen hatte man immer nur Unrecht getan und ist jetzt wieder in ein vorläufiges Recht gesetzt

Wieder einmal fast schon die Wunschvorstellung vom Krieg: daß ein Krieg nötig wäre, die Außenwelt zu entriegeln, die tote Körperhaut zu häuten – und am nächsten Morgen ein Anti-Kriegs-Erlebnis beim Anblick eines kleinen Teesiebs: daß das ein Gegenstand gegen den Krieg sei und daß sein Erfinder ein richtiger Friedensmensch gewesen sein müßte (plötzlich ein Aufleuchten all der energischen kleinen Gegenstände des Friedens um mich her)

Die Angst macht mich krank, weil immer nur ein Teil von mir Angst hat, der andre aber nicht daran glaubt (auch dagegen ist), so daß es mit der Zeit einen körperlichen Zusammenstoß der beiden geben wird: Krankheit

Im Moment des Aufwachens regte sich etwas zwischen den Gegenständen: ich; dann bemerkte ich am Rand des Kraters, der ich war, mit großer Mühe noch ein paar andre (aufwachend hatte ich mich als Bombentrichter empfunden in der Landschaft der Gegenstände)

Fortschritt in der Kunst: das Unheimliche nicht mehr zu brauchen

Die Menschenfreundlichkeit heute der Fleischpassiermaschine: lauter Zeichen von Tapferkeit der Leute, putzige, trotzige Todeswiderstände, in solchen Geräten errichtet; Maschinen des Weitermachens

»Maxime«: Schließ deine Meinungen fest in dich ein, bis sie verschwinden

Das Gefühl, als ob die meisten das Reden, so ernsthaft, ja geglückt es auch manchmal sein mag, nicht mehr ernst nehmen – so diffamiert ist »das Reden«

Ich sagte begeistert zu A.: »Und morgen bleiben wir wieder zu Hause!« – so wie ich früher ein Abenteuer angekündigt hätte oder eine Reise

Wie oft mich immer noch im freien Denken hindert, was »man so denkt«

»Zu dumm fürs Alleinsein«

Vorstellung, daß ich mich im Wahnsinn nur lächerlich machen würde; daß ich als Wahnsinniger zugleich blödsinnig wirken würde

Je verworfener, trostloser, je mehr durcheinander er sich fühlte allein, desto stolzer und fester trat er jeweils in die Öffentlichkeit

Es gelingt mir, an sie zu denken, erst als ich mir vorhalte, was ich alles an ihr versäumt habe, erst da entsteht in mir ihre Gestalt – als ich nur so an sie denken wollte, blieb sie weg

Nie mehr einer Frau »etwas bedeuten« wollen; grauenhafte Vorstellung, eine Frau würde sagen, daß ich für sie wichtig gewesen sei, daß sie von mir gelernt hätte

Älter werden in den Rucken des Verschweigens, stärker

Was für eine Energie ich dazu brauche, mir helfen zu lassen! (Alle Hilfsaufforderungen bis jetzt machte ich mit solch schwacher Stimme, daß sie nur abgelehnt werden konnten)

Müdigkeit – gesunkener Wasserspiegel, und alle die Gegenstände auf dem Boden des Flusses kommen zum Vorschein, Bleche mit rostigen, scharfen Kanten

Der Blick eines Mädchens auf einer Rolltreppe, der mich in Meinungen Verbissenen gelockert, gelöst hat; sie schaute mich an, als brauchte sie mich gerade, wenn auch nur als Vorbeifahrenden

Dummes gelesen und dann Lust gehabt, eine Landkarte anzuschauen

Aus der gefühllosen Müdigkeit heraus dauernde mechanische Versuche zur Teilnahme, wie wenn man im Traum helfen will und nicht kann

Wunschvorstellung von einem Glückszustand, der mich zugleich praktisch machen würde

N. und ich sind fast immer verlegen miteinander, nehmen das aber inzwischen mit schöner Selbstverständlichkeit hin (»die schöne Selbstverständlichkeit«)

Griesgrämigkeit: als sei man zu klein geworden für seine Form (Bild von altem, vertrocknetem Pudding)

Feindseligkeit einer aufgeklärten Frau einer andern gegenüber: sie äußert das nicht, indem sie von der andern schlecht redet: daß sie diese Frau schlecht leiden könne – sondern sie sagt, die andre Frau würde *sie* nicht leiden können (neue Art der Feindschaft, wo Solidarität gerade üblich ist)

Ich bereitete mich auf die Umarmung vor, aber auch auf die Verlegenheit danach

Wieder der Gedanke an das ideale Wesen, den »großen Schauspieler«: ein vollkommener Mensch müßte automatisch auch ein vollkommener Schauspieler sein

Wenn im Lauf des Tages Sprache entsteht, wird, zu Bewußtsein kommt, gefunden wird: Belebung der toten Natur

Beinschmerzen vor Verstellung

Der Mann streichelte die Hand seiner Frau, indem er immer wieder auf ihrem Handrücken die Haut wegschob

Ich dachte lustlos: Und wieder wird es so enden, daß ich diese mir ganz fremden Menschen schließlich lieb gewinnen werde. (Das geschah auch)

Ich sitze am Meer, ohne es zu brauchen

Das Abstoßende an Fremden: ich habe ihre Fehler und Untaten noch nicht als die eigenen erkannt

»Es erscheint mir nicht ausgeschlossen, daß ein vollkommen adäquates Register der Gedanke eines ganzen Lebens, scheinbar einheitslos wie es ist, von erschütternder Kunstwirkung wäre. Aber es ist eine physische Unmöglichkeit, es ist eben etwas, das man nie wirklich versuchen kann. Doch kann man an solche Möglichkeiten denken und Wirkungen suchen, die sich ihnen, so gut es uns gegeben ist, annähern.«

Die Frau mit der Siamkatze und den Fotos der Katze überall in der Wohnung: sie hat im Gespräch mit Leuten dieses jähe, gemachte Grimassenlächeln – es ergreift schlagartig das ganze Gesicht –, das manche zeigen, wenn sie mit Tieren oder ganz kleinen Kindern reden, und das vor allem erkennbar ist an dem Falten der Nase als Stütze fürs Lächeln (kalte, kalte Welt)

Nur nicht das Gefühl der »Revanche durch Schreiben« aufkommen lassen: so werde ich nie schreiben können

Sich durch die Korridore bewegen mit der Würdelosigkeit

Gegen den Himmel über dem Mauersims eine Pflanze, in der sich eine weiße Feder verfangen hat; dahinter der Himmel mit Federwolken

Die Aufführung eines eigenen Theaterstücks angesehen: gelernt, die Schuld gelassen zu ertragen

Bei vielen alten Frauen, die auf der Straße vorbeizittern: Vorstellung von ihrem letzten Ausgang vor dem Totenbett

Von manchen Leuten, die mich nur ruhig anschauen, ohne zu wissen, was ich bis jetzt im Leben gemacht habe, komme ich mir mehr geachtet vor als von den Leuten, die »alles von mir kennen« und dauernd beteuern, wie begeistert sie davon sind – während sie doch gleichzeitig zu meinen scheinen, ich müßte mich augenblicklich noch, darüber hinaus, vor ihnen beweisen; in ihrer Begeisterung ist kein Funken Zuneigung oder auch nur Einsicht

»Es gab also das Glück. Chwostik kannte es ja aus eigener Erfahrung.« (»Die Wasserfälle von Slunj«)

Die Energie, die ich täglich brauche, um die Ruinen von Leuten zu idealisieren

Statt daß ich den gerechtfertigten Vorwurf vertiefte, führte ich immer neue Vorwürfe auf, bis auch immer mehr falsche darunter gerieten und ich am Schluß im Unrecht war

Jemanden erst kränken müssen, um dessen Einsamkeit zu fühlen

Mordwucherung in mir Daliegendem heute nachmittag, ohne jede Wut oder Willkür – einfach wie ein Zwang zu essen entsteht, und plötzlich ißt man; Angst, das Kind umzubringen, als Fremdgelenkter; ich wollte sofort einschlafen: der Mordzwang erhob sich wie ein lustloses Laster, dem man aber nicht widerstehen kann

Im Luxus gäbe es keine Geräusche (auch kein Saugen an einer Pfeife)

Als ob man mit Fotoapparaten nur als Laufender eine erträgliche Haltung einnähme – eigentlich genügt auch das Laufen nicht: man müßte rennen

Zeichen eines großen Schriftstellers (Doderer): man nimmt von ihm auch praktische Ratschläge für den Alltag an

Wenn ich nicht schriebe, würde ich die andern noch mehr verletzen

Der Ekel: er bringt mich immer wieder zum Nachdenken und bricht dieses fast gleichzeitig auch wieder ab

So lange auf etwas schauen, bis ich zu phantasieren anfange

»Der Mensch, wenn er dauernd mit einer wissenschaftlichen Terminologie umgeht, wird schließlich sprachlos im Verkehre mit sich selbst: er kann sich da nicht mehr verständlich machen und wird von seinem eigenen Ich auch nicht mehr verstanden; dieses ist so nicht ansprechbar« (»Die Wasserfälle von Slunj«)

Ich habe mich heute nicht zurückerobern können, weil ich mir nie verlorengegangen war: auch eine Art von Verlust

Ich schlief so lange, bis ich, schlafend, ein Gefühl von Versäumnis bekam

Als ob jeder Geschmack, den man nicht ganz genau auskostete, als übler Geschmack wiederkehrte

Bei manchen erzwungenen Gesprächen mit Fremden dazwischen immer wieder die Vorstellung, daß einer von uns, je hektischer und beflissener das Reden wird, plötzlich aufgeben und schreiend weglaufen oder den andern zusammenschlagen wird

Indem ich mich selbst beschuldige, kann ich mir nicht wider-

sprechen; würde doch nur jemand andrer mir etwas vorhalten –
ich könnte ihn sofort widerlegen und zeigen, daß ich besser bin

Die Epochen des Stumpfsinns im Laufe des Tages – und wenn
ich dann in Gedanken zurückgehe, merke ich, daß ich doch die
ganze Zeit Entscheidendes umkreist habe – aber ohne Leiden-
schaft, ohne Aufregung, ohne Einbeziehung von Körper und
Seele, eben nur das Denken vorbeiziehen ließ, ohne daß es ein
Denken-Tun, ein Gedacht-Getan wurde – und das eben gab
das Gefühl des verschnürten Stumpfsinns

In meiner Unwissenheit und Idiotie schaute ich in den flir-
rend blauen Himmel hinein und verstand auf einmal, wie
jemand Religionsgründer werden kann (ich konnte nur noch
so was werden)

Vorstellung, daß Mitteleuropa der »Originalschauplatz« sei,
wo auch die Häuser, Straßen, Fernseher usw. Originale seien
– woanders aber nicht

Als Kind: meine Liebe äußerte sich als Angst

Eine Frau, die bei jedem Wort ihres Freundes seinen Lippen-
bewegungen mit dem Kopfe nachgeht

Ein Kind, im Zorn, senkt monumental die Wimpern

Selbstmordursache: er wurde zu sehr geachtet

Ich habe mich heute zu nichts durchgedacht – alleingelassen
betrachtete ich den wegziehenden Himmel; Vorstellung, einen
niedrigen Kopf zu haben nach einem Tag der Gedankenlosigkeit und bloßen Nachrichtenaufnahme

Mit der Gefühllosigkeit eines Langschläfers

Das einzige, trotz allem, was gilt: die schwankenden Blicke

Es immerhin so weit gebracht, daß niemand mit mir Mitleid haben kann

Erfolgserlebnis: ich beschaute liebevoll die schöne Unordnung auf dem Tisch; konnte den Schmutz am Boden liegenlassen

Gelöstheit ergibt sich bei mir nur, wenn ich zugleich in einer Verpflichtung bin; ohne Verpflichtung auch keine Möglichkeit zur Gelöstheit (eine aktiv wirkende Eigenschaft)

Die Stille des Frühlings; weiße Wolken am Morgenhimmel; Hundegebell wie ein Peitschenschlag

Beim Fernsehen die Vorstellung, zugleich das Denken zu versäumen – und danach die Vorstellung, daß diese Gedanken, als »Gedanken«, eine Rückständigkeit wären gegenüber dem Fernsehen, eine sinnlose Vortäuschung vergangener Pracht

Ein Kind, das beschließt, keine Angst mehr zu haben vor der Schule (die eigene Angst ist ihm langweilig geworden)

Eigentlich hatte ich gerade so wenig Illusionen wie er, dem gar nichts mehr galt, aber um mich von ihm zu unterscheiden, spielte ich den Positiven, Weltfrommen – und alsbald kam auch er mit guten Meinungen, Wünschen usw. heraus; da hatte ich Lust, nur noch zynisch zu sein

Ich sprach mein Mitleid im stillen in ganzen Sätzen aus (»Sie tut mir leid«): das war ein Zeichen, daß ich dieses Mitleid nicht wirklich fühlte, nur fühlen wollte. (Nachdem ich mir das klargemacht hatte, konnte ich, aus Freude über den Gedanken, zum Nächstbesten zuvorkommend sein)

Versuch, doch ein Taylor-System für meine Bewegungen, innere und äußere, zu errichten: mit möglichst wenig Bewegungen das Maximum zu erreichen, z. B. bei Tätigkeiten in der Küche, als ob mich das bestätigen und stärken könnte (das

Minimum an Bewegungen, an denen ich große Schauspieler erkenne) – und dabei merke ich, daß wenn *ich* so ein System versuche, keine »Anmut eines großen Schauspielers« erscheint, eher das klobige Bewegungsschema von Frankensteins Monster

Ein Gipfel der Lächerlichkeit: frischgeschoren aus einem Friseurgeschäft auf die Straße treten

Sie träumte mit geballten Fäusten, als hätte sie einen Schmerz zu überwinden

Ein Mann kam mir entgegen mit einer Dogge, und ich tastete nach dem Notizbuch wie nach einer Waffe

Überwindung der Meinungen des »ersten Augenscheins«, auf den ich immer wieder hereinfalle und aus dem alle Verachtung und aller Haß kommen: als ob überhaupt der allgemeine Haß, bis zum Kriegsausbruch, von der Befangenheit im ersten Augenschein herrühre (auf den zweiten Blick mögen natürlich alle einander, usw.: die Lächerlichkeit des zweiten Augenscheins, das Scheinheilige daran, das Trostlos-Unabänderliche)

Auf den Grund aller Existenzen sinken (sich erdenschwer machen)

Eine Möglichkeit, Zeitung zu lesen: wenn man dabei ein belegtes Brot ißt (dann werden alle Nachrichten ein Vergnügen)

Verliebt in die Melancholie der andern

Die Belebung der Redensart »Er kannte sich im Zorn selber nicht mehr« erfahren: ich stieg wütend eine Treppe hinunter und kam mir als eine solche Moses-Figur plötzlich ganz wesen- und konturlos vor

Vorstellung, daß manche Örtlichkeiten der jetzigen Zivilisation nur noch als Abfälle existieren, unverwendbar, unbetretbar, ja, unwahrnehmbar geworden; beim Anblick etwa von Cafés mit Flippern, Hamburger-Imbißräumen, Wartesälen,

Matratzenlagern, Autobahnen, Flughäfen ...: und als ob auch die Leute an solchen Orten gar nicht mehr vorhanden wären, unbeträchtlich geworden wären, ausgeschöpfte Geschichten (nur noch »der Engel der Flippersalons« kann sie retten)

Der Reichtum an Freundlichkeit nach einer überwundenen Enttäuschung

Unrecht erlitten: Empfindung, als hätte ich riesige Ohren, riesige, wunde Ohren als pars pro toto

Bemerkt, daß ich mich zur Angst in der letzten Zeit manchmal nur noch ermahne, wie zu einem Pflichtbewußtsein

»Ich werde große Kunst vollbringen – denn mir wurde Unrecht getan!«

Die schöne Frau im Zug: statt sie anzustarren, sollte ich besser versuchen, sie nicht zu vergessen

So ungeübt, die Gefühle zu zeigen, daß man sie spielen muß, obwohl man sie zugleich doch hat; manchmal die Notwendigkeit, die tatsächlichen Gefühle ausdrücklich vorzuspielen; paradoxes Vortäuschen, Heucheln tatsächlicher Empfindungen; die Wohltätigkeit selbst einer solchen Verstellung

Allseits stieg das Wasser, still, flutend: Mein Seelengehäuse wurde weggeschwemmt, und ich fand mich in der Urstromlandschaft wieder, tausende Jahre zuvor. Ein Assyrerheer hielt mich auf: daß ich einen Pullover anhatte, bewahrte mich vor dem Durchbohrtwerden mit einer Lanze. Ich war ein Jude geworden. Ein Taxifahrer nahm mich mit nach Damaskus. Ich wollte mir sofort die Haare schneiden, den Bart wegrasieren. Ich sah mich im dunkel stehenden Wasser eines künstlichen Teichs, dem bei Anbruch der Nacht durch eine Schleuse die Nachrichten beigegeben werden sollten. Doch es kam nicht dazu. Meine Struktur blieb weg (mein erworbener, erdachter, erarbeiteter Festkörper, den ich in den letzten Jahren dazugewonnen hatte) – und immer noch ist alles weggeschwemmt, lange nach dem Aufwachen; allumfassende Trauer; dabei Gefühl der Würde

Die rote Rasierschaumspraydose: starkes Erlebnis eines Objekts, durch die Erinnerung an ein ebenso rotes Spielzeugauto vor dreißig Jahren, das auf dem Gehsteig einer breiten Allee fuhr und ein Triumphgefühl allein als abstraktes Objekt gab: Frische, Neuheit, Unversehrtheit, Herrlichkeit (der Schutt des Kriegs im Hintergrund)

Stroboskopischer Effekt der Angst

Phantasieunfähige, die jeden andern nur mit einem bösen Blick anschauen können

Die paar falschen Gesten, die ich im Lauf des Tages mache: ich brauche sie, eben weil sie falsch geraten; ohne sie würde ich zugrundegehen

»Liebesentzug«: als ob es so etwas gäbe; wenn Liebe da ist, wie ist dann Entzug möglich?

»Ich bin ein harmonischer Mensch: Man hat mich als Kind oft im Schlaf gestreichelt«

Ein Kind, das noch keinen Ordnungssinn nötig hat, muß leiden unter dem Ordnungszwang eines Erwachsenen

Als sei alles, was ich bemerke, zu mir Heimgeholtes

Niedergeschlagenheit: die Träume vergehen ganz langsam; und es ergibt sich keine Handlung

Vorstellung, daß ein Kind, vor dem, um es am Morgen zu wecken, immer Musik, wenn auch die sanfteste, friedlichste, gespielt wird, auf diese Weise alle Musik zu hassen anfangen wird

Sich die Dinge zu Haustieren machen, die einen nach einer schwierigen Nacht voll Anhänglichkeit wieder empfangen (die über Nacht getrockneten Socken und Pullover)

Ich schmunzelte, als sei ich der Verantwortliche für den Moment der Wahrheit, der sich gerade zufällig ereignet hatte

Das neue Grün im Garten taucht überraschend auf in der Abenddämmerung, als ein eigenes Licht

Der Friseur steht in der Tür und betrachtet seine draußen vorbeigehenden Opfer

Nach einigen Stunden der Wahrhaftigkeit, obwohl diese weiter anhielt, kam es mir so vor, als ob ich diese nur mehr spielte; nur mehr durch Spielen auch aufrechterhalten könnte!

D. erzählte von einer Frau und deren Kind: je böser die Frau mit dem Kind geworden sei, desto leiser habe sie zu ihm geredet; und sie habe dabei keine einzige Bewegung gemacht, nur vor ihm immer leiser und leiser gesprochen; D. erinnerte sich dabei, daß sie selber als Kind, wenn z. B. die Mutter mit ihr schimpfte, jeweils an den sich beim Schimpfen bewegenden Händen der Mutter bemerkt habe, daß es dieser auch nicht recht war, gerade böse sein zu müssen: daß sie trostlos war über das eigene Geschimpfe – das habe D. als Kind immer wieder besänftigt (dagegen die völlige Bewegungslosigkeit der Frau, wenn sie böse flehend zu ihrem Kind sprach: sie habe das Kind immer wieder gebeten, sie doch zu schonen, es gehe ihr schlecht; D. meinte, wie schwer es auf diese Weise das Kind mit der Mutter erst haben müßte, wenn wirklich einmal eine schlimme Situation eintreten würde)

Heute gelang es mir einmal bei einer Gelegenheit, keine Meinung zu haben (Erlebnis der Aktivität)

Ich ging von Leuten, mit denen ich war, weg wie von einem langen Verhör, wo einem kein Geständnis entlockt werden konnte

Der gedankenloseste aller Menschen: der in jedem Buch nur blättert

Mit der einen Hand ging ich mit den Gegenständen um; die andre hielt ich bereit, um die Gegenstände notfalls zu beschwichtigen

Ein Abend, an dem alle Einzel-Geräusche, die man hört, sich im Kopf zu Musik schließen

Jemand, dem man die ganze Zeit, während zu ihm gesprochen wurde, die ungeduldige Lust zu unterbrechen ansah, sagt, als man zu reden aufhört, plötzlich nichts mehr; ist nur noch Zuhörer geworden

Als ob die meisten Leute tatsächlich einen für sie geschriebenen Dialog brauchten, um nach außen zu gelangen!

Bresson: die Laien-Schauspieler agieren mit einer ständigen schönen Humorlosigkeit – als ob es immer ums Ganze geht (Laien als Schauspieler: sie lächeln nie bei oder nach ihren Sätzen wie oft professionelle Schauspieler)

Die Geschäftsfrau: wenn ihre Stimme nicht maschinenhaft schnell arbeitet, wird sie auf schreckliche Weise verständnisvoll und verführerisch

So lange Jahre der Freiheit: da muß ich doch ein paar geniale Momente haben!

Er schaute streng in die Landschaft, wie man vor einer wichtigen Verrichtung um sich schaut, ob auch alle Werkzeuge an ihrem Platz sind

»Mit dem Schwinden des übernatürlichen Lebens im Menschen wird sein natürliches Schuld, ohne daß es im Handeln gegen die Sittlichkeit fehle« (Benjamin über »Die Wahlverwandtschaften«)

Die naturalistischen Formen zerdenken, bis sich die didaktischen, zeigenden ergeben; die didaktischen Formen zerdenken, bis sich mythische ergeben

Vorstellung von jemandem, der sehr verspätet mit dem Flugzeug aus einem andern Land kommt: die letzten Schritte dorthin, wo er verabredet ist, fängt er nun zu laufen an

Es gelang mir, mich vor ihr in Gedanken zu verlieren; danach sprach ich sie freilich unwillkürlich mit »Sie« an

Ich lachte, noch wach, über einen Traum, den ich schon hatte

Kein Gedicht ohne akuten Mangel

Ich merkte, daß etwas, was ich zu sagen vorhatte, dumm war; dann sagte ich es doch, wie unter Zwang, und ausgesprochen wurde es noch dümmer, aber jedenfalls hatte ich eine Art Pflicht erfüllt

Beim Anblick der meisten Leute: sie haben nie etwas gelesen davon, wie sie so dastehen, wie sie so gehen; sie haben überhaupt nie etwas gelesen – sonst wären sie anders. (Warum eigentlich die Leute nicht denunzieren, und zwar ganz stark, ganz wütend? Z. B. beiseitelachende Frauen, während die Männer Witze erzählen)

Oft das Gefühl, als sei ich der Angestellte von mir selber

Nachdem ich, schon in der Kindheit, einmal *mich* erlebt hatte, ereignishaft und gespenstisch in der zeichenlosen Alltäglichkeit, wußte ich, daß ich für das ganze Leben eine Beschäftigung hätte (die auch das ganze Leben erfordern würde: nie würde ich mich für immer durchdacht haben)

Ich hörte jemandem zu und spürte dabei eine anstrengungslose Aufmerksamkeit an meinen Augen, ohne daß ich mich, wie sonst manchmal, gezwungen fühlte, über eine mögliche Antwort nachzudenken, noch während der andre redete

Ich rief A. von weitem etwas zu: sie nahm, wie reflexhaft, im Zuhören eine gekünstelte, gekrümmte Haltung ein, die beteiligt aussehen sollte und zugleich ganz unbeteiligt und hochmütig wirkte; und erst als ich ihr beim Reden nahe kam und das

Gesagte so wiederholte, entkrümmte sie sich gleichsam, löste sich aus ihrer künstlichen Haltung und erschien wieder als ein Kind, das einfach nur zuhörte (das Ansprechen auf die Entfernung war wie ein Ursachenblitz für die reflexhaften Stolz-Posen erwachsener Frauen)

Der Mann vor dem Bahnhof, der die Frau zum Abschied zu küssen versucht, und die Frau, wohl einmal, vor kurzem, seine Freundin gewesen, die sich halsstarrig dagegen wehrt: die Bewegungen, die sie beide dazu, in einer seltsamen Gesetzmäßigkeit, vollführen, scheinen eine neue Art des Tanzens zu sein, schöner als alle »eingeführten« Tänze, lebendiger – und ich sah sozusagen der Entstehung eines Tanzes aus unseren alltäglichen Geschichten zu

Der Vollmond am Morgen über den Dächern, die schon grün und verschlossen schimmern vom Sonnenlicht, das sich nähert: wie ein wirklicher Planet mit Kontinenten, identisch fast mit der Erde, erscheint dieser morgendliche Vollmond; ähnliche Leute in ähnlichen Städten beginnen da auch gerade ihren Tag, und es gibt eine selbstverständliche Flugverbindung dorthin wie zwischen allen Industriestaaten; ja, wie ein Industriestaat erscheint der Mond und erzeugt eine unversehene Heimeligkeit, in einem Industriestaat zu leben, dessen seitenverkehrtes Ebenbild als Zwillingsplanet am Himmel steht

Ein sehr hoher Kran, bis zur halben Höhe in Rasierschaum stehend, stürzte um, nachdem er zuvor in allen Einzelteilen abgeknickt war. Wieder eine Katastrophe! schrie ich als einziger Augenzeuge im Haus. Wir liefen in den Hof, wo die Spitze des Krans lag, der die ganze Stadt unter sich erschlagen hatte. Ein Mann lief vorbei, den Körper mit Rasierschaum bedeckt. Das Gesicht eines Toten war deutlich: seine Augen und auch seine Augenbrauen waren im Tod ganz rund

Ich stand am Bahnhof unter den Wartenden und suchte die Menge, die aus dem Zug kam, nach dem bekannten Gesicht ab; alle Unbekannten erschienen mir jetzt schöner als das bekannte Gesicht, auf das ich wartete

Jemand, im Auto sitzend, das nicht anspringt, schaut beleidigt auf das Lenkrad

Ein Tag mit unruhigem Flug; dann ein Wärmeruck vor Liebe

Die im Lauf der Zeit verlorene Verbindung mit meiner schreibenden Hand (als Kind doch eine selbstverständliche Einheit zwischen den durch mich entstehenden Buchstaben und mir)

Zwei, die einander küssen und sich umarmt halten, ganz lang, ganz still: mein Unverständnis, daß sie es so aushalten, ohne schließlich ineinanderzudringen; als könnte ihre ausdauernde stille Umarmung doch nicht das Wahre sein

Das Betrachten so lange aushalten, das Meinen so lange aufschieben, bis sich die Schwerkraft eines Lebensgefühls ergibt

Tief in mir selber befindlich, wärmte ich mich, unberührbar von der funktionellen Welt

Mittelmäßige Musik: ich muß mir dazu erst etwas vorstellen, damit ich sie gut finde

Moment der stillen Freundschaftlichkeit: als ob sich die Augen zu Breitwand erweiterten

Erreichung der vollendeten Anmut, Geistesgegenwart und Freiheit im Zug-um-Zug-Abenteuer mit einer Frau (wobei man freilich keine falsche Bewegung, kein falsches Wort machen darf – sonst bleibt es wirklich beim »Abenteuer« des Boulevards)

Zu jemandem, der nach langem ein Freund geworden ist, in bezug auf die Zeit davor sagen: »Das war die Zeit, da ich dir noch nichts erzählen konnte«

Gestern Nacht: im Glückszustand den Ortssinn verloren; nicht Allmachtsgefühl wie früher, sondern Allgefühl

Wie schnell ich vergesse, daß ich mit jemandem zusammen müde gewesen bin (müde auf eine verbindende Weise)

Sehnsucht nach harmlosen Menschen, bei denen auch ich als harmlos gelten kann

Wahrnehmung, Aufnehmen von andern in mich: endlich kann ich mich verteidigen

Als ob die Gliedmaßen verkohlten vor Liebesverlangen

Ein großer Schauspieler wie Robert de Niro, der spricht und sich bewegt wie Nachbild und Vorbild zugleich (er existiert und beschreibt zugleich, existierend, ein Leben): Neidgefühl, daß solche Schauspieler heutzutage, in ihrer intensiven Selbstlosigkeit für andre, die eigentlichen Schriftsteller seien: *ihre* Schrift ist selbstverständlich (wie Henry Fondas Bewegungen, die mir als Lettern erschienen)

Gegen Abend endlich wieder der Moment, da ich mich freigedacht habe: und ich hob mein Haupt

Zeittafel

1942 in Griffen/Kärnten geboren.

1944–1948 lebt er in Berlin. Dann Volksschule in Griffen.

1954–1959 als Internatsschüler Besuch des humanistischen Gymnasiums. Die letzten drei Jahre in Klagenfurt.

1961–1965 Studium der Rechtswissenschaften in Graz.

1963–1964 *Die Hornissen* (Graz, Krk/Jugoslawien, Kärnten).

1964–1965 *Sprechstücke* (Graz). Umzug nach Düsseldorf.

1963–1966 *Begrüßung des Aufsichtsrats* (Graz, Düsseldorf).

1965–1966 *Der Hausierer* (Graz, Düsseldorf).

1967 *Kaspar* (Düsseldorf).

1968 *Das Mündel will Vormund sein* (Düsseldorf).

1965–1968 *Die Innenwelt der Außenwelt der Innenwelt* (Graz, Düsseldorf). Umzug nach Berlin.

1969 *Die Angst des Tormanns beim Elfmeter* (Berlin).
Quodlibet (Berlin, Basel).
Umzug nach Paris.

1968–1970 *Hörspiele* (Düsseldorf, Berlin, Paris).

1970 *Chronik der laufenden Ereignisse* (Paris).
Der Ritt über den Bodensee (Paris).

1971 *Der kurze Brief zum langen Abschied* (Köln).
Umzug nach Kronberg.

1972 *Wunschloses Unglück* (Kronberg).

1973 *Die Unvernünftigen sterben aus* (Kronberg).
Umzug nach Paris.
Falsche Bewegung (Venedig).

1972–1974 *Als das Wünschen noch geholfen hat* (Kronberg, Paris).

1974 *Die Stunde der wahren Empfindung* (Paris).

1976 *Die linkshändige Frau*. Erzählung (Paris).

1975–1977 *Das Gewicht der Welt. Journal* (Paris).

1978–1979 *Langsame Heimkehr*. Erzählung.

1979 Umzug nach Österreich.
Der Kafka-Preis wird erstmals verliehen an Peter Handke.

1980 *Die Lehre der Sainte-Victoire* (Salzburg).
Das Ende des Flanierens.

1981 *Kindergeschichte* (Salzburg).
Über die Dörfer. Dramatisches Gedicht (Salzburg).

1982 *Die Geschichte des Bleistifts.*

1983 *Der Chinese des Schmerzes* (Salzburg).
Phantasien der Wiederholung.

Von Peter Handke
erschienen im Suhrkamp Verlag
(Stand November 1984)

Die Hornissen. *Roman.* 1966. 278 Seiten. Leinen
Der Hausierer. *Roman.* 1967. 204 Seiten. Engl. Broschur
Prosa, Gedichte, Theaterstücke, Hörspiel, Aufsätze
(Bücher der Neunzehn) 1969. 352 Seiten. Leinen
Die Angst des Tormanns beim Elfmeter. *Erzählung.*
1970. 128 Seiten. Engl. Broschur
Der kurze Brief zum langen Abschied. *Roman.*
1972. 195 Seiten. Engl. Broschur
Die Stunde der wahren Empfindung. 1975. 168 Seiten. Leinen
Die linkshändige Frau. *Erzählung.* 1976. 136 Seiten. Broschur
Langsame Heimkehr. *Erzählung.* 1979. 208 Seiten. Leinen
Die Lehre der Sainte-Victoire. 1980. 141 Seiten. Engl. Broschur
Kindergeschichte. 1981. 140 Seiten. Engl. Broschur
Über die Dörfer. *Dramatisches Gedicht.* 1981. 112 Seiten.
Engl. Broschur
Der Chinese des Schmerzes. 1983. 256 Seiten. Leinen

Bibliothek Suhrkamp
Die Angst des Tormanns beim Elfmeter
Bibliothek Suhrkamp 612
Die Stunde der wahren Empfindung
Bibliothek Suhrkamp 773
Wunschloses Unglück. *Erzählung*
Bibliothek Suhrkamp 834

edition suhrkamp
Publikumsbeschimpfung und andere Sprechstücke
edition suhrkamp 177
Die Innenwelt der Außenwelt der Innenwelt
edition suhrkamp 307
Kaspar. *Stück*
edition suhrkamp 322
Wind und Meer. *Hörspiele*
edition suhrkamp 431
Der Ritt über den Bodensee. *Stück*
edition suhrkamp 509
Phantasien der Wiederholung
edition suhrkamp 1168

suhrkamp taschenbücher
Chronik der laufenden Ereignisse. *Filmbuch*
suhrkamp taschenbuch 3
Die Angst des Tormanns beim Elfmeter. *Erzählung*
suhrkamp taschenbuch 27
Stücke 1
suhrkamp taschenbuch 43
Ich bin ein Bewohner des Elfenbeinturms. *Aufsätze*
suhrkamp taschenbuch 56
Stücke 2
suhrkamp taschenbuch 101
Wunschloses Unglück. *Erzählung*
suhrkamp taschenbuch 146
Die Unvernünftigen sterben aus
suhrkamp taschenbuch 168
Der kurze Brief zum langen Abschied
suhrkamp taschenbuch 172
Als das Wünschen noch geholfen hat
suhrkamp taschenbuch 208
Falsche Bewegung
suhrkamp taschenbuch 258
Die Hornissen. *Roman*
suhrkamp taschenbuch 416
Die Stunde der wahren Empfindung
suhrkamp taschenbuch 452
Das Gewicht der Welt
Ein Journal (November 1975 – März 1977)
suhrkamp taschenbuch 500
Die linkshändige Frau. *Erzählung*
suhrkamp taschenbuch 560
Begrüßung des Aufsichtsrats
suhrkamp taschenbuch 654
Das Ende des Flanierens
suhrkamp taschenbuch 679
Langsame Heimkehr (Langsame Heimkehr, Die Lehre der
Sainte-Victoire; Kindergeschichte; Über die Dörfer)
4 Bände in einer Kassette
suhrkamp taschenbuch 1069–1072

suhrkamp taschenbuch materialien

Peter Handke
Herausgegeben von Raimund Fellinger
st 2004

Im deutschen Sprachraum wie international hat das literarische
Werk Peter Handkes ein großes Echo hervorgerufen. Im Zentrum des neuen Materialienbandes stehen detaillierte und umfassende Analysen der einzelnen Werke. Ein zweiter Teil gilt
einmal der Untersuchung übergreifender Zusammenhänge: der
Zusammenhänge zwischen Werken aus einer bestimmten Periode,
zwischen Texten verschiedener Genres. Zum anderen werden
hier aber auch die Unterschiede in den Schreibhaltungen heraus-
gearbeitet. Der dritte Teil gibt ein Bild der bisherigen Rezep-
tionsgeschichte und ihrer Phasen. Den Band beschließt eine kom-
plette Bibliographie der Primär- und Sekundärliteratur.

Neue Historische Bibliothek

Herausgegeben von Hans-Ulrich Wehler
Eine Handbibliothek der modernen Geschichte in 48 Bänden
edition suhrkamp

*». . . ein bisher beispielloses Unternehmen auf dem Markt der historisch-
politischen Literatur in der Bundesrepublik.«*

(Deutsches Allgemeines Sonntagsblatt)

Bisher erschienen:

Abelshauser, Werner: Wirtschaftsgeschichte der Bundesrepublik
Deutschland 1945-1980 es 1241

Berding, Helmut: Antisemitismus in Deutschland 1870-1980 es
1257

Blasius, Dirk: Geschichte der politischen Kriminalität in Deutschland
1800-1980 Eine Studie zu Justiz und Staatsverbrechen es 1242

Geyer, Michael: Deutsche Rüstungspolitik 1890-1980 es 1246

Hentschel, Volker: Geschichte der deutschen Sozialpolitik 1880-1980
Soziale Sicherung und kollektives Arbeitsrecht es 1247

Jarausch, Konrad H.: Deutsche Studenten 1800-1950. Sozialstruktur –
Organisation – Politik es 1258

Kluxen, Kurt: Geschichte und Problematik des Parlamentarismus es
1243

Lehnert, Detlef: Sozialdemokratie zwischen Protestbewegung und
Regierungspartei 1948-1983 es 1248

Marschalck, Peter: Bevölkerungsgeschichte Deutschlands im 19. und
20. Jahrhundert es 1244

Staritz, Dietrich: Geschichte der DDR 1949-1984 es 1260

Wehler, Hans-Ulrich: Grundzüge der amerikanischen Außenpolitik
1750-1900 es 1254

Wippermann, Wolfgang: Europäischer Faschismus im Vergleich
1922-1982 es 1245

Wirz, Albert: Sklaverei und kapitalistisches Weltsystem es 1256

Ziebura, Gilbert: Weltwirtschaft und Weltpolitik 1924-1931 es 1261

Suhrkamp Taschenbücher Materialien

»Der Suhrkamp Verlag hat der älteren Idee, rund um einen gewichtigen Autor biographische und essayistische Texte zusammenzustellen, mit seiner Reihe ›suhrkamp taschenbücher materialien‹ neuen Schwung verliehen.«
(Frankfurter Allgemeine Zeitung)

Herbert Achternbusch. Hg. J. Drews. st 2015
Samuel Beckett. Hg. H. Engelhardt. st 2044
Thomas Bernhard, Werkgeschichte. Hg. J. Dittmar. st 2002
Brasilianische Literatur. Hg. M. Strausfeld. st 2024
Brechts ›Aufhaltsamer Aufstieg des Arturo Ui‹. Hg. R. Gerz. st 2029
Brechts ›Gewehre der Frau Carrar‹. Hg. K. Bohnen. st 2017
Brechts ›Guter Mensch von Sezuan‹. Hg. J. Knopf. st 2021
Brechts ›Leben des Galilei‹. Hg. W. Hecht. st 2001
Brechts ›Mann ist Mann‹. Hg. C. Wege. st 2023
Brechts ›Mutter Courage und ihre Kinder‹. Hg. D. Müller. st 2016
Brechts Romane. Hg. W. Jeske. st 2042
Brechts ›Tage der Commune‹. Hg. W. Siegert. st 2031
Brochs ›Verzauberung‹. Hg. P. M. Lützeler. st 2039
Die deutsche Kalendergeschichte. Ein Arbeitsbuch von Jan Knopf. st 2030
Hans Magnus Enzensberger. Hg. R. Grimm. st 2040
Frischs ›Homo faber‹. Hg. W. Schmitz. st 2028
Frischs ›Andorra‹. Hg. E. Wendt u. W. Schmitz. st 2053
Geschichte als Schauspiel. Hg. W. Hinck. st 2006
Hesses ›Siddhartha‹. Hg. V. Michels. 2 Bände. st 2048/2049
Hermann Hesse. Rezeption 1978-1983. Hg. V. Michels. st 2045
Ludwig Hohl. Hg. J. Beringer. st 2007
Ödön von Horváth. Hg. T. Krischke. st 2005
Ödön von Horváth. Der Fall E. oder Die Lehrerin von Regensburg. Hg. J. Schröder. st 2014
Horváths ›Geschichten aus dem Wiener Wald‹. Hg. T. Krischke. st 2019
Horváths ›Jugend ohne Gott‹. Hg. T. Krischke. st 2027
Kafka: Der Schaffensprozeß. Hg. H. Binder. st 2026
Der junge Kafka. Hg. G. Kurz. st 2035
Alexander Kluge. Hg. T. Böhm-Christl. st 2033
Franz Xaver Kroetz. Hg. O. Riewoldt. st 2034
Literarische Utopie-Entwürfe. Hg. H. Gnüg. st 2012
Karl May. Hg. H. Schmiedt. st 2025
Friederike Mayröcker. Hg. S. J. Schmidt. st 2043
E. Y. Meyer. Hg. B. von Matt. st 2022

Suhrkamp Taschenbücher Materialien

Plenzdorfs ›Die neuen Leiden des jungen W.‹ Hg. P. J. Brenner.
st 2013

Rilkes ›Duineser Elegien‹. Drei Bände. Hg. U. Fülleborn.
st 2009/2010/2011

Schillers Briefe über die ästhetische Erziehung. Hg. J. Bolten.
st 2037

Spectaculum. Deutsches Theater 1945–1975. Hg. M. Ortmann.
st 2050

Martin Walser. Hg. K. Siblewski. st 2003

Weimars Ende. Im Urteil der zeitgenössischen Literatur und Publizistik. Hg. T. Koebner. st 2018

Ernst Weiß. Hg. P. Engel. st 2020

Peter Weiss. Hg. R. Gerlach. st 2036

Peter Weiss: ›Ästhetik des Widerstands‹. Hg. A. Stephan. st 2032

Alphabetisches Gesamtverzeichnis
der suhrkamp taschenbücher

Abe: Die vierte Zwischeneiszeit 756

Achternbusch: Alexanderschlacht 61
– Der Depp 898
– Das letzte Loch 803
– Der Neger Erwin 682
– Servus Bayern 937
– Die Stunde des Todes 449

Rut Achternbusch: Der Herzkasperl 906

Adorno: Erziehung zur Mündigkeit 11
– Studien zum autoritären Charakter 107
– Versuch, das ›Endspiel‹ zu verstehen 72
– Versuch über Wagner 177
– Zur Dialektik des Engagements 134

Aitmatow: Der weiße Dampfer 51

Alain: Die Pflicht, glücklich zu sein 859

Aldis: Der unmögliche Stern 834

Alegría: Die hungrigen Hunde 447

Alewyn: Probleme und Gestalten 845

Alsheimer: Eine Reise nach Vietnam 628
– Vietnamesische Lehrjahre 73

Alter als Stigma 468

Anders: Erzählungen. Fröhliche Philosophie 432

Ansprüche. Verständigungstexte von Frauen 887

Arendt: Die verborgene Tradition 303

Arguedas: Die tiefen Flüsse 588

Artmann: How much, schatzi? 136
– Lilienweißer Brief 498
– The Best of H. C. Artmann 275
– Unter der Bedeckung eines Hutes 337

Augustin: Raumlicht 660

Babits: Der Storchkalif 976

Bachmann: Malina 641

Bahlow: Deutsches Namenlexikon 65

Balint: Fünf Minuten pro Patient 446

Ball: Hermann Hesse 385

Ballard: Der ewige Tag 727
– Die Tausend Träume 833
– Kristallwelt 818
– Billennium 896
– Der tote Astronaut 940
– Das Katastrophengebiet 924

Barnet: Der Cimarrón 346
– Das Lied der Rachel 966

Beach: Shakespeare and Company 823

Becher: Martin Roda, An den Grenzen des Staunens 915

Becker, Jürgen: Die Abwesenden 882
– Gedichte 690

Becker, Jurek: Irreführung der Behörden 271
– Der Boxer 526
– Jakob der Lügner 774
– Nach der ersten Zukunft 941
– Schlaflose Tage 626

Becker/Nedelmann: Psychoanalyse und Politik 967

Beckett: Das letzte Band (dreisprachig) 200

- Der Namenlose 546
- Endspiel (dreisprachig) 171
- Glückliche Tage (dreisprachig) 248
- Malone stirbt 407
- Mercier und Camier 943
- Molloy 229
- Warten auf Godot (dreisprachig) 1
- Watt 46
Behrens: Die weiße Frau 655
Beig: Raben krächzen 911
Beißner: Der Erzähler F. Kafka 516
Bell: Virginia Woolf 753
Benjamin: Deutsche Menschen 970
- Illuminationen 345
- Über Haschisch 21
Zur Aktualität Walter Benjamins 150
Beradt: Das dritte Reich des Traums 697
Bernhard: Das Kalkwerk 128
- Der Kulterer 306
- Frost 47
- Gehen 5
- Salzburger Stücke 257
Bertaux: Hölderlin 686
- Mutation der Menschheit 555
Beti: Perpétue und die Gewöhnung ans Unglück 677
Bienek: Bakunin: eine Invention 775
Bierce: Das Spukhaus 365
Bioy Casares: Fluchtplan 378
- Die fremde Dienerin 962
- Morels Erfindung 939
- Schlaf in der Sonne 691
- Tagebuch des Schweinekriegs 469
Blackwood: Besuch von Drüben 411
- Das leere Haus 30
- Der Griff aus dem Dunkel 518
- Der Tanz in den Tod 848
Blatter: Zunehmendes Heimweh 649
- Schaltfehler 743
- Love me tender 883
Böni: Ein Wanderer im Alpenregen 671
Bohrer: Ein bißchen Lust am Untergang 745
Bonaparte: Edgar Poe: 3 Bde. 592
Brandão: Null 777
Brasch: Kargo 541
- Der schöne 27. September 903
Bratny: Die Hunde 877
Braun: J. u. G., Conviva Ludibundus 748
- Der Fehlfaktor 687
- Der Irrtum des Großen Zauberers 807
- Unheimliche Erscheinungsformen auf Omega XI 646
- Das kugeltranszendentale Vorhaben 948
- Der Utofant 881
- Der unhandliche Philosoph 870
- Die unhörbaren Töne 983
Braun: Das ungezwungene Leben Kasts 546
- Gedichte 499
- Stücke 1 198
- Stücke 2 680
Brecht: Frühe Stücke 201
- Gedichte 251
- Gedichte für Städtebewohner 640
- Geschichten von Herrn Keuner 16
- Schriften zur Gesellschaft 199
Brecht in Augsburg 297

Bertolt Brechts Dreigroschen-
buch 87
Brentano: Berliner Novellen 568
– Theodor Chindler 892
Broch, Hermann: Werkausgabe
in 17 Bdn.:
– Briefe I 710
– Briefe II 711
– Briefe III 712
– Dramen 538
– Gedichte 572
– Massenwahntheorie 502
– Novellen 621
– Philosophische Schriften
2 Bde. 375
– Politische Schriften 445
– Schlafwandler 472
– Schriften zur Literatur 1 246
– Schriften zur Literatur 2 247
– Die Schuldlosen 209
– Der Tod des Vergil 296
– Die Unbekannte Größe 393
– Die Verzauberung 350
Brod: Tycho Brahes Weg zu
Gott 490
Broszat: 200 Jahre deutsche Po-
lenpolitik 74
Buch: Jammerschoner 815
Budgen: James Joyce u. d. Ent-
stehung d. Ulysses 752
Büßerinnen aus dem Gnadenklo-
ster, 632
Bulwer-Lytton: Das kommende
Geschlecht 609
Campbell: Der Heros in tausend
Gestalten 424
Carossa: Ungleiche Welten 521
– Der Arzt Gion 821
Über Hans Carossa 497
Carpentier: Die verlorenen Spu-
ren 808
– Explosion in der Kathedrale
370
– Krieg der Zeit 552

Celan: Atemwende 850
Chalfen: Paul Celan 913
Chomsky: Indochina und die
amerikanische Krise 32
– Kambodscha Laos Nordviet-
nam 103
Cioran: Die verfehlte Schöpfung
550
– Vom Nachteil geboren zu sein
549
– Syllogismen der Bitterkeit 607
Cisek: Der Strom ohne Ende
724
Claes: Flachskopf 524
Cortázar: Album für Manuel 936
– Bestiarium 543
– Das Feuer aller Feuer 298
– Die geheimen Waffen 672
– Ende des Spiels 373
Dahrendorf: Die neue Freiheit
623
– Lebenschancen 559
Das sollten Sie lesen 852
Degner: Graugrün und Kasta-
nienbraun 529
Dick: LSD-Astronauten 732
– Mozart für Marsianer 773
– UBIK 440
Die Serapionsbrüder von Pe-
trograd 844
Döblin: Materialien zu »Alexan-
derplatz« 268
Dolto: Der Fall Dominique
140
Dorst: Dorothea Merz 511
– Stücke I 437
– Stücke 2 438
Dorst/Fallada: Kleiner Mann –
was nun? 127
Dort wo man Bücher verbrennt
905
Duke: Akupunktur 180
Duras: Hiroshima mon amour
112

Ehrenberg/Fuchs: Sozialstaat und Freiheit 733

Ehrenburg: Das bewegte Leben des Lasik Roitschwantz 307
– 13 Pfeifen 405

Eich: Ein Lesebuch 696
– Fünfzehn Hörspiele 120

Eliade: Bei den Zigeunerinnen 615

Eliot: Die Dramen 191

Ellmann: James Joyce: 2 Bde. 473

Enzensberger: Gedichte 1955-1970 4
– Der kurze Sommer der Anarchie 395
– Der Untergang der Titanic 681
– Museum der modernen Poesie: 2 Bde. 476
– Politik und Verbrechen 442

Enzensberger (Hg.): Freisprüche. Revolutionäre vor Gericht 111

Eppendorfer: Der Ledermann spricht mit Hubert Fichte 580

Erbes: Die blauen Hunde 825

Erikson: Lebensgeschichte und hist. Augenblick 824

Eschenburg: Über Autorität 178

Ewen: Bertolt Brecht 141

Fanon: Die Verdammten dieser Erde 668

Federspiel: Paratuga kehrt zurück 843
– Der Mann, der Glück brachte 891
– Die beste Stadt für Blinde 979

Feldenkrais: Abenteuer im Dschungel des Gehirns 663
– Bewußtheit durch Bewegung 429

Fleißer: Der Tiefseefisch 683
– Eine Zierde für den Verein 294
– Ingolstädter Stücke 403
– Abenteuer aus dem Engl. Garten 925

Frame: Wenn Eulen schreien 692

Franke: Einsteins Erben 603
– Keine Spur von Leben 741
– Paradies 3000 664
– Schule für Übermenschen 730
– Sirius Transit 535
– Tod eines Unsterblichen 772
– Transpluto 841
– Ypsilon minus 358
– Zarathustra kehrt zurück 410
– Zone Null 585

Freund: Drei Tage mit J. Joyce 929

Fries: Das nackte Mädchen auf der Straße 577
– Der Weg nach Oobliadooh 265
– Schumann, China und der Zwickauer See 768

Frijling-Schreuder: Was sind das – Kinder? 119

Frisch: Andorra 277
– Der Mensch erscheint im Holozän 734
– Dienstbüchlein 205
– Forderungen des Tages 957
– Herr Biedermann / Rip van Winkle 599
– Homo faber 354
– Mein Name sei Gantenbein 286
– Montauk 700
– Stiller 105
– Stücke 1 70
– Stücke 2 81
– Tagebuch 1966-1971 256
– Wilhelm Tell für die Schule 2

Materalien zu Frischs »Biedermann und die Brandstifter« 503
– »Stiller« 2 Bde. 419

1/4/6.84

Fromm/Suzuki/de Martino:
Zen-Buddhismus und Psychoanalyse 37

Fuchs: Todesbilder in der modernen Gesellschaft 102

Fuentes: Nichts als das Leben
343

Fühmann: Bagatelle, rundum
positiv 426

Gabeira: Die Guerilleros sind
müde 737

Gadamer/Habermas: Das Erbe
Hegels 596

Gall: Deleatur 639

Gandhi: Mein Leben 953

García Lorca: Über Dichtung
und Theater 196

Gauch: Vaterspuren 767

Gespräche mit Marx und Engels
716

Gilbert: Das Rätsel Ulysses 367

Ginzburg: Ein Mann und eine
Frau 816

– Caro Michele 863

– Mein Familienlexikon 912

Gorkij: Unzeitgemäße Gedanken
über Kultur und
Revolution 210

Goytisolo: Spanien und die Spanier 861

Grabiński: Abstellgleis 478

Griaule: Schwarze Genesis 624

Grimm/Hinck: Zwischen Satire
und Utopie 839

Gulian: Mythos und Kultur 666

Gründgens' Faust 838

Habermas/Henrich: Zwei Reden
202

Handke: Als das Wünschen noch
geholfen hat 208

– Begrüßung des Aufsichtsrats
654

– Chronik der laufenden Ereignisse 3

– Das Ende des Flanierens 679

– Das Gewicht der Welt 500

– Die Angst des Tormanns
beim Elfmeter 27

– Die linkshändige Frau 560

– Die Stunde der wahren Empfindung 452

– Die Unvernünftigen sterben
aus 168

– Der kurze Brief 172

– Falsche Bewegung 258

– Die Hornissen 416

– Ich bin ein Bewohner des Elfenbeinturms 56

– Stücke 1 43

– Stücke 2 101

– Wunschloses Unglück 146

Hart Nibbrig: Rhetorik des
Schweigens 693

Heiderich: Mit geschlossenen
Augen 638

Heller: Enterbter Geist 537

– Thomas Mann 243

Hellman: Eine unfertige Frau
292

v. Hentig: Die Sache und die
Demokratie 245

– Magier oder Magister? 207

Hermlin: Lektüre 1960–1971 215

Herzl: Aus den Tagebüchern 374

Hesse: Aus Indien 562

– Aus Kinderzeiten. Erzählungen Bd. 1 347

– Ausgewählte Briefe 211

– Briefe an Freunde 380

– Demian 206

– Der Europäer. Erzählungen
Bd. 3 384

– Der Steppenwolf 175

– Die Gedichte: 2 Bde. 381

– Die Kunst des Müßiggangs
100

– Die Märchen 291

– Die Nürnberger Reise 227

– Die Verlobung. Erzählungen Bd. 2 368
– Die Welt der Bücher 415
– Eine Literaturgeschichte in Rezensionen 252
– Gedenkblätter 963
– Gertrud 890
– Das Glasperlenspiel 79
– Innen und Außen. Erzählungen Bd. 4 413
– Italien 689
– Klein und Wagner 116
– Kleine Freuden 360
– Kurgast 383
– Legenden 909
– Lektüre für Minuten 7
– Lektüre für Minuten. Neue Folge 240
– Morgenlandfahrt 750
– Narziß und Goldmund 274
– Peter Camenzind 161
– Politik des Gewissens: 2 Bde. 656
– Roßhalde 312
– Siddhartha 182
– Unterm Rad 52
– Von Wesen und Herkunft des Glasperlenspiels 382
Materialien zu Hesses »Glasperlenspiel« 1 80
Materialien zu Hesses »Glasperlenspiel« 2 108
Materialien zu Hesses »Siddhartha« 1 129
Materialien zu Hesses »Siddhartha« 2 282
Materialien zu Hesses »Steppenwolf« 53
Über Hermann Hesse 1 331
Über Hermann Hesse 2 332
Hermann Hesse – Eine Werkgeschichte von Siegfried Unseld 143
Hermann Hesses weltweite Wirkung 386

Hildesheimer: Hörspiele 363
– Mozart 598
– Paradies der falschen Vögel 295
– Stücke 362
Hinck: Von Heine zu Brecht 481
– Germanistik als Literaturkritik 885
Hinojosa: Klail City und Umgebung 709
Hodgson: Stimme in der Nacht 749
Höllerer: Die Elephantenuhr 266
Holmqvist (Hg.): Das Buch der Nelly Sachs 398
Horváth: Der ewige Spießer 131
– Der jüngste Tag 715
– Die stille Revolution 254
– Ein Kind unserer Zeit 99
– Ein Lesebuch 742
– Geschichten aus dem Wiener Wald 835
– Jugend ohne Gott 1063
– Sladek 1052
Horváth/Schell: Geschichte aus dem Wiener Wald 595
Hrabal: Erzählungen 805
Hsia: Hesse und China 673
Hudelot: Der Lange Marsch 54
Hughes: Hurrikan im Karibischen Meer 394
Huizinga: Holländische Kultur im siebzehnten Jahrhundert 401
Innerhofer: Die großen Wörter 563
– Schattseite 542
– Schöne Tage 349
Inoue: Die Eiswand 551
– Der Stierkampf 944
James: Der Schatz des Abtes Thomas 540
Jens: Republikanische Reden 512
Johnson: Berliner Sachen 249

- Das dritte Buch über Achim 169
- Eine Reise nach Klagenfurt 235
- Zwei Ansichten 326
Joyce: Anna Livia Plurabelle 751
- Ausgewählte Briefe 253
Joyce: Stanislaus, Meines Bruders Hüter 273
Kästner: Der Hund in der Sonne 270
- Offener Brief an die Königin von Griechenland. Beschreibungen, Bewunderungen 106
Kaminski: Die Gärten des Mullay Abdallah 930
Kasack: Fälschungen 264
Kaschnitz: Der alte Garten 387
- Ein Lesebuch 647
- Steht noch dahin 57
- Zwischen Immer und Nie 425
Katharina II. in ihren Memoiren 25
Kawerin: Das doppelte Porträt 725
Kirchhoff: Einsamkeit der Haut 919
Kirde (Hg.): Das unsichtbare Auge 477
Kiss: Da wo es schön ist 914
Kleinhardt: Jedem das Seine 747
Kluge: Lebensläufe, Anwesenheitsliste für eine Beerdigung 186
Koch, Werner: Jenseits des Sees 718
- Pilatus 650
- See-Leben I 132
- Wechseljahre oder See-Leben II 412
Königstein: Schiller-Oper in Altona 832
Koeppen: Amerikafahrt 802
- Das Treibhaus 78
- Der Tod in Rom 241
- Eine unglückliche Liebe 392
- Nach Rußland und anderswohin 115
- Reisen nach Frankreich 530
- Romanisches Café 71
- Tauben im Gras 601
Koestler: Der Yogi und der Kommissar 158
- Die Nachtwandler 579
- Die Wurzeln des Zufalls 181
Kolleritsch: Die grüne Seite 323
Komm schwarzer Panther, lach noch mal 714
Komm: Der Idiot des Hauses 728
- Die fünfte Dimension 971
Konrád: Der Besucher 492
Konrád/Szelényi: Die Intelligenz auf dem Weg zur Klassenmacht 726
Korff: Kernenergie und Moraltheologie 597
Kracauer: Das Ornament der Masse 371
- Die Angestellten 13
- Kino 126
Kraus: Magie der Sprache 204
Kroetz: Stücke 259
Krolow: Ein Gedicht entsteht 95
Kücker: Architektur zwischen Kunst und Konsum 309
Kühn: Josephine 587
- N 93
- Die Präsidentin 858
- Siam-Siam 187
- Stanislaw der Schweiger 496
- Und der Sultan von Oman 758
Kundera: Abschiedswalzer 591
- Das Buch vom Lachen und Vergessen 868
- Das Leben ist anderswo 377

– Der Scherz 514
Laederach: Nach Einfall der Dämmerung 814
Langegger: Doktor, Tod und Teufel 879
Laqueur: Terrorismus 723
Laxness: Islandglocke 228
Le Fanu: Der besessene Baronet 731
– Maler Schalken 923
le Fort: Die Tochter Jephthas und andere Erzählungen 351
Lem: Astronauten 441
– Das Hospital der Verklärung 731
– Das Katastrophenprinzip 999
– Der futurologische Kongreß 534
– Der Schnupfen 570
– Die Jagd 302
– Die Ratte im Labyrinth 806
– Die Stimme des Herrn 907
– Die Untersuchung 435
– Die vollkommene Leere 707
– Eine Minute der Menschheit 955
– Imaginäre Größe 658
– Memoiren, gefunden in der Badewanne 508
– Mondnacht 729
– Nacht und Schimmel 356
– Robotermärchen 856
– Solaris 226
– Sterntagebücher 459
– Summa technologiae 678
– Terminus 740
– Waffensysteme des 21. Jahrhunderts 998
– Über Stanisław Lem 586
Lenz, Hermann: Andere Tage 461
– Der Kutscher und der Wappenmaler 934
– Der russische Regenbogen 531

– Der Tintenfisch in der Garage 620
– Die Augen eines Dieners 348
– Die Begegnung 828
– Neue Zeit 505
– Tagebuch vom Überleben 659
– Verlassene Zimmer 436
Lepenies: Melancholie und Gesellschaft 63
Leutenegger: Ninive 685
– Vorabend 642
Lexikon der phantastischen Literatur 880
Liebesgeschichten 847
Link: Das goldene Zeitalter 704
– Die Reise an den Anfang der Scham 840
– Tage des schönen Schreckens 763
Literatur aus der Schweiz 450
Loerke: Die Gedichte 1049
Lovecraft: Cthulhu 29
– Berge des Wahnsinns 220
– Das Ding auf der Schwelle 357
– Die Katzen von Ulthar 625
– Die Stadt ohne Namen 694
– Der Fall Charles Dexter Ward 391
– In der Gruft 779
Mächler: Das Leben Robert Walsers 321
Mädchen am Abhang, Das: 630
Machen: Die leuchtende Pyramide 720
Majakowski: Her mit dem schönen Leben 766
Malson: Die wilden Kinder 55
Mao Dan: Shanghai im Zwielicht 920
de la Mare: Aus der Tiefe 982
Mayer: Außenseiter 736
– Georg Büchner und seine Zeit 58

– Richard Wagner in Bayreuth 480
Mayröcker. Ein Lesebuch 548
Maximovič: Die Erforschung des Omega-Planeten 509
McCall: Jack der Bär 699
Meier: Der schnurgerade Kanal 760
– Die Toteninsel 867
Mein Goethe 781
Mercier: Das Jahr 2440 676
Meyer: Die Rückfahrt 578
– Eine entfernte Ähnlichkeit 242
– In Trubschachen 501
– Ein Reisender in Sachen Umsturz 927
Miller: Das Drama des begabten Kindes 950
– Am Anfang war Erziehung 951
– Du sollst nicht merken 952
– Bilder einer Kindheit 1158
Miłosz: Verführtes Denken 278
Minder: Kultur und Literatur in Deutschland und Frankreich 397
Mitscherlich: Massenpsychologie ohne Ressentiment 76
– Thesen zur Stadt der Zukunft 10
– Toleranz – Überprüfung eines Begriffs 213
Mitscherlich (Hg.): Bis hierher und nicht weiter 239
Molière: Drei Stücke 486
Mommsen: Goethe und 1001 Nacht 674
– Kleists Kampf mit Goethe 513
Morante: Lüge und Zauberei 701
Moser: Gottesvergiftung 533
– Grammatik der Gefühle 897
– Lehrjahre auf der Couch 352
– Stufen der Nähe 978
Muschg: Albissers Grund 334

– Baiyun 902
– Entfernte Bekannte 510
– Fremdkörper 964
– Gegenzauber 665
– Gottfried Keller 617
– Im Sommer des Hasen 263
– Liebesgeschichten 164
– Noch ein Wunsch 735
Myrdal: Politisches Manifest 40
Nachtigall: Völkerkunde 184
Nachwehen. Verständigungstexte 855
Neruda: Liebesbriefe an Albertina Rosa 829
Nesvadba: Die absolute Maschine 961
Nizon: Im Hause enden die Geschichten. Untertauchen 431
Nossack: Das kennt man 336
– Der jüngere Bruder 133
– Nach dem letzten Aufstand 653
– Spirale 50
– Um es kurz zu machen 255
Örkény: Interview mit einem Toten 837
Offenbach: Sonja 688
Onetti: Das kurze Leben 661
Overbeck: Krankheit als Anpassung 973
Oviedo (Hg.): Lateinamerika 810
Owen: Wohin am Abend? 908
Painter: Marcel Proust, 2 Bde. 561
Paus (Hrsg.): Grenzerfahrung Tod 430
Payne: Der große Charlie 569
Pedretti: Harmloses, bitte 558
– Heiliger Sebastian 769
Penzoldts schönste Erzählungen 216
– Die Kunst das Leben zu lieben 267
– Die Powenzbande 372

Pfeifer: Hesses weltweite Wirkung 506

Phaïcon 3 443

Phaïcon 4 636

Phaïcon 5 857

Phantasma 826

Phantastische Träume 954

Plenzdorf: Die Legende vom Glück ohne Ende 722

– Die Legende von Paul & Paula 173

– Die neuen Leiden des jungen W. 300

– Gutenachtgeschichte 958

– Karla 610

Plank: Orwells 1984 969

Plessner: Diesseits der Utopie 148

– Die Frage nach der Conditio humana 361

– Zwischen Philosophie und Gesellschaft 544

Poe: Der Fall des Hauses Ascher 517

Polaris 4 460

Polaris 5 713

Polaris 6 842

Polaris 7 931

Politzer: Franz Kafka. Der Künstler 433

Portmann: Biologie und Geist 124

Prangel (Hg.): Materialien zu Döblins »Alexanderplatz« 268

Prinzhorn: Gespräch über Psychoanalyse zwischen Frau, Dichter, Arzt 669

Proust: Briefe zum Leben: 2 Bde. 464

– Briefe zum Werk 404

– Die Entflohene 918

– Die Gefangene 886

– Die Welt der Guermantes: 2 Bde. 754

– Im Schatten junger Mädchenblüte: 2 Bde. 702

– In Swanns Welt 644

– Sodom und Gomorra: 2 Bde. 822

Psycho-Pathographien des Alltags 762

Puig: Der schönste Tango 474

– Der Kuß der Spinnenfrau 869

Pütz: Peter Handke 854

Quarber Merkur 571

Rama (Hg.): Der lange Kampf Lateinamerikas 812

Ramos: Karges Leben 667

Rathscheck: Konfliktstoff Arzneimittel 189

Recht: Verbrecher zahlen sich aus 706

Regler: Das große Beispiel 439

Reinshagen: Das Frühlingsfest 637

– Sonntagskinder 759

Ribeiro: Maíra 809

Rochefort: Eine Rose für Morrison 575

– Frühling für Anfänger 532

– Kinder unserer Zeit 487

– Mein Mann hat immer recht 428

– Das Ruhekissen 379

– Zum Glück gehts dem Sommer entgegen 523

Rodoreda: Auf der Plaça del Diamant 977

Rodriguez, Monegal (Hg.): Die Neue Welt 811

Rossanda: Einmischung 921

Rosei: Landstriche 232

– Reise ohne Ende 875

– Wege 311

Rottensteiner (Hg.): Blick vom anderen Ufer 359

– Die andere Zukunft 757

Roumain: Herr über den Tau 675

Rüegg: Antike Geisteswelt 619

Rühle: Theater in unserer Zeit Bd. 1 325

– Bd. 2: Anarchie in der Regie 862

Russell: Autobiographie I 22

– Autobiographie II 84

– Autobiographie III 192

– Eroberung des Glücks 389

Russische Liebesgeschichten 738

Rutschky (Hg.): Jahresbericht 1982 871

– Jahresbericht 1983 974

Sanzara: Das verlorene Kind 910

Sarraute: Zeitalter des Mißtrauens 223

Schattschneider: Zeitstopp 819

Schiffauer: Die Gewalt der Ehre 894

Schimmang: Das Ende der Berührbarkeit 739

– Der schöne Vogel Phönix 527

Schleef: Gertrud 942

Schneider: Der Balkon 455

– Elisabeth Tarakanow 876

– Der Friede der Welt 1048

– Die Hohenzollern 590

– Macht und Gnade 423

Schmidt, G.: Selektion in der Heilanstalt 945

Über Reinhold Schneider 504

Schultz (Hg.): Politik ohne Gewalt? 330

– Wer ist das eigentlich – Gott? 135

Schur: Sigmund Freud 778

Scorza: Trommelwirbel für Rancas 584

Semprun: Der zweite Tod 564

– Die große Reise 744

– Was für ein schöner Sonntag 972

Shaw: Der Aufstand gegen die Ehe 328

– Der Sozialismus und die Natur des Menschen 121

– Die Aussichten des Christentums 18

– Politik für jedermann 643

– Wegweiser für die intelligente Frau . . . 470

Smith: Saat aus dem Grabe 765

– Herren im All 888

– Planet der Toten 864

Soriano: Traurig, Einsam und Endgültig 928

Spectaculum 1-15 900

Sperr: Bayrische Trilogie 28

Spuk: Mein Flirt . . . 805

Steiner, George: Der Tod der Tragödie 662

– Sprache und Schweigen 123

Steiner, Jörg: Ein Messer für den ehrlichen Finder 583

– Schnee bis in die Niederungen 935

– Strafarbeit 471

Sternberger: Panorama oder Ansichten vom 19. Jahrhundert 179

– Heinrich Heine und die Abschaffung der Sünde 308

– Über den Tod 719

Stierlin: Adolf Hitler 236

– Das Tun des Einen ist das Tun des Anderen 313

– Delegation und Familie 831

– Eltern und Kinder 618

Stolze: Innenansicht 721

Strätz: Frosch im Hals 938

Strausfeld (Hg.): Aspekte zu José Lezama Lima »Paradiso« 482

Strawinsky 817

Strehler: Für ein menschlicheres Theater 417

Strindberg: Ein Lesebuch für die niederen Stände 402
Struck: Die Mutter 489
– Lieben 567
– Trennung 613
Strugatzki: Die Schnecke am Hang 434
– Montag beginnt am Samstag 780
– Picknick am Wegesrand 670
– Fluchtversuch 872
– Die gierigen Dinge des Jahrhunderts 827
– Der ferne Regenbogen 956
Stuckenschmidt: Schöpfer der neuen Musik 183
– Maurice Ravel 353
– Neue Musik 657
Suvin: Poetik der Science-fiction 539
Suzuki: Leben aus Zen 846
Szillard: Die Stimme der Delphine 703
Tendrjakow: Mondfinsternis 717
– Die Nacht nach der Entlassung 860
Timmermans: Pallieter 400
Tod per Zeitungsannonce 889
Ulbrich: Der unsichtbare Kreis 652
Unseld: Hermann Hesse – Eine Werkgeschichte 143
– Begegnungen mit Hermann Hesse 218
– Peter Suhrkamp 260
Unseld (Hg.): Wie, warum und zu welchem Ende wurde ich Literaturhistoriker? 60
– Bertolt Brechts Dreigroschenbuch 87
– Zur Aktualität Walter Benjamins 150
– Erste Lese-Erlebnisse 250

Unterbrochene Schulstunde. Schriftsteller und Schule 48
Utschick: Die Veränderung der Sehnsucht 566
Vargas Llosa: Das grüne Haus 342
– Der Hauptmann und sein Frauenbataillon 959
– Die Stadt und die Hunde 622
Vidal: Messias 390
Vogt: Schnee fällt auf Thorn 755
Vossler: Geschichte als Sinn 893
Waggerl: Brot 299
– Das Jahr des Herrn 836
Waley: Lebensweisheit im Alten China 217
Walser: Martin: Das Einhorn 159
– Das Schwanenhaus 800
– Der Sturz 322
– Die Anselm Kristlein Trilogie, 3 Bde. 684
– Ein fliehendes Pferd 600
– Ein Flugzeug über dem Haus 612
– Gesammelte Stücke 6
– Halbzeit 94
– Jenseits der Liebe 525
– Seelenarbeit 901
Walser: Robert: Briefe 488
– Der Gehülfe 813
– Geschwister Tanner 917
– Jakob von Gunten 851
– Der »Räuber«-Roman 320
– Poetenleben 388
Über Robert Walser 1 483
Über Robert Walser 2 484
Über Robert Walser 3 556
Warum lesen 946
Watts: Der Lauf des Wassers 878
Weber-Kellermann: Die deutsche Familie 185
Weg der großen Yogis, Der: 409

Weill: Ausgewählte Schriften 285

Weischedel: Skeptische Ethik 635

Weiss: Peter: Das Duell 41
– Der andere Hölderlin. Materialien zu Weiss' »Hölderlin« 42

Weiß: Ernst: Der Aristokrat 792
– Der arme Verschwender 795
– Der Fall Vukobrankovics 790
– Der Gefängnisarzt 794
– Der Verführer 796
– Die Erzählungen 798
– Die Feuerprobe 789
– Die Galeere 784
– Die Kunst des Erzählens 799
– Franziska 785
– Georg Letham 793
– Ich – der Augenzeuge 797
– Männer in der Nacht 791
– Mensch gegen Mensch 786
– Nahar 788

– Tiere in Ketten 787

Weisser: SYN-CODE-7 764
– Digit 873

Weltraumfriseur, Der: 631

Wie der Teufel den Professor holte 629

v. Wiese: Das Gedicht 376

Winkler: Menschenkind 705

Wolf: Pilzer und Pelzer 466

Wollseiffen: König Laurin 695

Zeemann: Einübung in Katastrophen 565
– Jungfrau und Reptil 776

ZEIT-Bibiliothek der 100 Bücher 645

ZEIT-Gespräche 520

ZEIT-Gespräche 2 770

Zengeler: Schrott 922

Die andere Zukunft 757

Zulawski: Auf dem Silbermond 865
– Der Sieger 916
– Die alte Erde 968

1/13/6.84